Dolf Sternberger
Schriften VI

Dolf Sternberger
Vexierbilder
des Menschen

Insel Verlag

Die Anmerkungen befinden sich jeweils
am Schluß des Beitrags.

Erste Auflage 1981
© Insel Verlag Frankfurt am Main 1981
Alle Rechte vorbehalten
Druck: Laupp & Göbel, Tübingen
Printed in Germany

Inhalt

Vorwort

Ein Vexierbild ist eine Art Rätsel. In den Linien der Zeichnung ist die Figur versteckt, die wir suchen, aber der einfache Anblick zeigt eine stumme Welt.

In diesem Gleichnis kann sich Geschichte darstellen. Sie ist überall Geschichte des Menschen oder der Menschheit, aber die Figur ist in ihr selbst verborgen. In diesem Band sind einige Studien – Essays, Reden, Notizen, ein systematischer Entwurf – vereinigt, die es mit Geschichte zu tun haben.

Zumeist ist es, wie schon im vorigen Band, die fremde Welt des neunzehnten Jahrhunderts, der Gründerzeit, des Wilhelminismus, des Jugendstils, und der Blick richtet sich wie aus der Ferne auf diese Bilder. Derselbe Stoff indessen kann, verschieben wir die Perspektive, mit einem Mal eine Sinnfigur vorweisen, die uns selber angeht. So geschieht es hier im Falle des Entwurfs, der unter dem Titel ›Gerechtigkeit für das neunzehnte Jahrhundert‹ das durchgängige mächtige Motiv der menschenrechtlichen Befreiungen sichtbar macht. Gegenüber dem ›Panorama‹ und den ihm verwandten Studien ist hier die Methode verändert: dort herrscht die Distanz vor, hier die Teilnahme. Und als distanzierte Teilnahme wird in dem einzigen Beitrag dieser Sammlung, der die ›Geschichte‹ als solche behandelt, das Wesen historischer Erkenntnis bestimmt.

Die Anordnung der Beiträge insgesamt folgt nicht der Chronologie ihrer Entstehung, eher einem Zusammenhang der Themen. Nicht alle Beiträge sind als rein historische angelegt. Sie stellen nicht einmal durchweg eigentliche ›Studien‹ dar. Den Anfang bildet eine Kindheitserinnerung: erster Einblick in das historische Welttheater. Am Schluß steht abermals eine persönliche Äußerung: die verzweifelte geschichtliche Erfahrung, daß die Figur des Menschen nicht zu finden – oder nicht wiederzuerkennen sei.

Sommer 1981   Dolf Sternberger

Der Kaiser-Junge
(1951)

Ein einziges Mal habe ich den Kaiser gesehen. Es war bei der Mai-Parade in Wiesbaden.

Zwischen den riesigen bleichen Säulen des Kurhauses, auf den oberen Stufen stand ich mit meinen Eltern, an der Hand gehalten, eingezwängt in einer dichten Menge, die starr war vor Begierde und kaum Raum hatte, sich zu regen. Alle Menschen blickten in ein und derselben Richtung. Auch mir wurde ein solcher Blick für Minuten vergönnt, nach langem Warten wohl, ein Blick von der Höhe der Arme oder Schultern des Vaters. Ich sah einen weißen, ganz rein gefegten Platz, eine Fläche von feierlicher Leere. Das Geviert unterhalb der Kurhausstufen war von allem Gedräng ausgespart, kein Makel eines verlorenen oder verirrten Menschenflecks beschädigte den Plan. Berittene, welche die Kanten säumten, mochten ihn ausgespannt haben. Aber drüben, am gegenüberliegenden Rande, da schimmerte es. Dort, wo sonst die finsteren Gitterstäbe den verbotenen Bezirk umschlossen, der »Bohlinkrien« genannt wurde. So wenigstens verstand ich das geheimnisvolle Wort, das dichtes dunkles Gebüsch bezeichnete und Weg-Anfänge, die an allen vier Ecken von außen durch die Gattertore zu gewahren eben erlaubt schien, die verschwanden mit einer raschen Biegung im Düster. Und drinnen rauschte es unaufhörlich vom Wasser, sodaß kein andrer Laut je vernehmlich wurde, – gleich als ob das Wasser zu übertönen und zu ersäufen hätte, was im Gebüsch sich begab. Dort also, vor dem eisernen Zaun und ihn verdeckend, schimmerte es, weiß und silbern: Pferde und Reiter. Weiße Pferde und weiß-silberne Reiter. Sie standen wohl in einer Reihe, aber sie trippelten immer ein bißchen hin und her, vor und zurück. Es war weit weg, ich konnte nicht viel unterscheiden, – es mußte herrlich sein. Aber es ging etwas vor (und es war gewiß eben dieses Vorgangs wegen, daß mich mein Vater gerade jetzt emporgehoben hatte). Irgendein kleines Wesen, eine Winzigkeit von dunklerer Färbung war von einem Hochgestiefelten, der sich herunterbog, zu dem einen der Schimmel hingebracht und hingeschoben worden. Ja, da stand etwas. »Siehst du's?« fragte meine Mutter. »Der Junge begrüßt den Kaiser.« Der Kleine hatte eine Uniform an und einen Tschako auf dem Kopf wie die Husaren. Ich sah es nicht, aber ich mußte es doch sehen können, meine Mutter beschrieb alles (ich glaube, sie hatte das Opernglas mitgenommen), und so sah ich es denn auch. Ich sah es auf eine blinde Weise, und jedenfalls wollte ich es nachher ganz bestimmt gesehen haben. Der Bub hielt etwas empor. Einen Kornblumenstrauß. Und er trug ein Gedicht vor, sagte meine Mutter. Alle ringsumher, die ganze dichte und reglose Menge auf den Kurhausstufen hörte es, das Stimmchen, denn alle nickten einander zu und machten einander mit einem wiegenden und wispernden Entzücken darauf aufmerksam. So hörte ich's denn auch und sagte ja zu den Fragen meiner Mutter. Aber dann geschah etwas Unbeschreibliches. Das Winzige, das also ein Bub war (wie ich), der eine Husaren-Uniform trug (wie ich eine haben wollte), der einen Strauß hinaufgereicht und ein Gedicht vorgetragen hatte – auswendig –, dies Wesen wurde hinaufgehoben auf den Schimmel des silbernen Kaisers und saß oben bei ihm auf dem Pferd. Das sah ich wirklich, und es war unglaublich wunderbar. Ich weiß nicht, wer es hinaufhob, und ich weiß auch nicht, ob es da droben bleiben durfte, um die Parade mit anzusehen. Ich habe die Parade nicht gesehen – entweder weil es meinem Vater zu lang dauerte und er mich wieder herabließ auf die steinerne Stufe bei einer der bleichen Säulen, oder vielleicht auch, weil es schon spät war, und wir uns alle drei davondrückten, um nach Hause zum Mittagessen zu gehen.

So blieb mir der Kaiser und die Parade und der Mai für lange verknüpft mit dem einen einzigen Vorgang, den ich selber aufgefaßt hatte. Nein, nicht nur verknüpft, sondern dargestellt in diesem Vorgang, ausgefüllt von ihm. Ein kleiner Bub wie ich, ein Auserwählter, war zu ihm, dem erhaben Unkenntlichen, aufs Pferd hinaufgehoben worden. Nicht Roß noch Reisige sichern die steile Höh, wo Fürsten stehn. Immer, wenn das Lied an diese Stelle kam, bei Festlichkeiten in der Schule, verschmolzen die Worte zu dem Traumbild vom Bowling Green – wo Fürsten stehn. Dort vor dem eisernen Staket standen Fürsten am hellen Sonntag, der hieß Mai und Parade: ich wußte, wo Fürsten stehn. Die steile Höh zwar hatte eher ich selber innegehabt, auf den Kurhausstufen und auf den Schultern meines Vaters. Aber diesen irritierenden Gedanken wußte ich stets zu verscheuchen. Denn das Roß war da gewesen, und »reisig« und »steil« war's auch nach Klang und Schimmer, nämlich weiß und silbern. Und die Höh bedeutete doch die Höhe des Kaiserschimmels, denn wie hoch hinauf hatte der kleine Bub blicken und sein Gedicht aufsagen müssen, und wie hoch hinauf vor allem war er dann geschwebt, um bei dem Kaiser zu sitzen. Manchmal war mir's, als wäre ich das selber gewesen. Die hohe Wonne ganz.

Aber später war ich es ganz und gar nicht mehr selber gewesen. Das war nach dem Kriege. Nachdem ich die feldgrauen Züge gesehen hatte, die wieder heimkamen und so entsetzlich grau waren, die stummen Männer, die auf ihrer Gulaschkanone vorbeifuhren gleich bei uns um die Ecke am Michelsberg, und denen ich kleine Zigarettenpäckchen austeilte, wie man mich geheißen hatte, so arm waren sie. (Ich war elf Jahre alt.) Auch nachdem ich einen Stahlhelm erbettelt hatte von einem dieser stummen Männer, in der Abenddämmerung in der Ecke eines Schulhofes, der vorübergehend zum Kasernenhof geworden war. Und nachdem ich mit einer langen Peitsche geschlagen worden war von einem anderen Soldaten auf demselben dämmerigen Hof – der Gutenbergschule. Dieser war böse und zornig und zischte etwas durch die Zähne, während er schon mit der langen Peitsche ausholte. Ich begriff's nicht, denn ich war nicht allein, und alle von uns liefen weit herum in der Stadt, fuhren ein Stück weit mit auf wackligen Trittbrettern von Offiziersautos und auf Protzen, um schließlich ein Koppel oder ein Seitengewehr oder einen Stahlhelm zu ergattern, was ja alles offenbar nicht mehr gebraucht wurde. Der Stahlhelm war außen grau und grün angestrichen in einem unregelmäßigen Muster, und innen roch er seltsam traurig. Ich wußte gar nichts mit ihm anzufangen. Er lag viele Jahre lang oben auf der Mansarde, in einer geräumigen Rumpelkammer, bei der Festung aus Pappmaché und beim Kasperltheater, mit dem ich nicht mehr spielte. Aber immer, wenn dort oben irgendetwas zu holen war, wenn ich den schweren, glanzlosen eisernen Schlüssel im Türschloß des Mansardenzimmers umgedreht hatte, durch den Türspalt hereingewischt und alsbald in dem Zauberreich der vergessenen Dinge, in dem stillen kalten Staubduft des Raums versunken war, immer holte ich dann auch den Stahlhelm hervor, betrachtete ihn von allen Seiten und roch innen an den ledernen Teilen. Es war der Geruch des verlorenen Krieges.

»Germans to the front!«
(1950)

»Germans to the front!« Es sind recht vergilbte Erinnerungen, die das Zitat aufruft. Blaß und unbestimmt taucht ein Bild hervor, das bei Onkeln und Tanten an der Wand gehängt haben mag: Soldaten, die in breiter Linie in schilfiger Landschaft vormarschieren, geradewegs auf den Beschauer zu, zur Seite ein Offizier im Tropenhelm, ein wenig abseits von der Kolonne, offenbar soeben im Begriff, ein Kommando zu geben. Und darunter eben jene Worte. Man versteht, daß dies das Kommando ist, das der Mann im Tropenhelm gibt: die Deutschen sollen an die Spitze.

Es handelt sich um eine Episode aus dem Boxerkriege. Das erste Expeditionskorps, das im Jahre 1900 in einer noch sehr unklaren politischen Situation von der Küste ins Innere Chinas, in der Richtung auf Peking, die kaiserliche Residenz und den Sitz der bedrohten europäischen Gesandtschaften, vorgerückt ist, hatte kein glückliches Geschick:

»Am 10. Juni, 9½ Uhr morgens, ist die Expedition Seymour von Tientsin abgegangen; sie bestand aus 2034 Mann, unter denen alle größeren Culturmächte in folgender Zusammensetzung vertreten waren:
915 Engländer, 350 Deutsche, 300 Russen, 158 Franzosen, 104 Amerikaner, 51 Japaner, 40 Italiener und 25 Österreicher. Am 13. dieses Monats traf aus Langfang, 40 Kilometer Luftlinie von Peking, die letzte Nachricht von der Expedition ein; seitdem ging einmal das Gerücht, sie sei in Peking eingetroffen, ein anderes Mal, sie habe am 18. den Rückzug auf Tientsin angetreten.«

So berichtete am 28. Juni, also schon gut zwei Wochen nach jener letzten Nachricht, die »Kölnische Zeitung«. Einen Tag später freilich war diese Sorge behoben durch eine Meldung des deutschen Geschwaderchefs, Vizeadmiral Bendemann, derzufolge das Korps nach allerlei Kämpfen und Beschwerden entsetzt worden und nach Tientsin an der Küste zurückgekehrt sei. Die deutsche Abteilung, so wurde nun berichtet, sei übrigens etwas stärker als ursprünglich angenommen, sie habe 22 Offiziere, 2 Ärzte und 486 Mann umfaßt, die sämtlich von den Besatzungen der in Ostasien operierenden Kriegsschiffe gestellt waren. Abermals einen Tag später wurde der telegraphische Bericht bekannt, den der Anführer jener kollektiven Unternehmung der »Culturmächte« – es war gewiß nicht leicht, bei der mehr als europäischen, mehr als abendländischen Beteiligung, den treffenden Sammelnamen zu finden! –, der englische Admiral Seymour, an die Admiralität in London gesandt hatte. »Ich konnte Peking nicht mit der Eisenbahn erreichen und kehrte mit dem Detachement nach Tientsin zurück ...« Nicht weit vor Tientsin hatte man noch einen Kampf um ein chinesisches Arsenal zu bestehen gehabt, und in diesem Zusammenhang ist es, daß der Berichterstatter die Deutschen erwähnt, die zwei Geschütze zum Schweigen gebracht hätten. Einige deutsche Blätter wiesen mit Stolz auf diese Stelle in dem Bericht Seymours hin. Die Deutschen hätten auch eine unverhältnismäßig große Anzahl von Toten und Verwundeten zu verzeichnen, so bemerkt zum Beispiel die Rheinisch-Westfälische Zeitung bei dieser Gelegenheit, und sie fährt fort: »Man kann hierbei den Wunsch nicht unterdrücken, es möchte einst das hier vergossene deutsche Blut auch in vollem Umfang den deutschen Interessen zugute kommen.« Das vergossene Blut – die deutschen Interessen – das ferne Abenteuer schien politischen Rang zu gewinnen, man wurde hellhörig. Möglicherweise war diese Leistung der deutschen Abteilung beim Rückzugsgefecht schon die Folge jenes Kommandos »Germans to the front«, das in der Tat am Tage zuvor gegeben worden war. Es ist belegt durch das Kriegstagebuch des Kapitäns zur See von Usedom, der an der kleinen Expedition beteiligt war, und das mehr als einen Monat später im Auszug veröffentlicht worden ist, zuerst von der »Norddeutschen Allgemeinen Zeitung«. Dort erfuhr man, daß der Rückzug zu beiden Seiten des Flusses Peiho vorgenommen worden war, und zwar zu Fuß, weil die Eisenbahn durch die aufständischen Chinesen unbrauchbar gemacht worden war. (Dies ist also die schilfige Landschaft, die wir von jenem Bilde in Erinnerung haben.) Die Verwundeten wurden in Dschunken auf dem Wasser mitgeführt.

»Am 22. Juni: 1 Uhr vormittags, Weitermarsch. Verzögerung durch Festkommen der Dschunken. Passierten unbemerkt Stellen, wo am Tage heftiges Geschützfeuer war. Unsere Leute haben zwei Tage nicht abgekocht. 2 Uhr vormittags während Marschpause ›Germans to the front‹ auf Seymours Befehl. Bei Tagesanbruch gegenüber von Chiku-Arsenal, dessen Wälle stark besetzt sind. Sehr starkes feindliches Gewehr- und Geschützfeuer, letzteres durch Deutsche auf einem Steinwall niedergekämpft, auf dem sie dem nahen Gewehrfeuer ohne Schutz ausgesetzt waren. ... Leutnants von Bülow, Roehr und Hilmers mit Leuten in der Front übergesetzt, um die Geschütze zu nehmen, deren Bedienungsmannschaft vertrieben war. Der Feind verließ das Arsenal. Weitermarsch aufgegeben. ... Entsatz von Tientsin erwartet, welches nur fünf Seemeilen ab war.«

Dies also ist die Quelle des legendären Wortes. Man sieht, daß es eine beiläufige Rolle spielt. Drei Tage später, am 16. Tage der Unternehmung, rückte das Korps wieder in Tientsin ein, nachdem es übrigens noch einige Kämpfe zu bestehen gehabt hatte. »Die Deutschen haben keine Waffen, Verwundeten und Vermißten zurückgelassen«, berichtet Usedom, »alle Gefallenen wurden mit militärischen Ehren begraben.« Man muß annehmen, daß die Ordnung der verschiedenen Kontingente während des langen Marsches gewechselt hat, und daß es also, vielleicht nach den Engländern, vielleicht nach den Russen, in einem

19

bestimmten Augenblick an den Deutschen war, die Spitze zu machen. Der Befehl des Admirals hat ganz fühlbar für den deutschen Kapitän nichts irgend Auffälliges, er verzeichnet ihn ganz ohne Erregung in derselben nüchternen Logbuchweise wie alle übrigen Ereignisse des beschwerlichen Unternehmens.

Es verdient auch bemerkt zu werden, daß weder am Tage der Veröffentlichung des Usedomschen Tagebuches noch in den nachfolgenden Berichten und Erläuterungen zu den »chinesischen Wirren« irgendein maßgebliches Blatt oder irgendein Redner im Lande die Stelle ausgeklaubt und benutzt hat. Sie ist von den Zeitungen, die das Tagebuch brachten, nicht einmal gesperrt gedruckt worden, obgleich andere Passagen gar nicht selten auf diese Art hervorgehoben wurden. Der ruhmvolle Klang und Anspruch muß dem Zitat erst weit später beigelegt worden sein. Ich habe nicht ausfindig machen können, wann, aus welchem Anlaß und durch wen das Wort den prätentiösen Glanz erhalten hat, der in der Folge an ihm haften blieb. Erst die Entfernung scheint es herausgehoben und zitierfähig gemacht zu haben, die Entfernung von der Front, von Mühsal und Gefahr, auch die zeitliche Entfernung von den sorgenvollen Tagen der Expedition. Dann allerdings wurde daraus so etwas wie das Motto des deutschen Vormachtanspruchs, des weltpolitischen Ehrgeizes im Reiche des zweiten Wilhelm, begründet auf kriegerische Leistungen. Es war ein englisches Zitat. So enthielt es den Hinweis, daß die Deutschen ja nicht aus eigener Initiative an die Spitze getreten, vielmehr dorthin berufen worden seien, weil man sich ihrer Tüchtigkeit einfach nicht verschließen könne, berufen durch einen Engländer, durch England, das fair genug war, dies anzuerkennen, und klug genug, die nützliche Konsequenz zu ziehen.

In diesem Sinn, wenn auch ohne das ominöse Zitat, sprach sich schon bald nach den Ereignissen der jugendliche Kaiser aus. Der deutsche Gesandte in Peking, Ketteler, war inzwischen ermordet worden. Der Kaiser schäumte nur zu gern. Die Expedition der Mächte wurde allgemein verstärkt. Am 28. Juli 1900 gingen auch die ersten größeren deutschen Truppenkontingente von Bremerhaven ab. Der Kaiser hielt ihnen eine Rede. Sie ist in einer fatalen Weise denkwürdig geworden, und zwar durch die Sätze: »Pardon wird nicht gegeben, Gefangene werden nicht gemacht.« Der Kaiser beschwor alle historischen Geister, deren er nur habhaft werden konnte. Den preußischen, den christlichen und den hunnischen. Und zwar alle in einem Atemzuge der Erregung. »Bewahrt die alte preußische Tüchtigkeit – zeigt euch als Christen im freudigen Ertragen von Leiden«, rief er, und beinahe gleichzeitig: »Wie vor tausend Jahren die Hunnen unter ihrem König Etzel sich einen Namen gemacht, der sie noch jetzt in Überlieferung und Märchen gewaltig erscheinen läßt, so möge der Name Deutscher in China auf tausend Jahre in einer Weise betätigt werden, daß niemals wieder ein Chinese es wage, einen Deutschen auch nur scheel anzusehen.« Und wiederum ein paar Atemzüge später: »Der Segen Gottes sei mit euch, die Gebete eines ganzen Volkes, meine Wünsche begleiten euch, jeden einzelnen. Öffnet der Kultur den Weg ein für allemal! Adieu, Kameraden!«

Die Beziehung auf die Hunnen freilich war vom Staatssekretär des Äußeren, Graf Bülow, kassiert worden, bevor die Korrespondenten auswärtiger Blätter im Postamt zu Bremerhaven ans Telefon eilen konnten. In der lokalen Presse indessen konnte auch dies nicht mehr unterdrückt werden. Zudem war es nur eine geringfügige Nuance. Auch ohne die Anrufung Etzels klangen diese Ratschläge hunnisch genug. Es ist wichtig, festzuhalten, daß – nach der Feststellung des Berliner Büros der »Frankfurter Zeitung« vom 29. Juli – »alle Organe der öffentlichen Meinung ohne Unterschied der Partei, von der äußersten Linken bis zur Kreuzzeitung und dem Reichsboten, ausdrücklich bekennen, daß sie eine barbarische Kriegführung durch unsere Truppen nicht wünschen, daß sie sie für nicht zulässig und gar nicht für möglich halten«. Einhellig war das Erschrecken, einhellig die Abwehr, verschiedenartig die taktische Methode des charaktervollen Widerspruchs, der rücksichtsvollen Korrektur oder der schlauen Umdeutung des kaiserlichen Diktums. Was die Möglichkeit einer »barbarischen« Kriegführung (von seiten eines »Culturstaats«) anlangt, so findet man hierüber in der »Vossischen Zeitung« einige Ausführungen, die im Hinblick auf neuere Erfahrungen hohes Interesse verdienen. Sie schrieb:

»Die Aufforderung, keinen Pardon zu geben, keine Gefangenen zu machen, halten wir für undurchführbar. Es widerstrebt der Natur des sittlich erzogenen Menschen, an einem überwundenen Feinde, der unschädlich gemacht ist und um Gnade bittet, eine blutige Rache zu nehmen, die keinen Zweck hat, zumal wenn man die einzelne Person gar nicht für den Urheber der Untaten halten kann, wofür Sühne gesucht werden soll. Wir glauben, daß das Widerstreben gegen solche Handlungen sich als stärker erweisen wird als selbst der deutsche Befehl.«

Die konservativen Blätter stritten, ob es sich überhaupt um einen wörtlich zu nehmenden Befehl des obersten Kriegsherrn handle. Auch wenn es aber ein Befehl gewesen sein sollte: Es ist in der Tat kaum anzunehmen, daß ihn damals irgend jemand befolgt hat. Es widerstrebte der Natur des sittlich erzogenen Menschen. Damals noch. Als der Befehl genau 41 Jahre später – in präzisierter und spezifizierter Form – wiederum erteilt wurde, war er nicht mehr undurchführbar, denn es gab inzwischen eine bestimmte Organisation, die eigens darauf gedrillt worden war, das »Widerstreben gegen solche Handlungen« zu

22

unterdrücken. Die Natur des Menschen läßt sich ändern. Der Name Deutscher ist jüngst in einer Weise betätigt worden, und nicht in China, daß es auf tausend Jahre wunderlich bleibt, wenn Deutsche nicht scheel angesehen werden. Aber lassen wir das!

Ich hatte nur darauf hinweisen wollen, daß in dieser Bremerhavener Ansprache Wilhelms II. immerhin eine Wendung vorkommt, die darauf schließen läßt, daß der Redner wenn nicht Usedoms Tagebuch, so doch Seymours Bericht an die Admiralität gelesen und genossen hatte. Es ist die folgende: »Eure Kameraden von der Marine haben diese Probe bereits bestanden, sie haben euch gezeigt, daß die Grundsätze eurer Ausbildung gut sind, und ich bin stolz auf das Lob auch aus dem Munde auswärtiger Führer, das eure Kameraden draußen sich erworben haben.« Eigentlich zwar hatte der englische Admiral nur eine Tatsache verzeichnet, als er von den Deutschen und den zwei Kanonen am Chiku-Arsenal berichtete, aber das bedürftige Selbstbewußtsein sog die Bemerkung gierig ein und machte ein Lob daraus. Erstaunlich bleibt es, daß nicht einmal bei der Ernennung des Grafen Albrecht Waldersee zum Oberkommandierenden der verbündeten Streitkräfte in China, die der Kaiser wenig später (am 9. August) aussprach, irgendeinem der Beteiligten, der entzückten und der zaudernden Zuschauer der Gedanke gekommen ist, dieses nun so buchstäblich passende Wort anzuführen: Germans to the front. Immerhin war jetzt ein Deutscher an die Spitze getreten. »Wer hätte vor noch vier oder fünf Jahren voraussehen können, daß ein Tag kommen werde, da unsere Soldaten und unsere Offiziere unter dem Befehl eines deutschen Generals kämpfen würden?« – rief der ›Figaro‹ in Paris aus und rieb sich gleichsam erstaunt die Augen.

Etwas ängstlich blickten viele deutsche Zeitungen um sich, um zu erkennen, was denn die anderen europäischen und nicht-europäischen Mächte zu dieser Berufung sagen würden. Etwas gedämpft klang die Freude über diese Wahl, denn man konnte ja nicht sicher wissen, ob Seine Majestät mit der gebotenen diplomatischen Sorgfalt zu Werke gegangen war. Es kam aber kein direkter Widerspruch. Offenbar war es diesmal mit rechten Dingen zugegangen, man durfte sich wirklich gratulieren. Graf Waldersee freilich berichtet in seinen Denkwürdigkeiten, in dem Augenblick seiner Ernennung habe einzig die freundschaftliche Zustimmung des russischen Zaren vorgelegen, sonst keine. Ihm war überhaupt nicht sonderlich wohl in seiner Rolle, als Deutscher an der Spitze zu stehen. Am 3. Juli schon hatte ihm der Kaiser die ersten Andeutungen seines Plans gemacht. »Nun, für China kann ich auf Sie rechnen!«, hatte er beim Abschied auf der Jacht »Hohenzollern« zu ihm gesagt. »Das ist ein sehr ernstes Wort«, schrieb der Feldmarschall in sein Tagebuch, »ich habe es für richtig gehalten, der guten Marie nichts davon zu sagen. Ich vermag nicht daran zu glauben, daß Russen, Franzosen und Engländer ihre Streitkräfte dem Kommando eines deutschen Generals zu unterstellen Neigung haben werden.« Und wie ein matter Seufzer hört sich der Schlußsatz an, der diesem entschiedenen Zweifel angehängt ist: »Andererseits kenne ich die Konsequenz, mit der der Kaiser Lieblingspläne verfolgt.« Vor allem aber war dem alten Herrn nicht wohl bei der ganzen Unternehmung. Indem er sich an die Besetzung von Kiautschou erinnert, die damals zwei Jahre zurücklag, notierte er in mürrischer Besorgnis: »Ich hatte das Gefühl, daß wir uns in Abenteuer stürzten, und habe es jetzt in stärkerem Grade. Wir sollen Weltpolitik treiben. Wenn ich nur wüßte, was das sein soll; zunächst doch nur ein Schlagwort.«

Und wiederum etwas später vertraute er dem Geheimnis des Tagebuches auch die Beobachtungen an, die er kürzlich an seinem Herrn gemacht hatte. Noch immer hatte man keine zuverlässigen Nachrichten aus Peking. »Die Ansichten gingen meist dahin, daß die Katastrophe bereits erfolgt, und wahrscheinlich die ganze Fremdenkolonie ein Opfer des chinesischen Fanatismus geworden sei. Der Kaiser hatte sich mit besonderer Lebhaftigkeit in diesen Zustand hineingedacht und Rache geschworen; er nahm es eigentlich übel, wenn sich Stimmen hören ließen, die der Ansicht waren, die chinesische Regierung würde doch vor so extremen Schritten zurückschrecken, das Gesandt-schaftspersonal noch am Leben sein.« Nachdem der Feld-marschall seinen Stab ausgewählt und seine Reisevorberei-tungen getroffen hatte, empfing ihn der Kaiser am 18. August zum Abschied in Wilhelmshöhe.

»Am Abend vorher war in Wilhelmshöhe die Nachricht eingegangen, daß die Verbündeten Peking eingenommen hätten und der Kaiserhof geflohen sei. Natürlich war dies zunächst für den Kaiser eine große Enttäuschung. Er hatte sich fest in den Kopf gesetzt, die Gesandten mitsamt ihrem Personal seien längst ermordet; nach meiner Ankunft sollte der gemeinsame Vormarsch auf Peking, der bis dahin wegen der Regenzeit als nicht möglich angesehen wurde, unter meinem Oberbefehl beginnen und mir der Ruhm zuteil werden, Peking erobert zu haben. Dieser Traum war nun dahin, die Gesandten lebten, die Regen-zeit war nahezu ausgeblieben, der Vormarsch dank der Energie der Japaner versucht worden und Peking ohne große Opfer eingenommen.«

Die Schilderung entbehrt nicht der Situationskomik, übri-gens auch nicht einer würdigen Art von Schadenfreude. Vergegenwärtigt man sich, welche hohe Ehre dem alten Offizier hier zuteil geworden war, so muß man die Selbst-kontrolle und die Désinvolture bewundern, mit der er sel-ber diese Neuigkeiten hinnahm, die seine Mission doch als einigermaßen verspätet erscheinen ließen. Mag sein, daß der respektvolle Spott über den enttäuschten Rächer, der hier durchklingt, wie eine herrenhafte, wenn auch geheime Vergnügung, dieser seiner eigenen Souveränität ein wenig aufgeholfen hat. Dieser German jedenfalls ging nur zögernden Schrittes to the front.

Am Leitfaden
(1947)

Ein Freund hat mir zu Weihnachten ein kurioses Buch geschenkt. Es ist in blaßblauen Karton gebunden, und der Deckel ragt an keiner Seite über den Schnitt des inwendigen Papiers hinaus – das gibt dem Bande etwas Strenges und Karges. Er ist übrigens handlich; man kann ihn mit einer Hand umspannen und umblättern. Auf dem Titel steht zu lesen: »Leitfaden für den Turnunterricht in den Preußischen Volksschulen, 1895, Berlin, J. G. Cotta'sche Buchhandlung Nachfolger, Preis kartoniert 1 Mark.« Dies ist in hohen steifen Frakturbuchstaben gedruckt, deren einige am oberen oder unteren Ende durch unvermittelte Kringel und Schwänzchen verziert sind. Unter der schwarzen Schrift erkennt man, in blassem Umriß, die heraldischen Fittiche des gekrönten preußischen Adlers. Beim Blättern haftet der Blick zuerst an den Abbildungen – einfachen Holzschnitten –, die immer den gleichen Knaben in verschiedenen Stellungen zeigen. Dieser Modellknabe trägt Halbschuhe, lange Strümpfe, kurze, aber ziemlich enge Hosen bis über die Knie und ein hochgeschlossenes Jäckchen, dessen untere Knöpfe bei manchen Übungen offen stehen – gewiß, damit sie nicht platzen. Die Kleidung gemahnt mich ans Waisenhaus oder an die der Insassen des »Rettungshauses« – wie man bei uns früher eine bestimmte Anstalt zur Fürsorgeerziehung nannte. Man denkt an graues Zwirn-Gewebe. Diesen Knaben, der immer den Eindruck vollkommener Folgsamkeit auf den Beschauer macht, sieht man nun bald von vorn, wie er mit geschlossenen Beinen und beiderseits ausgereckten Armen dasteht, bald von der Seite mit rechtwinklig gebeugtem Rumpfe und niederhangendem Kopf, bald wieder von vorn gerade aufgereckt, mit geschlossenen Fersen, aber auswärts gespreizten und geknickten Knien (so, daß die Beine ein Karo freilassen), dann wieder seitwärts, wie er, immer mit gerecktem Oberkörper, auf seinen Fersen hockt und zugleich die Arme straff geradeaus streckt. Gott weiß, warum. Später erkennt man ihn wieder – obgleich er dort etwas schlanker wirkt –, wie er, immer untadelig säulengleich sich haltend, einen Stab vor sich hinstreckt, als wolle er sich ihn schnurstracks in die Rippen bohren, oder wie er denselben Stab hinter dem Nacken vorbeiführt. Dann sieht man ihn recht unglücklich mit allen Vieren zwischen zwei Kletterstangen kleben oder kerzengerade, aber kopfunter zwischen den Holmen eines Barrens hängen. Es ist, als ob er bei alledem im Grunde seines Wesens völlig ungerührt und unbewegt bliebe, als sei gar nicht er es, der sich bewege, sondern als würden bald diese, bald jene seiner Gliedmaßen durch eine unsichtbare Macht gesenkt, gehoben, gebeugt, gestreckt, hochgezogen oder niedergedrückt. In der Tat unterscheidet das Inhaltsverzeichnis in der Abteilung B – »Freiübungen« – Gruppen von Bewegungen nach den einzelnen Körperteilen und Gliedmaßen, nämlich »Kopfbewegungen«, »Armbeugen«, »Rumpfübungen« und »Bein- und Fußübungen«, und danach erst folgen solche Titel, die von wirklichen menschlichen Tätigkeiten hergeleitet sind, wie »Springen«, »Gehen« und »Laufen«. In § 18, der die Bein- und Fußübungen behandelt, gibt es das Beinheben, das Beinschwingen, das Beinspreizen, das Kniebeugen, das Knieheben, ja das Unterschenkelheben, das Fersenheben und schließlich das Fußkreisen. Und jene unsichtbare Macht, welche die Körperteile unseres Modellknaben regiert – so wie ein Kind mit dem Faden die Holzglieder seines Hampelmannes –, sie wird im begleitenden Text sichtbar: es ist das Kommando. Die seltsamen Stellungen des Modellknaben sind nicht zufällig festgehaltene Momente aus einem kreisenden oder gleitenden Bewegungszuge, sondern wirkliche ruckhafte Haltpunkte, deren jeder einem vorgeschriebenen Kommando entspricht und folgt. So geschieht zum Beispiel das Beinheben auf das Kommando:

»Rechtes Bein vorwärts (beziehungsweise schräg vorwärts, seitwärts, rückwärts, schrägrückwärts) heben – hebt! senkt!«

Und was hierauf geschieht, wird folgendermaßen beschrieben oder angeordnet:

»Das völlig gestreckte Bein wird langsam und gleichmäßig in der angegebenen Richtung gehoben, soweit es bei aufrecht bleibendem Oberkörper möglich ist. Die Fußspitze ist während des Hebens nach unten und etwas nach außen gerichtet. Das stehende Bein (Standbein) muß ebenfalls völlig gestreckt bleiben. Nach kurzem Verharren in der Hebhalte wird das Bein langsam gesenkt.«

Hebt! Schwingt! Spreizt! Beugt! Wippt! Stellt! Streckt! Diese Ausführungskommandos ziehen an der Schnur der Gliedermänner, und alsbald ruckt und zuckt es entweder in deren Armen oder in den Rümpfen oder in den Beinen, ja noch spezieller in den Knien, Unterschenkeln, Fersen oder Füßen. »Bei aufrecht bleibendem Oberkörper«: darin gehen solche Freiübungen weit über das Strampeln des Hampelmannes hinaus, daß nämlich dort am lebenden Modell jedes Glied einzeln gezogen werden kann, während hier bei der hölzernen Figur immer nur alle Viere zugleich bewegt werden können so, wie es bei ihrer Anfertigung eben eingerichtet worden ist. Es fragt sich, wie der menschliche Leib bei seiner Anfertigung eingerichtet worden ist. Es fragt sich, ob jene Freiübungen wirklich über das Hampeln und Strampeln hinausgehen oder ob sie nicht vielmehr dahinter zurückbleiben.

Das Kind, das mit dem Hampelmann spielt, – ist es nicht ein kleiner Demiurg, ein nachgeahmter Schöpfergott, der mittels dieses Schnürchens seinem hölzernen Geschöpf, seinem nachgeahmten Menschlein, für die kurze Zeit seiner Laune ein scheinbares Leben verleiht, um es einen Augenblick danach achtlos – als leblos – beiseite zu werfen? Was ist es denn, was uns so seltsam wehmütig anrührt, wenn wir – die Erwachsenen – im Spielkasten oder in der Rumpelkammer den längst vergessenen und verschollenen Hampelmann plötzlich und mit flüchtigem Blick wiederentdecken? Wie er da liegt in seiner staubigen Ecke, mit angezogenen Beinen und hoch über den Kopf erhobenen Winkelarmen – platt und hilflos wie ein Käfer, der auf den Rücken gefallen ist, als flehte er stumm: zieh an meiner Schnur, an meinem Lebensfaden! reg mich und beweg mich! laß mich noch einmal strampeln! laß mich leben! Ist es nicht, als hätte er seit Jahren auf diesen Augenblick geharrt, da jemand endlich einmal den Kasten öffnen oder durch die Kammer gehen wird, um irgendetwas zu suchen? Und nun gleitet womöglich nur ein gleichgültiger Blick darüber, und die Chance ist wieder für Jahre vorbei. Ja, es ist unser eignes und wie armseliges Abbild, das uns da anblickt als regbare, aber nun reglose Holzpuppe, und es ist der Tod, es ist das Geschick des Verworfen-, Vergessen- und Vergangenseins, das uns da fein und schmerzlich anrührt – ach das liebe alte Spielzeug ...

Die Bewegung der Glieder ist es, die ihm einst den Schein des Lebens verlieh, und deren Erinnerung uns jetzt so menschlich für den Hampelmann empfinden läßt. Die Bewegung aller seiner bunten Glieder, der Arme und Beine zugleich. Und war nicht die Marionette, die an viel mehr Schnüren hängt als der simple Hampler, und die viel mehr Gelenke hat, vielgliedriger eingerichtet wurde bei ihrer Anfertigung, wiewohl auch sie nur aus Holz – war sie nicht einem deutschen Dichter als das geheime Zielbild der menschlichen Bildung erschienen, ihr Scheinleben vollkommener als das wirkliche eines lebenden Menschen? So hoch hat Kleist in seinem unvergeßlichen Essay über das Marionettentheater die Bewegung der Glieder – die »bloß« mechanische Puppenbewegung aus einem unbewegten Schwerpunkt – geachtet, daß er sie für eine spielend-künstliche Antizipation der Vollkommenheit nahm!

Den hölzernen Leib für den lebendigen und den lebendigen Leib für das ganze Wesen.

Das Kommando des Turnlehrers ist freilich wie der Zug an der Schnur der Gliederpuppe, aber ihm folgt kein Schein von Leben. Mag es auch »wie am Schnürchen« gehen, so folgt ihm hier doch keine vielgliedrige Bewegung, sondern nur ein eingliedriger Ruck, ein Übergang von Erstarrung zu Erstarrung. Die Marionette wird zum Wesen – dank ihrer Beweglichkeit und Gelenkigkeit, wenn der Puppenspieler sie mit den Fingern seiner Hand belebt, sie gehen, springen, tanzen heißt. Alles an ihr ist Seele, weil alles nach Gesetz und Schwere sich regt, alles ist Form, Sichtbarkeit, vollkommen äußerlich; nichts bleibt zurück, was man noch erraten müßte, die Bewegung ist durchaus gegenwärtig. Unser Turn-Knabe wird nicht von so kunstreicher Hand gelenkt; an ihm zerrt es bald hier, bald dort, und er selber bleibt unbeteiligt (»bei aufrecht bleibendem Oberkörper«), unbeteiligter als das mechanische Schwerpunkt-Ich der Marionette. Seine Bewegungen sind in der Tat »willkürlich« (wie es in der Anatomie und Physiologie heißt), sie folgen dem Willen des kommandierenden Lehrers und des »Leitfadens für den Turnunterricht«, und seine Leistung besteht darin, überall sonst steif und starr zu bleiben, wo der Wille des Lehrers nicht gerade eine Bewegung kürzt; seine Leistung ist, das innere Zentrum, jenes mechanisch-leiblich-wesentliche Zentrum, außer Kraft zu setzen. Oder auch: seine Leistung ist, »an sich zu halten« (wie man sehr treffend sagt), das heißt gerade nicht ins Äußere zu gehen, gerade nicht sichtbar frei und gebunden zugleich sich selbst zu regen und zu bewegen. Seine Leistung ist, den Schein des Lebens zu besiegen. Sie heißt ›Disziplin‹. Nein, ich glaube wirklich, die Gliederpuppe ist in genauerem Sinn eine Person als solch ein Objekt des Turn-Leitfadens.

»§ 1. *Zweck und Aufgabe des Turnens.* Das Turnen in

der Schule soll durch zweckmäßig ausgewählte und wohlgeordnete Übungen die leibliche Entwicklung der Jugend fördern und die Gesundheit stärken, den Körper an eine naturgemäße, schöne Haltung gewöhnen, die Kraft, Ausdauer und Gewandtheit des Körpers im Gebrauche der Gliedmaßen vermehren und dabei die Aneignung gewisser im Leben vielfach nutzbarer Fertigkeiten, besonders auch mit Rücksicht auf den künftigen Wehrdienst im vaterländischen Heere, sichern; durch die ganze Art des Unterrichtsbetriebes, gleichzeitig mit der Steigerung der Gesundheit, Kraft und Geschicklichkeit des Leibes, wesentlich dazu mitwirken, Frische des Geistes, Vertrauen in die eigene Kraft und Entschlossenheit des Willens – Besonnenheit wie Mut – bei der Jugend zu wecken und zu fördern, sie aber auch an rasches Auffassen und genaues Ausführen eines Befehles zu gewöhnen und zu williger Unterordnung unter die Zwecke eines größeren Ganzen zu erziehen.« So beginnt der Leitfaden von 1895. Liest man diese Anweisung sorgfältig, so findet man alle Momente darin klar und deutlich in der Theorie ausgesprochen, die die Betrachtung der Illustrationen und die Lektüre des Abschnitts »Freiübungen« so bitter erheiternd, nein so bedrückend machen. Der Körper soll an eine »Haltung« gewöhnt werden, wenn auch an eine »naturgemäße« und »schöne«. An eine Haltung, also nicht an Regung und Bewegung. Haltung kommt von »Halt« und »halten«. Wer »Haltung annimmt«, muß an sich halten. Haltung ziemt einer Statue, einem Stand-Bild. Leben aber ist Bewegung (wenn auch gewiß nicht nur dies). Hier beginnt schon die Entstellung des Menschen, die in jenem zerhackten Tanz, jenen Ruckungen und Zuckungen der Freiübungen fortgeführt und in der (wohl erst weit später als Redewendung gebräuchlich gewordenen) »geistigen Haltung« und »inneren Ausrichtung« zu Ende, zum bösen

34

Ende gebracht wurde. Eine geistige Haltung vernichtet notwendig die geistige Bewegung – ganz ebenso notwendig wie jenes »Hebt!«, »Spreizt!«, »Stellt!« nur gliederweis kurze Übergänge von Haltung zu Haltung im Leiblichen bewirkt und bewirken soll. Von Einhalt zu Einhalt. Die leibliche Gebärde hat sich in die geistige fortgesetzt, metaphorisch übertragen – wie schon am Wortgebrauch abzulesen –, und so stammt ja auch die »innere Ausrichtung« von der äußeren her, die dem Kommando »Richt' Euch!« folgt – in der Turnstunde wie auf dem Kasernenhof. Über diesen Zusammenhang zwischen Turnstunde und Kasernenhof läßt ja unser Leitfaden von 1895 gar keinen Zweifel, und darum will ich mich hierbei auch nicht aufhalten, nur notieren, daß der Turnunterricht augenscheinlich die erste und stetigste und vielleicht auch die nachhaltigste politische Bildung gegeben hat, gerade weil er den Leib »wie am Schnürchen« ergriff, weil er die Physis ohne alle Umschweife bearbeitete, und weil überhaupt jedwede Regel wahrscheinlich rascher (und jedenfalls unwidersprochener, immer auch unerwogen) zum Leibe hereinkommt in den Menschen als zum Geist herein. Weil sich beim Menschen die Dinge keineswegs bloß »von innen heraus« entwickeln, sondern ganz ebensosehr und zu gleicher Zeit »von außen herein«. Weil die Gebärde nicht bloß der Ausdruck des Charakters ist, sondern der Charakter ganz ebenso der »Ein-Druck« der Gebärde, ihre Innenwirkung gleichsam. So gut es aber möglich war, zerhackte Ruckgebärden, kommandierte Willkürbewegungen zu lehren und den Körper an eine Haltung zu gewöhnen: ebensogut muß es auch möglich sein, die Leiber zu freier Selbstbewegung anzuregen, der Kraft die Gelenkigkeit zu gesellen, die »Entschlossenheit des Willens« in wache Geschmeidigkeit des Wesens zu verwandeln und jene elende »willige Unterordnung unter die Zwecke eines größeren Ganzen« zu ersetzen durch das freie und anmutige Betragen der lebendigen menschlichen Person im Umgang mit anderen Personen. Der Verfasser jenes Leitfadens wußte offenbar sehr gut, welche eminent moralische Wirkung er durch seine zweckmäßig ausgewählten und wohlgeordneten Übungen in den Zöglingen der preußischen Volksschulen hervorbringen würde – er wußte es nicht allein, er wollte es. »Frische des Geistes, Vertrauen in die eigene Kraft und Entschlossenheit des Willens« – das ist ein deutliches Programm der Tugendlehre, wenn auch abermals einer entstellten Tugendlehre. Denken wir an die »klassischen« Tugenden der Klugheit (sie ist mehr als bloße nutzbare »Frische«), der Gerechtigkeit (sie wägt auch die Kraft des Andern und sie wägt überhaupt nicht bloß Kräfte) und der Tapferkeit (sie ist über die bloße »Entschlossenheit« längst hinaus). Man sieht, es wird gut sein, die alten Philosophen zu lesen und die Kirchenväter – auch für Turnlehrer. Ist es zu kühn, auf eine neue gymnastische Bildung, eine Schule der menschlichen Gebärden, der leiblichen und leibhaftigen Tugend zu hoffen?

Es sollte eine Lehre von den Gebärden möglich sein, auch eine Geschichte der vorherrschenden, geltenden Gebärden. Was dort vor fünfzig Jahren vorgeschrieben wurde, wirkt wohl noch immer, gilt aber gewiß nicht mehr, jedenfalls nicht in den Schulen. Was an Spiel und Sport eingedrungen ist (und mit den älteren Übungsweisen zur »Leibeserziehung« vereinigt wurde), gehorcht anderen Regeln, wenn auch nicht – oder nicht mit klarem Bewußtsein – denjenigen einer freien Anmut, die des Leitfadens schließlich zu entraten weiß. In der Bildung des Leibes entscheidet es sich haargenau, ob der Mensch, auch als politisches Wesen, entstellt oder hergestellt werde, wie sich in der Gebärde der Charakter entscheidet.

Vexierbilder des Menschen
(1950)

Das Gebärhaus

Vor rund hundert Jahren, nämlich *1850*, schrieb der damalige Chefarzt des k. u. k. Findelhauses zu Wien, Doktor Bednar, in seinem Buche über die Krankheiten der Neugeborenen den folgenden sensationellen Satz nieder: »Die Sepsis des Blutes bei Neugeborenen ist jetzt eine große Seltenheit geworden, welches wir der folgereichen und der größten Beachtung würdigen Entdeckung des Doctor Semmelweis, emeritirten Assistenten der ersten Wiener Gebärklinik, zu verdanken haben, welcher die Ursache und die Verhütung des früher mörderisch wüthenden Puerperalfiebers glücklich erforscht hat.«

Ignaz Philipp Semmelweis, ein junger ungarischer Arzt aus Budapest, hatte zwei Jahre zuvor in jenem »größten Gebärhause der Welt« zu Wien nach sorgfältigen statistischen Beobachtungen die Neuerung eingeführt, daß die untersuchenden Assistenten und Studenten ihre Hände in Chlorkalkwasser waschen mußten, bevor sie bei den kreißenden und gebärenden Frauen an ihr Werk gingen. Und er hatte in der Tat auf diese Weise beinahe mit einem Schlage das sogenannte Kindbettfieber zwar nicht aus der Welt, aber doch aus dieser Anstalt geschafft, das bis dahin im Jahresdurchschnitt den zehnten Teil, in einzelnen Monaten sogar den fünften, den vierten, ja fast den dritten Teil der Mütter dahingerafft hatte, die sich diesem Institut anvertrauten; die Opfer unter den Säuglingen waren nicht ganz so zahlreich. Was man stets für eine epidemische Krankheit gehalten und als nahezu unabänderliches Geschick hingenommen hatte, erwies sich nach Semmelweis' ingeniösen, pedantisch genauen und unerschrockenen vergleichenden Beobachtungen als eine Häufung von lauter einzelnen Infektionen, die namentlich dadurch herbeigeführt wurden, daß die Ärzte und Medizinschüler, von der Leichensektion in der Anatomie kommend, nach

39

einer gewöhnlichen Waschung mit Seife und Wasser mit den ungeschützten Fingern ihre Arbeit an den Frauen verrichteten.

Das Massensterben in den »Mördergruben« dieser geburtshilflichen Kliniken – Semmelweis berichtet selber davon, daß dieser Ausdruck in Übung war – und namentlich gerade in denjenigen, die mit dem medizinischen Hochschulunterricht verbunden waren, war also in einem gewissen Maße gerade auf die Gepflogenheiten der modernen empirischen Wissenschaft zurückzuführen: vor Einführung der Anatomie und der Sektionskurse scheint es das »Kindbettfieber« kaum in auffälligem Umfang gegeben zu haben, und die frühesten Berichte von vermeintlichen Epidemien dieser Art stammen tatsächlich erst aus dem siebzehnten Jahrhundert. Obgleich also Semmelweis' Entdeckung und seine sehr einfache Vorbeugungsmaßnahme eine relativ »moderne« Krankheit betrifft, muß sie doch als symbolisch gelten für jene lange und triumphale Reihe von Entdeckungen und Maßnahmen, die seither dem Schicksal so viel Terrain abgerungen und die zu der vordem unglaublichen Vermehrung der Menschheit nach ihrer Zahl, zur Entstehung der »Bevölkerungen« und freilich auch der Massen beigetragen haben. Denn wenn auch das letzte Geheimnis jener nach endlos scheinendem Stillstand plötzlich einsetzenden Dynamik der menschlichen Vermehrung kaum durch einzelne Ursachen erklärt, vielmehr in seinem augenscheinlichen Zusammenhange mit der industriellen Revolution und der verkehrstechnischen Erkundung der Erde einerseits, der naturwissenschaftlichen Erkundung und Behandlung des menschlichen Leibes andererseits als ein Ganzes begriffen werden muß, worin jedes Element zugleich Ursache und Wirkung der übrigen Elemente ist – so bleibt uns doch der Anteil erkennbar, den zuerst

Hygiene und Aseptik, dann Bakteriologie und Serologie an diesem erstaunlichen Prozeß haben.

Welch eine kühne Beharrlichkeit, welch ein Sieg über das eigene und das Standesinteresse von Semmelweis erfordert war, nachdem er die erste Ahnung seiner epochalen Erkenntnis gefaßt hatte – davon mag die folgende Stelle aus seinem Buche über das Kindbettfieber (1861) einen Begriff geben, die man nicht ohne Erschütterung und Bewunderung lesen kann:

»Consequent meiner Überzeugung muß ich hier das Bekenntniß ablegen, daß nur Gott die Anzahl derjenigen kennt, welche wegen mir frühzeitig ins Grab gestiegen. Ich habe mich in einer Ausdehnung mit Leichen beschäftigt, wie nur wenige Geburtshelfer. Wenn ich dasselbe von einem anderen Arzte sage, so beabsichtige ich blos eine Wahrheit zum Bewußtsein zu bringen, welche, zum namenlosen Unglücke für das Menschengeschlecht, durch so viele Jahrhunderte nicht erkannt wurde. So schmerzlich und erdrückend auch eine solche Erkenntniß ist, so liegt die Abhilfe doch nicht in der Verheimlichung, und soll dies Unglück nicht permanent bleiben, so muß diese Wahrheit zum Bewußtsein sämmtlicher Betheiligten gebracht werden.«

Sein eigener Erkenntniseifer ließ nicht nach. Bei der Majorität seiner europäischen Fachkollegen indessen, welche freilich nicht die heiße Triebkraft der eigenen Entdeckung fühlen konnten wie er, vielmehr ihre älteren Theorien zu verteidigen hatten, herrschte noch für lange der Widerstand des akademischen Prestiges und bisweilen wirklich ein halbes oder ganzes Bedürfnis der »Verheimlichung« vor. Der Nachgeborne, der stets geneigt ist, die bequeme Partei des »Fortschritts« zu ergreifen, mag sich vergegenwärtigen, welche Masse von Interessen und von Geltung hier zu überwinden war. Semmelweis kämpfte mit Offenen Briefen nach allen Seiten, scheute sich nicht, selbst den

großen Virchow zu verspotten, klagte andere Zelebritäten
öffentlich des Betruges an, wurde grimmig, verzweifelte
und starb im Irrenhaus zu Wien. Es dauerte fast ein halbes
Jahrhundert, bis die Wissenschaft ihm durch eine Gesamtausgabe seiner Werke das Denkmal setzte, das ihm ge-
bührt.

Die Proletarier

Semmelweis' Entdeckung ist das Modell einer wissenschaftlichen Tat: er hat eine Ursache dingfest gemacht, wo
ein dunkles Geschick gewaltet hatte. Wir preisen dies als
einen Akt der Befreiung. In abstracto. Wer aber waren die
Befreiten – wer wurde hier, unmittelbar und leibhaftig,
zum Leben befreit?
»Wenn die Individuen im Gebärhause entbinden, so richtet das Kindbettfieber unter ihnen schreckenerregende
Verheerungen an, und eine bedeutende Anzahl steigt frühzeitig in der Blüthe des Lebens ins Grab. – Würden in
Folge der Aufhebung sämmtlicher Gebärhäuser die
Geburten außerhalb des Gebärhauses vorsichgehen, so
würden die Entbundenen in größerer Anzahl wohl gesund
bleiben, aber nun beginnen die Sorgen um die eigene und
die Verpflegung des Kindes, und nun entstehen in Folge
der Noth die Verbrechen der Kindabtreibung, der Kind-
aussetzung und des Kindesmordes. – Man hat daher die
Gebärhäuser nur darum bestehen lassen, weil man der
Ansicht war, daß es besser sei, die Kreißenden in Gebär-
häusern den Gefahren des Kindbettfiebers auszusetzen, als
außerhalb des Gebärhauses den Gefahren der Noth,
wodurch eine so große Anzahl derselben den Gefängnissen
verfällt.«
So Semmelweis in einer Eingabe an die Budapester Unter-
richtsbehörde vom Jahre 1855. Besser noch tot als krimi-

nell – das war die Alternative. Nun aber, da nicht nur die Balladenfigur der Kindesmörderin zum Verschwinden gebracht, sondern auch der Riegel der Seuche weggezogen war, sprang nicht eine befreite Menschheit ins Leben, sondern ein von der Dezimierung befreites Proletariat. Wenn die Menschenliebe ein Motiv jener Forschungen in den Wiener und Budapester Kliniken gewesen ist, so hat diese Menschenliebe Proletarier produzieren helfen. »Das ist nun auch die rechte Zeit für die Proletarier, – sie wachsen aber auch so rasch und lustig auf wie die Pilze nach einer warmen Regennacht« – schrieb schon 1847 ein deutscher Beobachter der Gesellschaft (Heinrich Wilhelm Bensen), und sein munteres Gleichnis scheint, wie mit einem satirischen Blinzeln, anzudeuten, daß hier eine neue Spezies sich bildete – unterschieden von den alten Ständen oder von der bürgerlichen Gesellschaft wie die Pilze von den Bäumen und Büschen. Oder wie die Bienen von den Hummeln – nach dem Worte Saint-Simons: »Ich schreibe für die Industriellen, gegen die Höflinge und gegen die Adligen, das heißt, ich schreibe für die Biene gegen die Hummel.« Und mit diesem Bilde aus der Tierfabel war sogleich auch jener besondere Geist und Stolz nahegelegt, der nachmals von Karl Marx und seinen Nachfolgern als »Klassenbewußtsein« bezeichnet und energisch befördert worden ist. Diese Pilze oder diese Bienen oder endlich diese klassenbewußten Proletarier wuchsen auf und formierten sich nicht zu einer allgemeinen Menschheit und Menschlichkeit – wie der »dritte Stand« sie zwei Menschenalter zuvor erschlossen und gegründet hatte –, sondern zu einer Existenz von eigner Art, derjenigen der Klasse. Die proletarische Klasse ist eine historische Mutation, eine echte Umwandlung des Menschenwesens, eine Neuerung, die vor ungefähr hundert Jahren ins Leben getreten ist. Gewiß nicht mit einem Schlage. Wie er sich begreift, so wird der Mensch in seiner Wirklichkeit. Und es hat seine Zeit gebraucht, bis das proletarische Klassenwesen sich als solches begriff. Manche Kräfte, und keineswegs geringfügige, suchten dieses Selbstverständnis auch zu hindern, in einigen europäischen Gegenden sogar mit beträchtlichem Erfolg, so in England. England ist auch in dieser Hinsicht ein Wunder. Der Generalrat der Internationalen Arbeiter-Assoziation, das höchste Organ der ersten Internationale, also der frühesten und eigentlich so zu bezeichnenden proletarischen Klassen-Organisation, urteilte Ende der sechziger Jahre, daß »England allein als Hebel für eine ernstliche wirtschaftliche Umwälzung dienen« könne – und er urteilte so mit den besten Marxschen Gründen: »weil es dort keine Bauern gibt, das Grundeigentum in wenigen Händen concentrirt ist, die capitalistische Form sich der gesamten Production bemächtigt hat, die Mehrzahl seiner Bevölkerung aus Lohnarbeitern besteht, und die Organisation der arbeitenden Klasse durch die Trade Unions einen gewissen Grad von Reife erreicht hat«. Nur eines fehlte – nach den authentischen und scharfsinnigen Worten des Generalrats –, das war »der Sinn des Generalisirens und die revolutionäre Leidenschaft«. Von der Leidenschaft wollen wir absehen, sie mag strittig sein. Daß indessen dieser »Sinn des Generalisierens« mangelte, den Marx und seine Freunde forderten, dies eben scheint der entscheidende Grund dafür zu sein, daß in England dieser unvergleichliche Integrationsprozeß gelang, den man mit dem Wort von den »Reformen« der victorianischen Epoche bezeichnet: die Herstellung einer Nation. Auf dem Kontinent wurde generalisiert, und so stellten sich Klassen her. Auf den Begriff kam es an, auf das spezifische Begreifen der eignen Existenz. Das Wort erst schafft das Wesen, der Name die Figur. So hob der Name der proletarischen Klasse dieses Gewimmel der vervielfältigten Handwerksgesellen und Lohndiener mitsamt den Armen, Bettlern und Gaunern der großen Städte, den

Bewohnern der Slums und ebenjenen Benützerinnen und Insassen der Gebär- und Findelhäuser aus seiner Versunkenheit, aus seiner tausendfältigen Schicksalsnot heraus, richtete sie alle auf, gab ihnen Umriß, Willen, eigenes Bewußtsein und die Parole: »Proletarier aller Länder, vereinigt euch!«

Die alten Mächte vermochten lange Zeit nicht, das neue Wesen wahrzunehmen. Der rheinische Pfarrer Adolf Kolping zum Beispiel, obwohl er es war, der zuerst katholische Seelsorge im Maßstabe planvoller Sozialpolitik betrieb, rief die entlaufenen oder vernachlässigten »Gesellen« dorthin zurück, woher sie kamen: ins Handwerk. Ein Handbüchlein für wandernde und heimgekehrte Burschen, das unter seiner Ägide von einem gewissen Ferdinand Adrian verfaßt (und von Herder in Freiburg 1858 verlegt) worden ist, beschrieb in deftigem Kapuzinerton die neuen Verhältnisse sehr treffend – indem es darin etwa heißt: »Die Gesellen sind nichts als des Meisters Subjecte, die er bezahlt und wofür sie arbeiten müssen, eine weitere Verpflichtung kennt er nicht!« –, aber es zieht daraus keine Schlüsse, hält vielmehr dafür, dies sei eine reparable Verwahrlosung des Standes, vorab der Meister, und empfiehlt frommes unpolitisches Betragen. Hier ist die Parole restaurativ: »Gott segne das ehrbare Handwerk!« lautet der Titel. Und doch trugen selbst Kolpings – oder (auf evangelischer Seite) Wicherns – Bestrebungen wider Willen zur Formation der Klasse bei –, einmal indem jene Mahnungen über die Köpfe der vormaligen Patriarchen hinweg direkt an die Gesellen ergingen, ferner aber dadurch, daß sie in den »Gesellenvereinen« oder in den »Herbergen zur Heimat« auf kollektive und organisierte Weise die Idylle wiederherzustellen unternahmen, die in Haus und Werkstatt zerfallen war.

Der Mensch – das höchste Wesen

Während derselben Zeit aber, da die proletarische Klasse sich – nach Arnold Toynbees Ausdruck – als ein neues »auserwähltes Volk« in allen Völkern formierte und von Marx ihre wissenschaftliche Religion erhielt, eine exklusive Religion, insofern sie ihr zugleich die »Klassenfeinde« erschuf und den revolutionären Kampfgeist als höchste Pflicht einimpfte, – während derselben Zeit trat die überlieferte Humanität selber in einen neuen Aggregatzustand, trat »der Mensch« im allgemeinen mit seiner Menschlichkeit in das Stadium der Selbstverklärung, ja der Selbstvergottung. Die Lehre des Hegel-Schülers und deutschen Privatdozenten Ludwig Feuerbach tat ihre Wirkung, vermischte sich auch wunderlich mit derjenigen Marxens und der »Marxianer« (wie man damals sagte). Nicht allein die Proletarier emanzipierten sich von der Gesellschaft, sondern auch »der Mensch« emanzipierte sich von höherer Aufsicht, von Gebot und Sünde zugleich, und versenkte sich entzückt in sein eigenes Wesen. »Homo homini Deus est – dies ist der oberste practische Grundsatz – dies der Wendepunkt der Weltgeschichte.« So hatte es Feuerbach schon 1841 (im »Wesen des Christenthums«) mit vollen Tönen verkündigt. Er rechtfertigte die Religion auf eine tödliche Weise, indem er die Entdeckung machte, Gott sei nichts als ein Geschöpf, eine Projektion der Menschen: »Die Religion ist die erste und zwar indirecte Selbsterkenntniß des Menschen … der Mensch verlegt sein Wesen zuerst außer sich, ehe er es in sich findet.« Man sieht aus diesen Worten, daß ihr Autor ebenso furchtlos – furchtlos bis zur Blasphemie – wie gutgläubig war. Er dachte nur an Gott, aber nicht an den Teufel, der schließlich, per analogiam, keinen geringeren Anspruch darauf hat, im inneren Wesen wiedergefunden zu werden, als sein Gegenspieler. Diese andere Hälfte der Aufgabe ist später nachgeholt worden, wie es denn nicht ausbleiben konnte. Einstweilen schwamm der Mensch, einigermaßen zuversichtlich, in seiner eignen Vollkommenheit – »jede Beschränkung der Vernunft oder überhaupt des Wesens des Menschen beruht auf einer Täuschung, einem Irrtum« hieß es –, und es regnete Seligpreisungen und Heiligsprechungen »natürlicher« Art zum Ersatz für Bergpredigt und vatikanisches Konzil. »Heilig ist und sei Dir die Freundschaft, heilig das Eigentum, heilig die Ehe, heilig das Wohl jedes Menschen, aber heilig an und für sich selbst!« Derart dachte man frei und ahnte nichts Böses. Das war die kopernikanische Wendung eines erkühnten Biedermeiers – sein Aufbruch unter leerem Himmel, doch mit dem Sträußchen am Hute und den höchsten Schätzen in der eignen Brust, umflattert von den losgerissenen Nebeln der Heiligkeit, die ihm noch die eigne Blöße deckten.

Der Drillsergeant

»Ich behaupte immer wieder, die einzige königliche, priesterliche, erziehende und führende Persönlichkeit in unseren Zeiten, – die, welche noch durch und durch Wahrheit und Wirklichkeit und nicht zum Theil Einbildung und abgenutzte Windbeutelei ist ... – ich sage, diese einzige Persönlichkeit ist der Drillsergeant, der seine Aufgabe bemeistert und sie durchführen kann.«

Dies ist die grimmige Stimme von Thomas Carlyle, die Stimme des »Jesajas des neunzehnten Jahrhunderts«, wie ihn der deutsche Nationalökonom und ›Kathedersozialist‹ Lujo Brentano nachmals (1890) rühmend genannt hat. Der Satz, nur eine Spur sarkastisch, nur mit einem Anflug von Humor versetzt (auf den es freilich ankommt), steht in einem seinerzeit berühmten Aufsatz, der im August 1867 in Macmillan's Magazine erschienen ist: »Den Niagara

hinab – und dann?« Er ist gewiß fern von jeder Restaura-
tions-Idylle, und in der Tat ist hier das genaueste Studium
der modernen Arbeitsverhältnisse, des Charakters der
Arbeit überhaupt vorausgegangen; die eindringlichsten,
schonungslosesten Predigten an die Adresse der Produzen-
ten und Millionäre, die schärfsten Wahrnehmungen und
Kritiken in bezug auf die Kehrseite der Emanzipation,
eben die Proletarisierung, waren ausgesprochen worden.
Carlyle war ja – nicht altmodisch, sondern: – kühn genug,
sogar an der amerikanischen Sklaverei etwas Gutes zu finden, die Philanthropen, Sklavenbefreier und Manchester-
Leute mit ihrem Vertrauen auf »Angebot und Nachfrage«
der Gewissenlosigkeit zu beschuldigen. Freilich war dieser
glänzende Publizist und Polemiker konservativ bis in die
Knochen insoweit, als es sich um das Prinzip der Aristo-
kratie, um das Urverhältnis von Herrschaft und Dienst
handelte, und er hat – ein Greuel für die Fortschrittsleute! –
kaum anders als der alte Aristoteles erklärt, daß es Schichten oder Rassen gebe, die vom »allmächtigen Schöpfer«
zur Dienstbarkeit bestimmt seien.

Doch ist dies nicht die Essenz und die Pointe seiner Wirksamkeit. Vielmehr einmal dies, daß er mit einem puritanischen Eifer ohnegleichen die Arbeit als das Alpha und
Omega aller Kultur gepriesen, gefordert, gehämmert und
getrichtert hat wie nur irgendein Marx oder Liebknecht:
»Wer nicht arbeiten will, soll von der Erde verschwinden«
oder »Es gibt nur ein Monstrum in der Welt: den müßigen
Menschen« – das läßt an Härte nichts zu wünschen übrig,
ein durchaus »modernes« Pathos, wenn auch mit bibli-
scher Wurzel. Aber wiederum ist dies kein Freibrief für die
Arbeit an sich, als ob sie unter allen Umständen ›Werte
schaffe‹ – Marx ist im Vergleich ein Liberaler! –, noch
weniger für die Ausbeutung sei es der Natur, sei es der
menschlichen Arbeitskraft. Sondern gute, solide, beständ-
ige Arbeit soll geleistet, dauerhafte Dinge sollen kunst-

reich hergestellt werden; die Kritik der industriellen Massenware, des »Billig und Schlecht«, welche späterhin und namentlich am Ende des Jahrhunderts bei Gelegenheit der großen Ausstellungen allgemein wurde, hat hier beizeiten und energisch eingesetzt. Es ist ein strenger und frommer Begriff von Arbeit, und eben Carlyle war es, der ebensowohl den Blick auf die »alten Mönche«, auf die gottesdienstliche Arbeit des Mittelalters gelenkt hat – eine Bemühung um Stoff und Form einleitend, die von Ruskin und Morris aufgenommen, um die Jahrhundertwende auf den Kontinent übergriff, im Jugendstil, dann im »Deutschen Werkbund«, ja, verwandelt, nach dem ersten Weltkrieg im Dessauer »Bauhaus« weiterwirkte –, wie er auch den tüchtigen, allen romantischen Sentiments wie aller Spekulation abholden angelsächsischen Pragmatismus sowohl bezeugt als frisch geprägt hat: »Genau genommen, hast du keine Erkenntnis als die durch Arbeit erworbene; das übrige ist alles nur Mutmaßung von Erkenntnis.«

Das andere, was dem Donnerer am Herzen lag – oder vielmehr: was ihn an der Zeit dünkte –, ist Führung und Erziehung, vor allem aber die Auslese der Führer und Erzieher. Müßiggänger durften es nicht sein, sondern Arbeiter mußten es sein, »denn in der Arbeit ist unvergänglicher Adel und sogar Heiligkeit«. Könige, Priester, Führer und Erzieher der Arbeit. Der Kapitalist oder »Messing-Millionär«, der seine Leute heuerte und ihnen kündigte, wie es die Konjunktur ihm eingab, der produzierte, um zu gewinnen, konnte es nicht sein. Rückkehr zur traditionellen Herrschaft der Stände versprach kaum Erfolg nach allem, was geschehen war, nach allen »Emanzipationen« nämlich, nach dem Anbruch des neuen »Nomadentums« mit seinem allgemeinen Arbeitsmarkt und seinem freien Arbeitsvertrag. Neue und energische Zusammenfassung schien geboten, nicht Philanthropen, Helden waren nötig. Der Ursprung von Carlyles berühmtester und nachhaltigster Idee, der Idee des Helden (die Vorlesungen über Helden und Heldenverehrung hielt er bereits im Jahre 1840), liegt gewiß in diesem Bedürfnis nach Elite, welches der Anblick der bürgerlich-proletarischen Nomadengesellschaft nahelegte. Und hierin hat er auf prophetische Weise Epoche gemacht. Zumal er nicht konservativ genug war, um nicht den »starken Mann«, den Revolutionär, ja den Usurpator und Diktator, den Parvenü der Macht gelten zu lassen. Ohnedies: »So lange der Mensch Mensch bleibt, ist ein Cromwell oder Napoleon das unerläßliche Endziel jedes Sansculottismus.« Und nochmals ohnedies: »Niemals habe ich ... die Menschenrechte in irgendeiner Gestalt etwa einer Erörterung für wert gehalten; der Hauptpunkt bleibt – die Macht der Menschen, – der Teil ihrer ›Rechte‹, den sie Aussicht haben, in dieser verrückten Welt zum Ausschlage zu bringen und verwirklicht zu sehen.«

Von beiden aber, von der Arbeit wie vom befehlenden, disziplinierenden Heldentum, ist jener Drillsergeant die verzweifelte Konsequenz. Ja, ein Gran Verzweiflung, ein Anflug nicht von Humor bloß, sondern von Galgenhumor, ist hier schon beigemischt. »Ich denke immer, daß auf dem Wege militärischer Zucht noch viel getan werden könnte.« Die preußischen Sympathien des Autors werden hier deutlich, der Satz ist nach der Schlacht von Königgrätz geschrieben, nach dem Triumph des Zündnadelgewehrs und der dazu gehörigen »sorgfältigen Schießerziehung« – wozu freilich Drillsergeanten nötig waren –, nach dem Triumph der allgemeinen Wehrpflicht, der gegliederten Heeresorganisation und der technisierten beweglichen Kriegführung mit Eisenbahn und Telegraphie. (Ich folge bei dieser Aufzählung der Elemente der preußischen Überlegenheit dem Grafen Yorck von Wartenburg, der sie in einem Aufsatz aus dem Jahre 1900 dargelegt hat.) Obgleich das Moment der Technik und der Maschine in

Carlyles Vorstellung noch keine bestimmende Rolle spielt, steigen uns doch beim Wiederhören dieser Ouvertüre alle die Figuren auf, die dem wohlgedrillten Mann mit dem Hinterlader von 1866 und dem Artilleristen am Stahlgeschütz (das Krupp 1855 zuerst baute) gefolgt sind: der Maschinengewehrschütze und der Tankfahrer des ersten, der Sturzkampfflieger und der Invasions-Ingenieur des zweiten Weltkrieges. Arbeiter sie alle, solide Arbeiter, Präzisionsarbeiter – jenseits von Gut und Böse. Carlyles Konzept hat durchgehalten, nicht nur das Konzept des Helden, welches von Friedrich Nietzsche, schließlich von Stefan George und den Seinigen aufgenommen und ausgebildet worden ist, sondern eben auch dieses drastischere und grimmigere des Drillsergeanten, der in der Wirklichkeit sein Erziehungswerk vermöge der allgemeinen Wehrpflicht in ganz Europa (außer England), vermöge auch der proletarischen Klassenforderung nach »allgemeiner Wehrpflicht« gründlicher verrichtet hat, als auch der britische Jesaja voraussehen konnte, und der zudem neue literarisch-ästhetische Sänger gefunden hat: zuletzt Ernst Jünger, der ihn, weniger humorvoll und mit ganz eingekapselter Verzweiflung, den »Arbeiter« genannt hat. (»Der Arbeiter – Herrschaft und Gestalt« ist der volle Titel seines Buches.)
Der Drillsergeant oder der Arbeits-Diktator – dies ist in jedem Fall die dritte Modellfigur, nach dem Klassenwesen und nach dem verklärten Menschen, die in unsrer hundertjährigen Epoche aufgestellt und ausgebildet worden ist. Wie sich der Mensch begreift, so wird er wirklich.

Veredelung und Züchtung

Charles Darwin hätte die einfachste Rechtfertigung Gottes geliefert, wenn ihm irgend daran gelegen gewesen wäre,

Gott zu rechtfertigen: er wies mit tausend Beispielen nach, daß in der Natur überall der Tod nur zum Besten des Lebens diene. Es ist überhaupt kein Unrecht in der Welt, besagte seine Lehre von der »natürlichen Zuchtwahl«, da ja überall diejenigen, die im Daseinskampf den Sieg davontragen, ebendadurch unwidersprechlich beweisen, daß sie die Fähigsten, die Stärksten, die am besten ›Angepaßten‹ und überhaupt die Besten sind. Auf diese Art und nach diesem Gesetz der Prärie ist es immer aufwärts gegangen in der Naturgeschichte, vom niederen zum höheren Typus, von der niederen zur höheren Art, und wenn man der Natur nicht ins Handwerk pfuscht, so wird es unweigerlich auch fernerhin immer aufwärts gehen. Auch der Mensch hat sich, seitdem er zuerst aufgetreten ist, unaufhörlich entwickelt und veredelt, ganz von selbst, und es bedurfte dazu keiner Eingriffe und Maßnahmen. Charles Darwin hat sich nach eignem Bericht nicht genug darüber wundern können, wie sehr die drei Feuerländer – obgleich sie doch »zu den niedersten Barbaren« gehören –, die bei seiner ersten Weltreise an Bord des Schiffes »Beagle« mitgeführt wurden, ihm selber und seinen Landes- und Zivilisationsgenossen nach ihrer Anlage »und den meisten geistigen Fähigkeiten« glichen, namentlich nachdem sie etwas Englisch sprechen konnten. Offenbar hatte er einen bedeutenderen Abstand, einen größeren Unterschied des Entwicklungs- und Veredelungs-Pensums zwischen den Barbaren und den Europäern des neunzehnten Jahrhunderts erwartet. Bei genauerer wissenschaftlicher Beobachtung aber rückt das alles näher zusammen, zumal wenn man das ungeheure Panorama von den Seeigeln bis zu den Affen zu überschauen gelernt hat.

Es ist nun einer der kuriosesten Züge in Darwins welterobernder Theorie, daß nicht das Dumme und Dumpfe allein, sondern auch das Böse in der Entwicklungsreihe zurückgeschoben erscheint, und daß der an sich ausschließende Gegensatz des Bösen und des Guten durch eine Unzahl feinster Zwischenstufen in der Zeit vermittelt wird: am Anfang steht jener Wilde, der brutal genug ist, sein eignes Kind wegen irgendeiner Unachtsamkeit an den Felsen zu zerschlagen, am vorläufigen Ende aber der edle Menschenfreund wie etwa jener Howard, der den Strafvollzug ›humanisierte‹; am Anfang steht die Grausamkeit, am Ende die Milde. Laßt die Natur und die Zuchtwahl nur arbeiten! »Es ist nicht unwahrscheinlich, daß tugendhafte Neigungen nach langer Übung vererbt werden.« Greift also nicht ein mit Sitten und Gesetzen: »Es muß für alle Menschen offene Concurrenz bestehen, und es dürfen die Fähigsten nicht durch Gesetze oder Gebräuche daran verhindert werden, den größten Erfolg zu haben und die größte Zahl von Nachkommen aufzuziehen.« So fordert es der zuversichtliche Gelehrte am Schlusse seines Werkes über die »Abstammung des Menschen«, und er hat derart dem Grundsatz der liberalen Nationalökonomen, dem »Laissez faire« die höchste Weihe und die weiteste Geltung verliehen, die in einer gottlosen Weltordnung zu verleihen war.

Was aber geschah? Der Mensch bemerkte eines Tages, daß die Darwinsche Natur ihr Darwinsches Auslesewerk zwar unter den Tieren recht brav, unter den Menschen aber nur sehr unvollkommen verrichte, und so machte er sich daran, ihr nachzuhelfen. »Die Schwachen und Mißrathenen sollen zu Grunde gehen: erster Satz unserer Menschenliebe. Und man soll ihnen noch dazu helfen.« Oder auch: die Natur wäre schon recht, aber leider haben ihr die Menschen jahrhundertelang ins Handwerk gepfuscht und ihren Auslese-Plan durchkreuzt; das Laissez-faire genügt deswegen nicht, man muß die Menschen von ihren Korrekturtendenzen abbringen und auf den Weg der Darwinschen Natur zurückleiten, gerade ihre »Veredelung« ist hinderlich (welche doch, nach Darwin, eben das Werk natürlicher Entwicklung war!), man muß die Moral abstreifen, barbarisch werden wie die Natur: »Das Mitleiden kreuzt im Ganzen Großen das Gesetz der Entwicklung, welches das Gesetz der Selektion ist … Nichts ist ungesunder, inmitten unsrer ungesunden Modernität, als das christliche Mitleid. Hier Arzt sein, hier unerbittlich sein, hier das Messer führen – das gehört zu uns, das ist unsre Art Menschenliebe …« Kennt man diesen Ton? Es ist derjenige des »Antichrist«, besser wäre zu sagen: des Anti-Philanthropen, es ist derjenige Friedrich Nietzsches. Beide Argumente sind die seinigen: sowohl, daß man der Natur nachhelfen müsse, als auch, daß man das hinderliche Mitleid, die Gegenwirkung der Religion beiseite räumen müsse. Beiläufig: wo steht geschrieben, daß das Mitleid eine christliche Tugend sei? Bei Richard Wagner steht es geschrieben – »durch Mitleid wissend, ein reiner Tor«! –, im Evangelium steht etwas ganz anderes: Liebe deinen Nächsten wie dich selbst! Was Nietzsche hier umwirft oder ›umwertet‹, ist Wagnerismus, nicht originales Christentum, ist sentimentale Philanthropie, nicht Bergpredigt! Es ist auch Darwinsche Philanthropie, Darwinsche edle Weichmütigkeit. Von Darwin wird berichtet, daß er in höchste Erregung geriet, wenn er auf der Straße einen Fuhrmann sein Pferd schlagen sah. Aber Darwin war kein Christ. Man könnte diese »Umwertung der Werte« auch so ausdrücken: Es ist der Standpunkt von Darwins blinder Gottheit, der Standpunkt der brutalen »Natürlichen Zuchtwahl«, den Nietzsche nun selber bezieht – gegen den edlen oder veredelten Menschen Darwin selbst. Dieser hatte alle Grausamkeit auf das fühllos unbewußte Walten seiner zweckvoll auslesenden und ausmerzenden Naturkraft abgeschoben, für sich selbst und den »entwickelten« Menschen indessen nur das Edelste zurückbehalten, Philanthropie und Mitleid. Nun wird der Spieß umgedreht und die Rechnung präsentiert.

Aber das ist nicht alles. Darwins eigene Fachnachfolger, die Biologen, konnten späterhin seine zutrauliche Annahme, daß tugendhafte Neigungen sich vererbten, nicht bestätigt finden. Francis Galton behauptete (in den siebziger Jahren), die natürliche Auslese sei beim Menschen gestört – und für diesen Wissenschaftler war das Störende nicht einmal so sehr das Mitleid und die Religion als etwas viel ›Natürlicheres‹, nämlich die erotische Sympathie. »Die erotische Sympathie wählt nämlich nach Motiven, die allerdings auf das Glück des Einzelnen abzielen, aber darum nicht die Veredelung der Rasse verbürgen.« Dem mußte abgeholfen werden. Die ›Eugenik‹ war die Wissenschaft, die die Veredelung der Rasse über das Glück des Einzelnen stellte und dazu überging, gesetzliche Maßnahmen zu diesem Zweck zu empfehlen. Galton hat, wie es scheint, den Ausdruck »eugenics« geprägt. Da war es nun freilich mit dem Laissez-faire endgültig vorbei, sogar in der Liebe mochte man die Menschen nicht mehr »machen lassen«. Der arme Darwin!

So wurde der von der Natur veredelte Nachfahr des Affen und des Feuerländers zum planmäßigen Züchter nicht der Rinder, Pferde, Hühner und Lupinen allein, sondern seiner eigenen ›Rasse‹. Und während Nietzsche willentlich, mit Spott und Hohn von »Unserer Art Menschenliebe« sprach, indem er die Philanthropie buchstäblich auf den Kopf stellte, so haben spätere und harmlosere Geister in allem Ernste dazu geraten, aus »Humanität« die Mißratenen um die Ecke zu bringen. So zum Beispiel die Schwedin Ellen Key, die wahrhaftig das Böse nicht entdeckt, sich überhaupt nichts Böses gedacht hat, vielmehr durchaus in jener Feuerbachschen Zuversicht fortsegelte, daß das höchste Wesen gar nichts Schlechtes bergen oder tun könne; gleichwohl schrieb sie an der Schwelle unseres Jahrhunderts diesen Satz nieder: »Noch ist doch in der Gesellschaft ... die Ehrfurcht vor dem Leben nicht groß genug, als daß man ohne Gefahr das Verlöschen eines solchen Lebens (nämlich der ›unheilbar Kranken und mißgestalteten Kinder‹) gestatten könnte. Erst wenn ausschließlich die Barmherzigkeit den Tod gibt, wird die Humanität der Zukunft sich darin zeigen können, daß der Arzt unter Controlle und Verantwortung schmerzlos ein solches Leben auslöscht.« Ehetauglichkeits- und Erbkrankheits-Gesetze sind gleichfalls vorgesehen. Das alles steht in einem berühmten Buche (schwedisch 1900, deutsch 1902 erschienen); es führt den Titel: »Das Jahrhundert des Kindes«. Es ist ein Jahrhundert des Kindermords geworden. Mindestens in Deutschland, wo zwischen 1939 und 1943 Hunderte von Mißratenen und Mißgestalteten »schmerzlos ausgelöscht« worden sind, freilich ohne Kontrolle und ohne Verantwortung, aber doch zur ›Veredelung der Rasse‹. Wie denn überhaupt unter Adolf Hitler Zuchtwahl, Auslese und Ausmerzung, das ganze Werk der Darwinschen Natur, konsequent vom Staate übernommen und gründlich ausgeführt worden ist. Einige der überlebenden Täter und Organe dieses eugenischen Systems sind nach 1945 wegen »Verbrechens gegen die Menschlichkeit« vor das Strafgericht gezogen worden. Dies ist das Delikt, das vor fünfzig Jahren als »Humanität der Zukunft« idealistisch ausgerufen worden war. Der Mensch hat die Götter versucht. Der Rasse-Mensch.

Die prachtvolle Bestie

Nicht fort sollst du dich pflanzen, sondern hinauf! hieß es bei Zarathustra. Das war aktiver Fortschrittsglaube, Fortschrittspredigt, aber nicht mehr gesellschaftlich und ökonomisch, sondern biologisch verstanden. Hinauf sollte es gehen bis dorthin, wo Bahn und Umriß des Menschen überhaupt entschwände und ein neues Wesen ins Leben träte: der Übermensch. Der würde mehr sein als ein Drill-sergeant, mehr als jeder Held aus Carlyles Helden-Galerie. Es scheint, als wären die Entwürfe, die Traum- und Trieb-visionen von den Rettern und Tätern immer maßloser geworden, je mehr die alten europäischen Ordnungen ver-blaßten und zerfielen, und je deutlicher das abgespaltne Klassenwesen hervortrat. (Wie wenn man im Fieber, indem man schwach darniederliegt, bisweilen traumhaft den eignen Körper ins Ungeheure anschwellen fühlt.) Man mag zweifeln, wie buchstäblich Nietzsche es mit dem Übermenschen als einer wirklich neuen Spezies gemeint hat: vielleicht war ein Element literarischen Spiels betei-ligt, vielleicht auch war's ihm eine philosophische Chiffre. In jedem Falle haben andre die Sache buchstäblich genom-men. Als ein Beispiel für viele führe ich noch einmal Ellen Key an, die im Zusammenhang jener eugenischen Maß-nahmen das Ziel aufstellte, »die Ehen der Minderwertigen zu hindern und die der Übermenschen zu fördern«. Sie setzte deren Existenz also nicht einmal in die Zukunft, sondern bereits in die Gegenwart. Und wer möchte sich nicht zu einer solchen Spezies rechnen dürfen! Wer nicht diesem auserwählten oder vielmehr – durch Entwicklung und Züchtung – ausgelesenen Volke zugehören! Diesem biologischen Adel oder Adels-Ersatz. Wenn überhaupt zwischen den Kategorien der Minderwertigen und der Übermenschen für die gewöhnlichen Menschen noch ein Zwischenraum blieb, so konnten diese ja nur gleichsam den Mittelstand in der eugenischen Ständelehre darstellen, und das war nicht eben verlockend. Es war nicht verlok-kend, bloß ein Mensch zu sein, zumal man auch nicht sicher davor sein konnte, unversehens unter die Minder-wertigen abzurutschen. Übermenschlichkeit war besser als Menschlichkeit. Sie verlieh auch Herrschaftsanspruch, ja natürliche Berufung zur Herrschaft.

In diese Vorstellung von einer neuen Gattung oder doch

von einem neuen Geschlecht, dessen Geburt vielfach mit dem neuen, dem zwanzigsten Jahrhundert in Verbindung gebracht wurde, schossen, mehr oder minder deutlich und bestimmt, so manche Lizenzen, Entdeckungen, Moden des Betragens ein, die das Fin de siècle gekennzeichnet hatten. Namentlich die Emanzipation der Sinne und der Sinnlichkeit, zu der die Dichter, vorab die europaflüchtigen Arthur Rimbaud und Charles Baudelaire, dieser mit den »Blumen des Bösen« und den »künstlichen Paradiesen«, so viel beigetragen hatten. Die gruselige Bewunderung der losgebundenen, amoralischen oder immoralischen, grandios-verbrecherischen Persönlichkeiten der Renaissance, jener Epoche, die Jacob Burckhardt als säkulare Kultur-Einheit neu zu begreifen gelehrt und die – mit minderem Rang – eine Legion von Historienmalern als Szenerie allen Rausches, Prunkes und freier Gewalttat, Gegenwelt der bürgerlichen Wohlanständigkeit, auf- und ausgestellt hatten. Andererseits die Sprengung des Ateliers in der Malerei, der Auszug ins Freie, Lichte, die Entdeckung des Lichtes durch Monet, Pissarro, Renoir, Seurat; im Gefolge davon die allgemeine Freilicht- und Sonnenbegeisterung – »meine Mutter ist die Sonne«, sang Cäsar Fleischlen 1898, das »Haus in der Sonne« malte um dieselbe Zeit der Schwede Carl Larsson; die revolutionäre Neuorientierung im Wohnbau, Achsendrehung von Norden nach Süden, zum Licht; die wachsende Nutzung der Heilkraft von Licht und Luft, die Einrichtung von Luftbädern; die Ausbreitung des Sports; überhaupt die Regsamkeit des Leibes, derzufolge das Monopol des klassischen Balletts und seiner vollendeten Künstlichkeit durch eine ›natürliche‹ Tanzkunst mit allgemein erzieherischen Tendenzen gebrochen wurde – Isadora Duncan eröffnete 1904 ihre Schule in Berlin; weiter die Schätzung des Nackten, ja die Begründung einer besonderen »Nacktkultur« – welche mit der Zeitschrift »Die Schönheit« (ebenfalls seit 1904) ihre Absicht kundtat, das Verbotene und Verborgene ans Licht zu ziehen, Scham und Sünde abzutun und ein neues Heidentum unter ästhetischen Vorzeichen aufzustellen; der Kampf gegen Schnürleib und Wespentaille, späterhin gegen Stehkragen und lange Hose, als Symbole und Werkzeuge der zwängenden Konvention, die Reform-Mode griechisch-englischen Charakters, welche Kostüme durch ›Gewänder‹ und die Dame durch ›das Weib‹ ablöste: das dehnt und reckt und tummelt sich und platzt aus allen vormaligen Nähten, auch aus den sakramentalen der Ehe, indem schon Henrik Ibsens Osvald Alving die freie Liebe der Pariser Bohême dem vergifteten und verlogenen Zustand der Familie des Kammerherrn als die reinere Lebensform erregt entgegengehalten hatte. »Mutter, die Sonne!« waren die letzten Worte dieses Märtyrers der Lebens- und Gesellschaftsreform auf dem Theater. Und die Sonne regierte, sie sollte scheinen bis in den tiefsten Keller der Triebe, bis ins Schlummernde und Heimliche. Dem Reinen sei alles rein, hieß es, oder sollte doch alles rein werden. Feuerbachs Selbstheiligung wurde praktisch – nach mehr als einem halben Jahrhundert. Denn schon er hatte – zwar nicht mit dem breiten Heidenlachen der neuen oder Übermenschen, sondern eher seufzend und lockend ausgerufen: »Oh wie viel besser, wahrer, herzens-reiner waren die Heiden, die aus ihrer Sinnlichkeit kein Hehl machten!«

Der Parteigänger

»Ancient civilizations were destroyed by imported bar-barians; we breed our own«, schrieb der englische Histori-ker W. R. Inge in einem Buche über die Fortschritts-Idee, das 1920 erschienen ist. »Die Kulturen des Altertums wur-den durch importierte Barbaren zerstört; wir ziehen sie uns selbst heran.« Einige Geheimnisse dieser Aufzucht sind hier versuchsweise geschildert worden. Es wäre noch vieles dazu nachzutragen, vor allem ist unter all den übrigen Emanzipationen eine noch nahezu unerwähnt geblieben, ohne welche doch die wesentlichsten Verwandlungen des Menschen in den drei letztvergangenen Jahrzehnten nicht begreiflich wären: das ist die Emanzipation der Macht und der Gewalt. Auch sie ist geistig vorab durch Nietzsche vollbracht und umschrieben worden, aber gewiß nicht durch ihn allein. Vielmehr haben andere, den tatsächlichen politischen und sozialen Kräften bedeutend näher verbundene Geister nicht viel weniger zu diesem Effekt beigetragen. So der preußische Geschichtsschreiber Heinrich Treitschke. Inspiriert von der staunenswürdigen Machtkonzentration und Konsolidierung Groß-Preußens in Europa unter Otto von Bismarck, einem Prozeß, dessen Kurve vom Vertrag zu Olmütz (1850) über drei siegreiche Kriege zum Höhepunkt des Berliner Kongresses (1878) hinaufführt, hat Treitschke in seinen Berliner Vorlesungen über Politik, die er durch dreißig Jahre wiederholte und erweiterte, den Wert der sogenannten Realpolitik gepriesen, die Macht und Machtsteigerung des Staats, des Nationalstaats, als ein sittliches Ideal zugleich bemäntelt und hervorgekehrt – ein Ideal, welchem sich jedes Individualinteresse unterzuordnen habe.

Andrerseits hat ein Schriftsteller wie Georges Sorel durch seine Lehre von der ›direkten Aktion‹ – der Aktion des Generalstreiks nämlich – den Begriff der revolutionären Gewalt, jenseits des marxistischen Vertrauens auf den ›objektiven‹ Gang der Geschichte, aller Barrikaden-Romantik entzogen, den modernen kollektiven Verhältnissen und Organisationsbedürfnissen angepaßt: auch dies war ein starker Beitrag zur Freisetzung der Gewalt als solcher. Die sozialdemokratische Arbeiterbewegung und -Internationale indessen hat hieran wenig oder keinen

Anteil, indem sie vielmehr durch die wiederholte Verurteilung individueller Gewaltakte vom Stile der russischen »Nihilisten«-Attentate (gegen den General Trepow 1878, gegen Zar Alexander II. im gleichen Jahr) die Explosion hinderte und durch die zunehmend strengere Ausbildung einer Klassen- und Massen-Strategie die Schätzung der Macht als solcher kaum aufkommen ließ. »Der politische Kampf zur Eroberung der Staatsmacht«, der nach Liebknechts und Bebels Bekundungen im Leipziger Hochverratsprozeß von 1872 das einzige Ziel der Bewegung war – und freilich auch eine »gebieterische Notwendigkeit« für sie – sollte im wesentlichen durch Propaganda und Organisation geführt werden. »Organisierte Massen ins Feld zu führen, das ist unsere nächste Aufgabe«, sagte Liebknecht bei derselben Gelegenheit: überhaupt drehten sich die vierzehntägigen Verhandlungen dieses Prozesses zu einem erheblichen Teil um die Bestimmung des Begriffs der Revolution, ob er nämlich gewaltsamen Aufstand meine, wie die Anklage voraussetzte, oder aber historischen Prozeß, selbsttätige Umwälzung der Gesellschaft, wie die Angeklagten nicht müde wurden zu erläutern: ihr Verteidigungsinteresse und ihr ›materialistischer‹ Geschichts- und Entwicklungsglaube kamen hierin recht glücklich überein.

Propaganda und Organisation, welche denn allerdings auch nicht ›von selbst‹ kommen, sondern energisch betrieben werden müssen – die Polizei und die Armee als die Waffen der ›herrschenden Klasse‹ oder des Staates vor Augen –, Propaganda und Organisation waren und sind darauf angelegt, Macht durch den wachsenden mechanischen Druck der Masse zu gewinnen, zuerst die Majorität und am Ende die Totalität zu erobern. Die Vorstellungen von den Formen der erstrebten Machtausübung behielten lange Zeit in der Sozialdemokratie etwas Nebelhaftes. »In Zeiten der Revolution ist die Diktatur nötig«, gab Liebknecht in Leipzig zu, aber er fügte sogleich hinzu: »nicht die Diktatur eines Einzelnen, sondern die Diktatur des Klubs, des Volkes, der Arbeiter, wie 1793 in Frankreich«. Nirgends aber hat sich in der Folge eine Kollektiv-Diktatur begründen lassen, ohne zugleich Diktatur von Einzelnen zu sein. Die Namen Lenin, Mussolini, Hitler und Stalin bezeugen es, und es bedarf kaum einer näheren Erläuterung dazu. Was wäre aus der russischen Revolution von 1917 geworden, wenn nicht die kaiserliche deutsche Regierung dem Führer der Bolschewiki – er war es seit 1903 – die freie Durchfahrt im verschloßnen Eisenbahnzug von der Schweizer Grenze nach Petersburg gestattet hätte!

»Alles muß Arbeiter werden« – so lautete knapp fünfzig Jahre zuvor die Parole, noch schwärmerisch-harmonisch, aber doch unzweifelhaft auf Totalität durch einfache Ausdehnung abzielend. Ein schweizerischer Sozialist, der damalige Staatsanwalt des Kantons Basel, Bruhin, hat die Formel beim vierten Kongreß des Internationalen Arbeiterbundes (1869) geprägt, den er zu eröffnen hatte. Aber im gleichen Jahre 1869 fand derjenige Akt statt, der diese missionarische Hoffnung und Methode Bruhins (und vieler Vorgänger) endgültig umbog und den künftigen Weg dieser wie jeder anderen sozialen oder ideologischen ›Bewegung‹ bestimmte: die Gründung der Sozialdemokratischen Partei Deutschlands auf dem »Einigungskongreß« von Eisenach. »Die soziale Frage ist untrennbar von der politischen, ihre Lösung durch diese bedingt und nur möglich im demokratischen Staat.« Oder, wie es im Genfer Manifest von 1877 noch schärfer ausgedrückt ist: »... das Proletariat als selbständige, mit allen von den besitzenden Klassen gebildeten Parteien in Opposition stehende Partei organisiert, muß jedes politische Mittel ergreifen, welches zur Befreiung aller seiner Glieder führen kann ...« Das Proletariat als Partei – nicht mehr nur als

Klasse, sondern als Partei: das war der Weg zur Macht durch Propaganda und Organisation. Vereine, Gewerkschaften, Assoziationen, Bünde, Genossenschaften – das alles genügte nicht, denn das alles war nicht politisches Mittel. Im einen Sinn war das ein Akt der Anpassung, denn Parteien gab es schon, in England wie auf dem Kontinent, überall, wo Parlamente bestanden, wie groß oder wie gering deren verfassungsmäßige Befugnisse sein mochten: diese bestehenden hießen fortan, indem ihnen ein Klassen-Name angeheftet wurde, die bürgerlichen Parteien. Im anderen Sinne aber war es zugleich ein Akt der Formation zum Kampfe, eine Kriegserklärung, da diese Partei im Unterschied zu den meisten bestehenden nicht in der parlamentarischen, ja überhaupt in der staatlichen Mitsprache und Mitwirkung ihre Erfüllung erblicken, vielmehr die politische Freiheit wiederum nur als Mittel und Durchgang zur »ökonomischen Befreiung der arbeitenden Klassen« erstreben konnte. Die Partei sei kein ungeordneter Haufe, sondern ein wohldiszipliniertes Heer, das stetigen Krieg führe »gegen Mammon-Moloch«, schrieb Liebknecht. Und diese strategische Theorie von der Partei ist nachmals von Lenin und zuletzt von Stalin konsequent weiterentwickelt worden, von diesem in seiner Weise klassisch namentlich in jener Vorlesung über das Wesen der Partei, die er 1924 an der Swerdlowsk-Universität gehalten hat: hier erscheint die Partei als die scharf gedrillte bewegliche Avantgarde der Klasse, ihre Führung als deren Generalstab. Das einstmalige Mittel ist in der totalitären Parteiherrschaft zum Zweck geworden. Diese Art Parteien sind in unserem Jahrhundert dem Staate über den Kopf gewachsen und haben sich seiner bemächtigt, im Falle der Bolschewiki so gut wie in dem ideologisch ganz anders gelagerten Falle der Faschisten Mussolinis oder der Nationalsozialisten Hitlers. Sie fressen die Staaten und zerquetschen die Kirchen. Und

während Liebknecht noch beteuert hat, die ›Weltanschauung‹ des Sozialismus gebiete die »Pflege der freien Persönlichkeit«, so haben die fertig ausgebildeten, durchgedrill-
ten und zentral gelenkten Parteikaders unseres Jahrhunderts dergleichen bürgerlich-liberale Vorurteile längst
über Bord geworfen. Hier gilt nur die »Linientreue« oder
der »blinde Gehorsam«, das vormalige Klassenwesen ist
zum Parteiwesen, der Klassenkämpfer zum Parteisoldaten
geworden. Die Individualität ist ausgelöscht in solchen
Systemen: diese jüngste Verwandlung oder Verpuppung
des Menschen ist wohl nirgends klarer und großartiger
aufgefaßt und vorgestellt worden als in der Parabel von
der »Maßnahme«, die der Dichter Bert Brecht – der
Absicht nach zur höheren Ehre der Partei und des Gehor-
sams, in Wahrheit aber zu ihrer symbolischen Enthüllung
– verfaßt hat:
»Dann seid ihr nicht mehr ihr selber, du nicht mehr Karl
Schmitt aus Berlin, du nicht mehr Anna Kjersk aus Kasan
und du nicht mehr Peter Sawitsch aus Moskau, sondern
allesamt ohne Namen und Mutter, leere Blätter, auf welche die Revolution ihre Anweisungen schreibt.«

Die versteckte Figur

Wo steckt nun der Mensch? Was ist der Mensch wirklich
und was kann und soll er werden? Der Proletarier, das
Klassenwesen, der humanitäre Philanthrop, der verklärte
Menschgott und allmächtige Biedermeier, der Drillsergeant, der neue Barbar, der Parteisoldat aller Farben, der
Funktionär, der Verdammte, zur Freiheit Verdammte,
wie ihn die Existentialisten bekennen – sind das die Antworten, die uns Geist und Geschichte von hundert Jahren
auf die Frage nach uns selbst gegeben haben? Steckt der
Mensch in all dem grausigen, leichtfertigen, martialischen,

lächerlichen und rührenden Mummenschanz? Oder war dies nur das Gewirr der Linien und Kurven, die den suchenden Blick jeweils für eine Weile bannen, bis er sich im Gestaltlosen verliert und ermattet? Trübsinn wandelt uns an. Es scheinen lauter Irrwege, lauter Verfälschungen zu sein, lauter Gaukelei und Untergang. Es ist keine Wahrheit in diesem Vexierbild der Geschichte.

Natürlich nicht. Man muß das Bild auf den Kopf stellen. Die Wahrheit steckt in der Zukunft. Die Figur des Menschen steckt in der Zukunft. Hier und jetzt beginnt die Enträtselung, in jedem Einzelnen. Aber die Masken und Verwandlungen der Geschichte, zumal dieser letzten hundert Jahre im alten Europa, von denen wir alle noch Stücke und Spuren an oder in uns tragen, sind ebenso viele Warnungen: vorsichtig, äußerst vorsichtig mit uns selbst zu sein. Kein Hochspannungsdraht, kein Atomspaltprozeß, keine Naturkraft überhaupt ist so gefährlich, wie der Mensch sich selbst gefährlich ist. Jeder Schritt will sorgfältig bedacht sein. Gleichwohl aber müssen wir heraus aus allen diesen welken Häuten, müssen Schritte vorwärts tun, ohne uns einem selbsttätigen »Fortschritt« anvertrauen zu können. Vorwärts zur Natur des Menschen.

Die Ruinen von Athen

Deutsche Reisende
des neunzehnten Jahrhunderts
in Griechenland

(1939)

Es ist eines der merkwürdigsten Schauspiele der neueren Geschichte, von dem ich einige Szenen vorführen möchte: das Schauspiel der Wiederbegegnung der Deutschen mit dem Lande, von dem vor allen anderen sie ihre Bildung herschrieben, das alle Muster der Kunst nicht allein, sondern des Daseins selber für sie in sich barg: Hellas. Homer, Sparta, Athen, Leonidas, Perikles, Sokrates, Phidias, der Parthenon – nichts war vertrauter, nichts auch verklärter. Vertraut aber als Zeichen und Namen kanonischer Wesen, rechter Proportionen, ausgebildeter Humanität. Hellas war ein Inbegriff von Normen, welche Überlieferung und Phantasie anschaulich sichtbar gemacht, wie zum Greifen, zum Genießen und zur Nachahmung dargeboten hatten. So sehr war Hellas – seine Menschen, Dichtungen, Bauten, Örtlichkeiten in eines verschlungen – in einen Bereich der Idealität entrückt, daß man versucht ist zu sagen: erst in demjenigen Augenblick, als ein wirkliches, gegenwärtiges Griechenland auftauchte, als eine Realität dieses gleichen vertrauten Namens ins allgemeine Bewußtsein trat, als man dessen ansichtig wurde, daß es dort draußen und dort drunten am Mittelmeer, beinahe im Orient, auf der Grenze zwischen Europa und Asien, ein solches Griechenland wahrhaftig gab – erst in diesem Augenblick habe man bemerkt, daß jenes kanonische Hellas überhaupt in die Zeit, nämlich in die Geschichte und also in die Vergangenheit gehöre.

Griechenland tauchte auf. Um die Wende des achtzehnten zum neunzehnten Jahrhundert. Aus einer Verschollenheit, die selbst bis heute noch nicht ganz überwunden ist für unser europäisches Bewußtsein, aus einem Dunkel, das bis heute noch nicht ganz aufgehellt ist (wohl für die Wissenschaft, aber nicht für das allgemeine Wissen). Fremdartig und phantastisch waren die Male, die es trug. Griechisch-orthodoxe Kirche, türkische Herrschaft. Ein Mittelalter, das noch viel unbekannter, viel finsterer schien als das unsrige, und das war für den aufgeklärten Mann zu dieser Zeit schon finster genug. Und wer weiß denn selbst heute bei uns etwas von den Kreuzfahrerzügen von Athen oder davon, daß die Venezianer einmal die Akropolis bombardiert haben! Die historische Landschaft, die Lokalfarbe, selbst die Namen dieses neu auftauchenden Griechenlands waren von ausschweifender Wirrnis, von fremdartiger Düsterkeit. Wo war da der einfache Umriß der homerischen Gestalten, wo die »edle Einfalt und stille Größe«? Verborgen unter dem krausen Spiel der byzantinisch-orientalischen Geschichte? Untergegangen? Oder utopisch-zukünftig? Fremdheit, Hoffnung, Enttäuschung, Entzücken und Verwirrung – Verwirrung vor allem schloß dieses Wiederfinden in sich, von dem man ja eben nicht einmal wußte, ob es ein Wiederfinden sein würde.

Elegie

Unser Schauspiel hat ein Vorspiel. Der Ort ist Deutschland, die Zeit vor der Schwelle des neuen Jahrhunderts. Aber der Inhalt dieses Vorspiels ist auch eine Reise und ein Aufenthalt in Griechenland, eine erdichtete Reise einer erdichteten Person in einem erdichteten Griechenland: Hyperion heißt der erste Neugrieche der deutschen Literatur, sein Dichter Hölderlin. Aber es ist keine eigentliche Begegnung, keine harte Auseinandersetzung, keine Erfahrung und darum auch keine Prüfung des Erfahrenen am Überlieferten und des Überlieferten am Erfahrenen, was hier vorgeht Es ist eine Elegie vor den Ruinen und freilich auch vor der Natur, vor einem groß gemalten, im Morgen- und Abendrot erstrahlenden Prospekt von Griechenland. Wie eine jener Rückenfiguren in romantischen Landschaften steht der schwärmende Hyperion voll Sehnsucht und Schmerz vor dem Prospekt solcher Natur:

»O selige Natur, ich weiß nicht, wie mir geschiehet, wenn ich mein Auge erhebe vor deiner Schöne, aber alle Lust des Himmels ist in den Tränen, die ich weine vor dir, der Geliebte vor der Geliebten ... Aber ein Moment des Besinnens wirft mich herab. Ich denke nach und finde mich, wie ich zuvor war, allein mit allem Schmerz der Sterblichkeit, und meines Herzens Asyl, die ewigeine Welt, ist hin; die Natur verschließt die Arme, und ich stehe wie ein Fremdling vor ihr und verstehe sie nicht.« Dies ist Hyperions Thema. Er heißt nicht umsonst: der *Eremit* in Griechenland. Griechenland ist nichts anderes als der Schauplatz, an dem sich dieser Aufschwung und dieses Niedersinken der Seele stets von neuem begibt. Kein zufälliger, gewiß kein gleichgültiger Schauplatz. Hölderlin sagt es selber (im Vorwort): »Ich überzeugte mich, daß dieser Schauplatz der einzig angemessene für Hyperions elegischen Charakter wäre.« Der einzig angemessene Schauplatz darum, weil hier diese Trümmer des Altertums, unter denen, wie er sagt, der Schakal sein wildes Grablied singt, weil diese Ruinen dem Elegiker das Denkmal seines untergegangenen Reiches, seines Reiches der Schönheit und Einheit sind – eines Reiches, worin eben jene Vereinigung galt und dauerte, nach der der Eremit vergeblich sich sehnt: worin Götter, Menschen und Natur eins waren. Der angemessene Schauplatz ist dieses Griechenland ihm darum, weil der Anblick dieser Ruinen, auch der Ruinen von Athen, dem Schwärmenden immer neuen Anreiz gibt, dieses Reich zu beschwören, dieses große Gemälde mit Bergen, Städten, Meerbusen, Tempeln, fröhlichem Volk, lagernden Jünglingen und schönen Spielen, dieses große idyllisch-heroische Gemälde immer wieder vorzuzaubern.

»Kannst du so dich in die alte Zeit versetzen?« fragt Diotima bei der Überfahrt nach Athen, als er, noch ehe die Ruinen sichtbar werden, wieder solch ein Gemälde entwirft. Und da haben wir eben diesen Sturz der Normen in die Geschichte, von dem ich zu Anfang sprach: man muß sich in die alte Zeit versetzen, um der Gesetze innezuwerden – jede Erkenntnis des wahren Lebens ist nur noch Erinnerung und also Trauer und Schmerz und Innerlichkeit, verschlossen im Busen. Gegenwart ist nur dieses Ruinenfeld selber, Stigma des Unterganges. Und so antwortet denn Hyperion durchaus elegisch: »Mahne mich nicht an die Zeit – es war ein glücklich Leben, und der Mensch war da der Mittelpunkt der Welt.« Dann erst, mitten im beschwörenden Redestrom, wird die kleine Gesellschaft die Ruinen gewahr – die Ruinen von Athen –, und hier erhebt sich die Sprache Hölderlins zu barockem Gleichnis, zu einer großartigen Allegorie der gegenwärtigen Vergänglichkeit. Wie ein Bild von Piranesi tönt es daher:

»Wie ein unermeßlicher Schiffbruch, wenn die Orkane verstummt sind und die Schiffer entflohn, und der Leichnam der zerschmetterten Flotte unkenntlich auf der Sandbank liegt, so lag vor uns Athen, und die verwaisten Säulen standen vor uns wie die nackten Stämme eines Waldes, der am Abend noch grünte und des Nachts darauf im Feuer aufging.«

Aber nun bleibt es ja nicht bei diesem Schwärmen und Trauern. Hyperion beginnt zu handeln. Der elegische Charakter geht in die Politik. Er will Griechenland befreien, nimmt Abschied von der Mutter und der Geliebten und zieht ins Feld. Die Ruinen von Athen liegen nun in einem anderen Lichte: »Ich stand über den Trümmern von Athen wie der Ackermann auf dem Brachfeld.« Und bald soll neues Leben blühen und die Sonne die alten Tempel, die alten Zöglinge, das alte, erneute Hellas wieder bescheinen. Die alte Zeit, in die sich Hyperion so gut versetzen konnte, soll nun ihrerseits in die neue Zeit versetzt werden – das ist die Politik des elegischen Charakters. »Die heilige Theokratie des Schönen« soll errichtet werden. Aber die

Naturkinder, die der elegische Held befehligt, das Berg-volk, mit welchem er Misistra belagert und stürmt, ent-täuschen ihn schrecklich. (Wir sprechen hier nicht von Geschichte, sondern von Dichtung.) Die Leute plündern. Sie sind nicht die edlen Jünglinge, deren Bild er im Sinne getragen hatte, und also ist Hyperions Politik zu Ende. Freilich ist dieses Ende nicht vollständig, diese Verzweif-lung nicht absolut. Er stürzt sich in eine neue Schlacht mit den Türken, sucht den Tod, bleibt aber, durch wunder-bare Zufälle geschützt, am Leben, genest von seinen Wun-den, sein Gemüt wird sanfter, und er entwirft vor der heroisch nachlebenden, hinsterbenden Diotima, die alles vernichtet glaubt, nun schon ein zarteres Bild eines ande-ren und kleineren Elysiums: ein kleines Haus und ein Gar-ten in einem stillen Alpental, glücklich mit der Geliebten zu sein in »des Lebens goldener Mittelmäßigkeit«. Aber der Tod der Geliebten bewahrt den Eremiten vor solcher Idylle, und er bleibt Fremdling ohne Heimstatt.

Dies war unser Vorspiel. Es spielt vor dem Prospekte Griechenlands und der Ruinen von Athen. Die Staffage aber ist in dieser Landschaft die Hauptsache, Hyperion vor allem, der das wahre Hellas als Erinnerung im Busen trägt, und nur der Schlüssel des Schmerzes vermag diese Kammer zu öffnen. Der Versuch, dieses Hellas wirklich zu machen – historisch liegt hier der erste griechische Auf-stand, der von 1770, zugrunde –, macht die Elegie nur heftiger. Zur Politik ist diese Schwärmerei nicht tüchtig. Die Welt ist ihr zu schlecht. Mit Räubern kann man kein Elysium gründen. Hölderlin-Hyperion bleibt Eremit, und das kaum von fern erblickte Griechenland entschwindet wieder seinem Sinn.

Andere machten es sich leichter. Wenn der Sprung erlaubt ist von Hölderlin zu Kotzebue –: jenes Nachspiel, das der geschäftige Mann zur Eröffnung des neuen Theaters in Budapest schrieb (es wurde im Februar 1812 dort aufgeführt), das durch Beethovens Musik bis in unsere Tage, wenigstens was den Titel anlangt, im Gedächtnis geblieben ist, – die ›Ruinen von Athen‹ also geben das neue Griechenland rascher auf. Dort sah man Derwische auf dem Parthenon und Janitscharenmusik und traurige Griechen, welche dumpfe Sklavendienste tun. Ein Grieche stampfte Reis in einem ausgehöhlten Säulenstumpf, eine Griechin verkaufte Feigen, und mit diesen kargen Zeichen der Gegenwart ließ er's genug sein. Minerva wendet sich ab und flieht nach Norden, wo ihr ein neuer Tempel erbaut wird: in Budapest. Minerva in Budapest. Es klingt lächerlich und ist doch nichts anderes als klassizistischer Glaube, in eine kurze Fabel gebracht. Am Ende des Stückes wird die Maschinerie des Theaters in Gang gesetzt, mit einem Donnerschlag erscheint zwischen den Altären der Musen ein dritter mit dem Bildnis des habsburgischen Königs, Minerva selber krönt ihn in der Apotheose mit dem Lorbeer.

Solche Tempel wurden errichtet in Budapest und auch anderswo, freilich nicht Göttern, sondern Begriffen geweiht, den Begriffen von Kunst und Wissenschaft, und von Gnaden der Fürsten. Der Gesang der Derwische und die marcia alla turca aus der Musik Beethovens sind allerdings von alledem das Eindrucksvollste gewesen und geblieben. Die orientalischen Einlagen – nicht nur in der Musik – waren es, die, zuerst als reizende Ornamente und als Interieur, später alle Regeln überwuchernd, das nachgeahmte klassische Maß zersetzten.

Elysium unter den Räubern

Und sonderbar genug: gerade die wirkliche Begegnung mit dem neu auftauchenden Griechenland förderte diese orientalische Infiltration ganz bedeutend und in der mannigfachsten Weise. Griechenland war orientalisch, dem Sultan untertan, von Paschas und Beis verwaltet; Moscheen überall, eine von ihnen sogar zwischen den Trümmern des Parthenon auf der Akropolis von Athen. Ungefähr um die gleiche Zeit, zu der Kotzebue jenes Nachspiel und Beethoven die Musik dazu schrieb, wohnte der unvergeßlichste aller Griechenlandreisenden in einem Kloster zu Athen: Lord Byron. (Man kann ihn unmöglich hier auslassen, obgleich eigentlich von den deutschen Reisenden die Rede sein soll.) Lord Byron reiste wirklich, sah selber zu. Nicht als Reporter, sondern als Flüchtling vor der zivilisierten Gesellschaft, voller Sehnsucht nach einem unverdorbenen Naturreich, doch wiederum auch nicht so enthusiastisch, wie man denken könnte. Mindestens ließ er sich nicht von demjenigen Enthusiasmus leiten, dem früher und später so viele Reisende ihre Enttäuschung verdankten – dieselben Enttäuschungen, die Hölderlin schon vorweggenommen hatte, darüber nämlich, daß die neuen Griechen nicht die alten seien. Alle diese läppischen Urteile über den Charakter der Neugriechen, die sich so viele europäische Besucher, Konsuln, Gelehrte und Globetrotter, auch desillusionierte Teilnehmer am griechischen Freiheitskampf, ins Notizbuch schrieben – Charakterurteile von der Art, wie man sie einem Hausknecht ins Zeugnis schreiben mag –, alle diese Urteile begegneten auch schon dem Lord Byron, aber er fegte sie mit großer Geste und mit Scharfsinn zugleich hinweg.
»Sie sind notorisch undankbar, abscheulich undankbar – so geht das allgemeine Geschrei. Nun, im Namen der Nemesis, wofür sollten sie dankbar sein? Wo ist das

menschliche Wesen, das je einem Griechen oder den Griechen etwas Gutes tat? Sie müssen den Türken dankbar sein für ihre Fesseln, den Franzosen für ihre gebrochenen Versprechungen und lügenhaften Ratschläge. Sie müssen dem Künstler dankbar sein, der ihre Ruinen abzeichnet, und dem Sammler, der sie hinwegträgt; dem Reisenden, dessen Janitschar sie züchtigt, und dem Schreiberling, dessen Zeitung sie mißbraucht. Das ist die Summe ihrer Verpflichtungen gegen die Fremden.«

Lord Byron also machte sich keine Illusionen, er brauchte sich auch keine zu machen. Denn er hatte nichts gegen Räuber, nichts gegen rauhen Sinn, nichts gegen Grausamkeit, vor allem nichts gegen die Verächter der Zivilisation, die da frei in den Bergen wohnten. Wenn er harte Ausdrücke gebrauchte, so nicht gegen die Griechen, sondern gegen die Vorurteile der Europäer. Ihre Schuld ist es, wenn sie sich enttäuschen lassen: Die Phantasie der Reisenden, sagt er, könne nicht mehr Einfluß auf das gegenwärtige Schicksal Griechenlands haben als die Existenz der Inkas auf die Zukunft Perus. Selbst die Frage der Rasse dieser Neugriechen, die nachmals einen so erbitterten Streit unter den Philhellenen namentlich in Deutschland hervorgerufen hat, – die Frage, ob die modernen Mainoten nun eigentlich wirklich die Nachkommen der alten Lakedämonier seien oder nicht, war Lord Byron völlig gleichgültig. Was liegt daran, sagte er und wandte sich, um mit den wilden Bergbewohnern am Lagerfeuer zu sitzen, ihre Tänze und Kampflieder kennenzulernen, um mit den Sulioten Freundschaft zu schließen, ihre Kraft und Schönheit zu bewundern – und auch, um die dunkeläugige Griechin, das Mädchen von Athen, zu lieben und zu besingen. Es genügte ihm, daß vom alten Hellas doch eins geblieben war: die Natur.

»Art, glory, freedom fail, but Nature still is fair.«
Dieses Wort »Nature« barg Byrons eigentümlichen En-

thusiasmus. In der Natur war die Freiheit – so paradox das unseren neueren Ohren klingt –, in der Natur war die Freiheit, weil in der Kultur die Gefangenschaft, der Zwang der Sitte war. Auf den Bergen ist Freiheit. Lord Byron war hier kühner als Hölderlin: weit entfernt, gesittetes Betragen von Naturkindern zu erwarten – er wäre im Gegenteil gerade enttäuscht gewesen, wenn sie sich gesittet betragen hätten, und er hatte Grund, die Gesetze des bürgerlichen Anstands, der geordneten Gesellschaft zu verabscheuen, ihren Zwang zu fliehen –, weit entfernt, seine Vision vor der rauhen Gegenwart zu retten, fand er genau umgekehrt als Hyperion sein Elysium gerade unter den Räubern. Er konnte nicht enttäuscht werden, denn er fand, was er gesucht hatte. (Vielleicht ist dies freilich eine Eigenart allen Reisens, daß man nur findet, was man suchte, oder daß die Erfahrungen sich stets so konfigurieren, wie wir bereit sind, sie zu machen.) Er fand rauhes Leben, Gastfreundschaft, eigentliche Philanthropie, welche die westlichen und nördlichen Philanthropen beschämen könne, unbedingte Treue zu dem einmal gewählten Anführer oder Freund, Stolz, Tapferkeit, unbesiegbare Ehrliebe und wilden Freiheitsdurst. Und das alles fand er bei »Albania's children«, das heißt bei den Makedoniern und Sulioten. Ihm hätte es also keine Wunde geschlagen, wenn er erfahren hätte, daß auch die Einwohner von Sparta, Hydra, Attika selbst keine ungemischten Althellenen seien. Und vor allem fand er: ein malerisches Leben, ein Leben voller Leidenschaft und Farbe. Dunkel blitzende Blicke, wilde Locken, rote Fessi, bunte Gewänder, – und das Licht der Flammen vom Lagerfeuer flackert über den Gesichtern der Männer: das ist seine Natur, das ist seine Freiheit. Farbe ist ihr Zeichen. Tiefe Farbe. Viel Rot.

In tiefen Farben verschwindet die weiße Welt des Klassizismus später, alles färbt sich ein, wird orientalisch und polychrom, und zuweilen scheint es, als ob die nördliche

Zivilisation selber, die alte Ordnung der Gesellschaft, die vitruvischen Regeln wie diejenigen der Sitte und des Rechts in solcher Farbe untergingen, die sich wie das Abendrot überallhin ergießt. Doch so weit sind wir noch nicht.

Philhellenen

Wir stehen mitten in der heftigsten Phase des historischen Schauspiels, das wir betrachten: im griechischen Befreiungskampf. Und also auch in der philhellenischen Bewegung.

Ich will nur die nötigsten Daten in Erinnerung rufen: die erste Erhebung, die des Alexander Ypsilanti im Jahre 1821; die Verkündung des Heiligen Krieges der Türken im gleichen Jahr, das Gemetzel von Chios im folgenden (dieses orientalisch blutige Ereignis, diese Begegnung von Freiheitsdurst und Grausamkeit, hat ja jenen Liebhaber Afrikas, Delacroix, zu einem seiner berühmtesten Gemälde begeistert!); die Erklärung der griechischen Unabhängigkeit am Neujahrstage 1822; den neuen türkischen Vorstoß unter Ibrahim Pascha, die Seeschlacht von Navarino und die Belagerung von Missolunghi, das nach zweijähriger Verteidigung 1826 fiel; den Londoner Vertrag von 1827, worin die europäischen Großmächte die griechische Autonomie unter türkischer Oberhoheit beschließen; den neuen Ausbruch des Krieges und den Frieden von Adrianopel 1829; schließlich das Ende dieses an Wirrnissen reichen Jahrzehnts – die Bestimmung Ottos von Wittelsbach zum König von Griechenland und seinen Regierungsantritt im Jahre 1832.

Auch die Bedeutung jener philhellenischen Bewegung braucht nicht geschildert zu werden, jener Griechenvereine, die man auch in Deutschland gründete, um der grie-

chischen Sache mit Mitteln und Menschen zu Hilfe zu
kommen, und in denen sich die Liberalen, die Gegner
Metternichs und der Heiligen Allianz, die in ihrer eigenen
Sache zu Hause schweigen mußten, zusammenfanden in
der Sympathie für das Freiheitsbedürfnis der unterdrückten Hellenen und in der Auflehnung gegen orientalische
Despotie. Die philhellenische Literatur in Deutschland ist
unübersehbar: Gedichte, Flugschriften, Abhandlungen,
Romane, Dramen und wieder Gedichte. Die Byronschen
Motive sind darin wohl bedeutender und zündender als die
klassizistischen, und die Ruinen von Athen werden in die
Rebellion hineingerissen – als Parteigänger der Aufständischen.

Wilhelm Müller, ein junger Altphilologe, der Griechenland nie gesehen hat, in Dessau ansässig, dessen Lebens-
werk seine Griechenlieder ausmachen, ließ die Ruinen von
Athen in solcher Weise redend auftreten:

>Statt der Götterbilder tragen wir das Banner in die
Luft,
Das zum Kampf mit den Barbaren Hellas' tapfre Söhne
ruft.
Ach, wenn diese unterliegen, wozu sollten wir denn
stehn?
Habt sie ja in euern Büchern, die Ruinen von Athen.
Mit der Freiheit letztem Schlage stürzen unsre Mauern
ein,
Und auf jedes Helden Hügel werfen sie noch einen
Stein.<

Ich möchte diesen Begeistertsten unter allen seinen Genossen, obwohl er kein Reisender ist, deswegen hier anführen, weil in seinen Versen jene Byronsche Freiheit aus der
Natur ihre Triumphe feiert. Es ist dieselbe Welt von
Gleichnissen, die wir auch aus der deutsch-romantischen
politischen Poesie kennen: Berg und Wald, Strom und
Adler sind ihre bewegten Wappenbilder, und das Wort

›Räuber‹ jagt diesem altliberalen Geiste keinen Schrecken ein. Er kennt es ja von Schiller her. Karl Moor kehrt wieder, und nun heißt er – der Mainote:

»Räuber nennt mich immerhin! Rauben will ich und
verheeren
Herrengut und Sklavenland, und kein Pascha wird es
wehren.
Aber hört, ihr Feldbewohner, hört, der Räuber kann
auch geben
Mehr, mehr, als ihr habt besessen all in euerm ganzen
Leben.
Wollt ihr eure Freiheit wieder? Kommt heran mit
scharfen Klingen!
Von den Bergen wollen wir sie vereint herunter-
bringen.«

Anarchisch und patriotisch zugleich war diese Gesinnung – diesmal freilich für ein fremdes Vaterland. Es verschlug nicht viel, daß Müllers neue Griechenlieder, welchen diese Verse entnommen sind (übrigens mit einem Motto von Lord Byron), in einem Augenblick veröffentlicht wurden, in dem die innere Auseinandersetzung unter den kämpfenden Griechen selber schon zu einem Siege der bürgerlichen Partei geführt hatte, in dem also jene poetischen Räuber schon entweder gefangen saßen oder sich als reguläre Soldaten eingeordnet hatten.

Gottfried Müller und der Orient

Für den liberal-anarchischen Verehrer des freien Räubersinnes hatte auch die orientalische Art der Kriegführung nichts Abschreckendes gehabt. Er scheute sich nicht, sogar das Kopfabschneiden zu besingen, welches dort an der Tagesordnung war. Er schaute freilich auch nur von ferne zu. Ein anderer Müller war selber mit dabei, und diesem war es anders zumute. Es ist nichts weniger als ein Schauplatz für einen elegischen Charakter, was seine Erinnerungen uns vorführen. Das war ein gewisser Gottfried Müller, ein Handlungsgehilfe aus Bamberg, der in Bremen in Stellung war und von dort mit einem Freunde zusammen aufbrach, um teils zu Fuß, teils zu Wagen und mit der Post Marseille zu erreichen, den Sammelpunkt der Freischärler. Natürlich ist ein solches Buch, wie er es nachmals verfaßt hat, für die Historiker des Geistes und der Literatur nicht sehr ergiebig, weil die Perspektive eines Handlungsgehilfen und Fremdenlegionärs ihnen zu abseitig erscheint, seine Gedanken zu unselbständig, seine Erlebnisse zu belanglos. Aber wie viele Leute haben selbständige Gedanken und belangvolle Erlebnisse? Und für die Geschichte im ganzen sind die unselbständigen Gedanken und belanglosen Erlebnisse – auf die Länge und auf die Wirkung betrachtet – natürlich von der größten Wichtigkeit. Also auch diejenigen Gottfried Müllers.

An den Erinnerungen dieses schlichten Philhellenen ist zunächst einmal der Umstand wichtig, daß er überhaupt Philhellene war oder wurde, daß ein Handlungsgehilfe nicht bloß aus Überdruß an seinem Geschäft oder aus allgemeiner Abenteuerlust sich diesen Beschwerlichkeiten unterzog, sondern aus philhellenischer Gesinnung, das heißt: aus Entrüstung über die Türken und aus Sympathie für die Griechen. Unter dem kleinen Korps, das sich in Marseille zusammenfand, endlos auf ein Schiff wartete und schließlich Kurs auf Navarino nahm, waren zehn Berufssoldaten, die meisten Leutnants, die wohl auch eine rasche Karriere im Sinn hatten, und sieben Handlungsgehilfen – also kaufmännische Angestellte, wie man heute sagen würde. Unser Gottfried Müller unter ihnen. Er nahm seine festen Ansichten und Begriffe mit auf die Reise, und es ist rührend zu lesen, wie er mit seinem Freunde auf der Fußreise noch in Deutschland zuerst einmal am Teutoburger Wald eine private Weihestunde zum Gedenken an Hermann den Cherusker verbrachte, ehe sie weiterzogen. Seine Ansichten bestanden – das war nicht seine Schuld – im wesentlichen darin, daß die Türken grausam und die Griechen edel seien. Und solch eine Ansicht kann natürlich nie der Erfahrung ganz standhalten. Zumal dann nicht, wenn man so viel Elend, Krankheit, Ungeziefer, schlechte Unterkunft, Fieber und Wunden, Mangel an Ärzten – außer primitiven Feldchirurgen, deren Praktiken einem die Haare sträuben machen – und so viel Greueltaten erfahren mußte, wie sie die Realität dieses Krieges mit sich brachte. Eine ganz beträchtliche Anzahl seiner Korpskameraden kam vor Krankheit gar nicht erst an den Feind, und sein Freund, mit dem er von Bremen ausgezogen war, starb ihm jämmerlich dahin – einfach vor Anstrengung und Fieber, und weil er »nicht ganz kräftig auf der Brust« war. Er selber muß sich immer wieder willentlich ins Gedächtnis zurückrufen, was er von den Türken Schlimmes gehört hat, um mit Eifer bei der gerechten Sache zu bleiben. Vor allem war es die ungenierte Art seiner griechischen Mitkämpfer beim Requirieren auf eigene Faust, was seinem europäischen Rechtssinn zusetzte, und dann natürlich – das Kopfabschlagen. Bei der Belagerung von Napoli, an der er teilnahm, lauerten sie jeden Morgen den Türken auf, wenn diese in kleinen Trupps Ausfälle machten, um Proviant zu beschaffen, und zum Zeichen ihrer kleinen Siege schickten sie die Köpfe der getöteten Türken – man muß sich diese Köpfe vorstellen: glattrasierte Schädel, nur den langen Haarbusch in der Mitte, vom krummen Säbel zerhackte Gesichter – in Körben zum Kommandeur ins Lager, und in denselben Körben kam dann anderntags die fällige Ration Brot für die Mannschaft herunter. Diese Manieren kamen den zivilisierten Gottfried Müller hart an; so weit hatte ihn die Humanität noch nicht verlassen, und es war doch etwas anderes, dergleichen mit eigenen Augen anzusehen und sogar mittun zu sollen, als es in Balladen zu lesen. Möglich, daß es auch dem Räuberfreunde Wilhelm Müller davon übel geworden wäre. Immerhin, der Freischärler gewöhnte sich einigermaßen, und es klingt beinahe schon vergnügt, mindestens aber sachlich nüchtern, wenn er einmal feststellt: »Es sind überhaupt viele Mohren in türkischen Diensten; wir hatten oft ganz fette schwarze Köpfe mit schönen Alabasterzähnen unter den Zeichen unseres Sieges.«

In der Stadt Tripolitsa aber hatte er ein Erlebnis, das die Festigkeit seiner Gesinnung vollends auf eine harte Probe stellte. Die Stadt war das Jahr zuvor von den Griechen erobert worden, und von den türkischen Einwohnern waren nur noch ein paar Frauen übrig, die Sklavendienste tun mußten und für die man vielleicht auch noch ein nützliches Lösegeld zu erlangen hoffte. Sklavinnen! Das war es ja gerade, was die Einbildungskraft des einfachen Mannes so lebhaft beschäftigte, seine Empörung so heftig machte und seinen Eifer für die Gerechtigkeit so sehr stachelte: zu wissen, daß die Türken Sklaven hielten, und zwar gefangene Christen und Christinnen, Griechen und Griechinnen. Und nun verdreht sich unserem Gottfried Müller hier in Tripolitsa alles: er sieht Türkinnen in derselben Lage, und er sieht sie mit eigenen Augen, das schreckliche Genregemälde leibhaftig vor sich. »Ihr einziges Nahrungsmittel bestand in rauhen schwarzen Aschenkuchen und Wasser, ihre Kleider waren so zerrissen, daß sie kaum noch die Blöße bedecken konnten, und doch sollten sie Frauen aus guten Familien sein! Diese unglücklichen Geschöpfe verrichteten die gemeinsten Arbeiten und mußten sich ... allerlei Mißhandlungen gefallen lassen. Später, als ich die ebenso unglücklichen Sklavinnen von Chios und Smyrna sah, konnte ich das Schicksal dieser nicht so sehr mehr bedauern.«

Hier haben wir das ganze Unglück einer Humanität, die auf Genrebilder und Gefühlswallungen angewiesen ist, oder bei der doch jedenfalls diese Bilder der Unterdrük-kung, der empörungweckenden Grausamkeit und der erbarmungswürdigen leidenden Unschuld alle leitende Idee, rationelle Aufgabe, bestimmten Grundsätze des Denkens und Handelns überdeckt und verdrängt haben. Gewiß, das Mitleid stellt sich ein, und das ist aller Ehren wert, auch diese Türkinnen sind unglückliche Geschöpfe. Aber wo bleibt der Sinn dieses Feldzuges? Warum kämpfte Gottfried Müller wider die Türken? (Natürlich war es dennoch eine gerechte Sache, für die er focht, die Sache Europas, aber sonderbarerweise wußte er es selbst nicht, hätte es wohl nicht einmal fassen können, wenn man's ihm gesagt hätte.)

Dieser Gottfried Müller blieb aber trotz allem Elend, das er durchmachen, trotz allen Schrecken, die sein humaner Sinn erfahren mußte, wacker bei der Sache wie so viele seiner Kameraden. Er bewahrte auch die Verehrung des alten Hellas, die er zu Hause gelernt hatte. Fiebernd kam er im Piräus an und raffte sich dennoch am nächsten Tage auf – wir dürfen dieser seiner Erzählung glauben –, um die Ruinen von Athen zu sehen. In seinem Buche steht der ergreifende Satz zu lesen: »Wenn man so hohe und erhabene Kunstgebilde sieht, vergißt man die irdischen Leiden.« Ich habe kein rührenderes Zeugnis in all dieser Literatur gefunden für die Festigkeit des Bildungsbewußtseins – nein, man muß sagen: des Bildungsglaubens – als diesen Satz eines Handlungsgehilfen.

Desillusionierung

Hier war einer mit dabei, hat manches Mal und mit gutem Grund gezweifelt und viel Not gelitten und hat die Lehren und Vorstellungen, die er mitgebracht hatte, doch immer wieder gerechtfertigt. Selbständigere Geister zogen aus Wissenschaft und eigener Erfahrung selbständigere Schlüsse, auch ohne Not gelitten zu haben.

Ich meine vor allem den Mann, der bei den deutschen Philhellenen so viel Haß und Bitterkeit erweckt hat durch seine berühmte These: die neuen Griechen seien gar nicht die Nachkommen der alten – Jakob Philipp Fallmerayer. Ein bayrischer Liberaler, Philologe, Historiker – Historiker sozusagen vom göttingischen Typ: streng kritisch, ganz realistisch und bürgerlich, nüchtern politisch denkend, Gelehrter und Journalist zugleich, Empiriker, Verächter aller Theokratie, alles ›Papismus‹, des mohammedanischen so gut wie des römischen, insofern durchaus im liberalen Sinne ›vorurteilslos‹ – eine für ihre Epoche außerordentlich bezeichnende Figur und eine Figur von Format. Diesem nun war der Sultan keineswegs a priori greulich, so wenig wie ihm der Okzident a priori heimatlich war. Der Krieg war zu Ende, als er mit dem russischen Grafen Ostermann-Tolstoi reiste. Auch hatte er die Erbitterung der Philhellenen, von der ich sprach, damals schon auf sich gezogen durch seine ›Geschichte der Halbinsel Morea‹, deren erster Teil 1830 erschienen war und in der alles darin stand, was nur geeignet war, dem Lyrismus von der »Auferstehung des alten Hellas« den Wind aus den Segeln zu nehmen: Zum größten Teil, so hieß es da als Ergebnis von Studien über das griechische Mittelalter, seien die heutigen Bewohner Griechenlands eingewanderte Slawen und Albanesen. Dem Lord Byron – ich sagte es schon – hätte dies zu hören keinen Kummer gemacht; aber anders die deutschen Klassizisten und Humanisten. Nun war einmal die Klassik historisch geworden, und nun hoffte man einmal mit allen Energien, daß aus der Erinnerung eine neue Gegenwart und Zukunft, eine anschaubare Wirklichkeit werde, an der man teilhaben, bei der man dabei sein und dabei gewesen sein könne. Und diese Hoffnung der Klassizisten – nicht allerdings diejenige der bürgerlich-revolutionären Köpfe, der anarchisch-patriotischen Freiheitssänger –, aber diese Hoffnung der philhellenischen Klassizisten hing allerdings an der Hypothese, daß die neuen Griechen eben die Nachkommen der alten seien. Und hier bedeutete Fallmerayers Nachweis eine wirkliche Desillusionierung, wieviel man auch nachher getan haben mag, um den Gegensatz wieder zu verwischen oder auszugleichen und Kompromisse zu schließen. Dergleichen Kompromisse konnten ja niemals die alte, fast metaphysische Sicherheit restaurieren. Fallmerayers ›Geschichte der Halbinsel Morea‹ und vollends seine Reiseberichte aus Griechenland, die berühmten ›Fragmente aus dem Orient‹, welche durch eigene Wahrnehmung, durch eigene gründliche Beobachtung vor allem der Dialekte, die im griechischen Volk gesprochen wurden und werden, verifizierten, was er zuvor wissenschaftlich ermittelt hatte – dieser ganze Feldzug eines Realisten hat wirklich dem romantisch gewordenen Klassizismus der deutschen Philhellenen das Rückgrat gebrochen. Und ich glaube, daß man sogar sagen kann, dieser Fallmerayer habe der humanistischen Bildung in Deutschland eine Wunde beigebracht, an der sie sehr lange litt, insgeheim zuerst, später offenkundig. Natürlich war sie vorbereitet, eine solche Wunde zu empfangen: wäre ihr Denken nicht schon romantisch und historisch gewesen, so hätten die Neuhumanisten einer solchen These seelenruhig entgegenblicken können. Damit man aber diese Figur und ihr Wirken nicht mißverstehe: Fallmerayer kämpfte gegen die »germanische Torheit« oder gegen den »Hellenenstand«, wie er sich ausdrückte, er kämpfte keineswegs gegen die griechische Sache selber. Er sah sogar weit besser, was die eigentlich traditionellen Elemente und Kräfte des griechischen Nationalismus seien, wenn er schrieb:

»Nicht wer griechisch redet, sondern wer griechisch glaubt, gehört zum griechischen Volke, und die Nationalität im byzantinischen Reiche hat sich zu den Hörnern des Altars und zum ewig unwandelbaren Dogma der Kirche geflüchtet.«

Weswegen er, Fallmerayer, denn auch die Klöster studierte und mehrere Wochen auf dem Athos verbrachte, eine Welt kennenzulernen, die erst in viel späteren Tagen zu einem Anziehungspunkt für Reisende geworden ist. Sein Herz freilich war nicht bei diesen orthodoxen Mönchen. Was er wollte, war weder Auferstehung des heiteren Heidentums noch anatolisches Dogma noch gar russische Herrschaft. Was er wollte, läßt sich mit einem einzigen Wort ausdrücken: *Zivilisation*. Aus Athens »klassischer Öde« – es ist sein eigener Ausdruck – schrieb er von seiner zweiten anatolischen Reise im Jahre 1847 an seine Zeitung, die ›Augsburgische Allgemeine‹, den folgenden Satz, der die ganze realistische Tüchtigkeit seiner Gesinnung ausdrückt:

»Allmählich beginnt die Berauschung einer nüchternen Stimmung Platz zu machen, und durch die Erfahrungen der letzten Zeit erschreckt, ist das Land zur Überzeugung gekommen, harte Arbeit bringe am Ende mehr Gewinn als unverdientes Lob, und eigne Tüchtigkeit mit entschlossener Selbsthilfe durch Arbeit und freie Entwicklung der im Boden und Volk schlummernden Kraft verleihen höhere Würde und bilden eine festere Grundlage öffentlicher Glückseligkeit als der Enthusiasmus der Europäer für die untergegangene klassische Welt.«

Der Ministerpräsident Kolettis war ihm sympathisch, denn dieser antwortete ihm auf seine maliziöse Frage, von welchem homerischen Geschlechte er seine Herkunft ableite, ganz trocken: »Ich bin ein Walach aus Metzovo im Pindus und habe zu Padua Medizin studiert.« Und der erste selbständige Regent des befreiten Griechenlands, der

Graf Capodistrias, wäre ihm auch sympathisch gewesen, wenn er ihn gekannt hätte, denn dieser haßte sogar die alten Hellenen und nannte sie höchst witzig »unruhige Köpfe«, von denen die neuen Griechen nichts Praktisches lernen könnten; er haßte auch Athen und seine Ruinen, war überhaupt während seiner ganzen Präsidentschaft nur ein einziges Mal einen einzigen Tag lang dort, und auch da nur inkognito; und einer seiner Gefolgsleute, der sogar Archäologe war, brach einmal in die Worte aus:

»Der Teufel hole die Türken, daß sie in Athen noch einen Stein auf dem anderen gelassen haben; dann würde man doch nicht immer von den alten Erinnerungen hören müssen!«

Dieser Fallmerayer also ließ die Ruinen sein, auch die Ruinen von Athen, und zog es vor, sich mit den Möglichkeiten des Handels, Anbaus, Verkehrs und Kreditwesens zu beschäftigen. Sein letzter Aufsatz für die ›Augsburgische Allgemeine Zeitung‹ – geschrieben im Jahre 1861, kurz vor seinem Tode – enthielt die Empfehlung eines Eisenbahnprojekts, einer Linie von Belgrad nach Saloniki. In diesem Zeichen sollte nach seinem Sinn der christlich-mohammedanische Gegensatz überwunden, sollten beiderlei Arten von »Derwischherrschaft« friedlich ausgeräumt werden.

Civilisation

Die Epoche des Enthusiasmus war wahrhaftig zu Ende. Auch der Enthusiasmus für die edlen Räuber und ihren Freiheitsdurst. Der Klephtenführer Vassos, der noch in der ersten Zeit der bayrischen Regentschaft der selbständige Herr des nördlichen Attika gewesen war und von der ganzen europäisch-orientalischen Politik nichts hatte wissen wollen, ging nun, ein Hüne von Gestalt, mit seiner hübschen Frau, die er einst auf höchst romantische Weise entführt hatte, in Athen auf der Straße spazieren, er in Uniform mit Federhut, sie in französischer Toilette. Das dunkeläugige Mädchen von Athen, Lord Byrons letzte Liebe, hatte einen Mister Black geheiratet und war – nach der Aussage des Fürsten Pückler – eine hagere, langnasige Mama verschiedener Kinder geworden. Alles war gebändigt. Selbst die Eule der Athene. Denn die Väter der ehrwürdigen Stadt hatten der jungen Königin, der Gemahlin Ottos, einer oldenburgischen Prinzessin, bei ihrer Ankunft im Jahre 1836 als sinnreiches Einzugsgeschenk einen lebendigen Vogel dieser Gattung dargebracht: seine Fänge und Flügel waren mit blau-weißen Schleifen – die bayrischen Farben! – gefesselt. Der Klassizismus andererseits war auch bescheidener geworden, dienstbar der neuen Zivilisation: der Münchener Gärtner baute das Königliche Schloß in Athen (und zwar nicht auf dem Parthenon, wie Schinkel gewollt hatte, sondern unterhalb des Berges), der dänische Klassizist Hansen die Wartehallen für die Dampfschiffpassagiere des Lloyds von Triest – am Isthmus von Korinth und anderswo. Bizarr genug war diese Welt freilich immer noch. Noch stand – in der ersten Zeit des jungen Königtums – die Moschee in den Ruinen des Parthenon, aber nun war noch eine neue Farbe hinzugekommen: sie diente als Unterkunft für eine Kompanie bayrischer Soldaten. »Ein Viertel Althellenisch, ein Viertel Neugriechisch, ein Viertel Türkisch und ein Viertel Bayrisch« – so charakterisierte Fürst Pückler-Muskau die Stadt, als er 1835 ankam.

Lebende Bilder

Auf diesem Untergrund europäischer Zivilisation vollzogen sich nun allerlei merkwürdige Prozesse des Ausgleichs, kamen allerlei geistige Mischungen zustande. Aus dem Klassizismus war vor allem Archäologie geworden. Die Archäologie ihrerseits verlegte sich mit Eifer darauf, zu rekonstruieren, so auch, aus den Ruinen von Athen das vergangene Ganze zu rekonstruieren. Der Ausruf Diotimas: »Kannst du so dich in die alten Zeiten versetzen?« wurde zum Motto dieser ausgebreiteten Tätigkeit der ausgrabenden, kritisch vergleichenden, deutenden, wiederum vergleichenden und von neuem ausgrabenden Gelehrten. Man kennt diese Pläne und Gemälde, auf welchen zu sehen war, wie es wirklich gewesen sei, auf welchen die Ruinen der Bauten und der Bildwerke ergänzt waren – eine Art von lebenden Bildern der Wissenschaft.

Der erste Rekonstrukteur der Ruinen von Athen war der athenische Oberkonservator Ludwig Roß, der den kleinen Tempel der Nike Apteros am Eingang der Akropolis aus den Bruchstücken wieder zusammengesetzt hat. Und die Namen der Curtius, Furtwängler und Dörpfeld brauche ich nur zu nennen, um allen Scharfsinn, allen Eifer und alle Ausdauer ins Gedächtnis zu rufen, die bei dieser Arbeit wirkten. Was ich mit dem Begriff der »lebenden Bilder« bezeichnen will, das macht ein Vortrag beispielhaft deutlich, den der Archäologe Ernst Curtius 1844 in Berlin hielt, ein Vortrag über die Akropolis von Athen. In großen Zügen erzählte er die Geschichte Athens von den Anfängen bis auf Perikles und Phidias, dann fuhr er, indem er seine Zuhörer gleichsam unmittelbar in den erreichten historischen Augenblick, in diese künstliche Lücke der Historie hineinführt, folgendermaßen fort:

»Jetzt ist es Zeit, eine Wanderung auf die Burg zu unternehmen, um zu sehen, was nun inzwischen aus dem Felsen, den die Pelasger geebnet, auf dem die Erechthiden das Holzbild ihrer Göttin aufgestellt haben, geworden ist. – Hinter dem Turm führt der Weg hinan. Nach wenigen Schritten hat man die Höhe der Terrassen erstiegen und steht an der großen Freitreppe von Marmor, welche zu der eigentlichen Pforte hinanführt. – Ehe wir in die Halle des Tores eintreten, wenden wir uns rechts ...«, und so weiter und so weiter: »Welch eine Fülle von Herrlichkeit tritt uns hier entgegen.«

Der Gelehrte spielt hier sehr anmutig gleichsam einen Führer durch die athenischen Sehenswürdigkeiten zu der Zeit unmittelbar vor dem Ausbruch des Peloponnesischen Krieges und zeigt mit einladenden Gebärden seinen Zuhörern die Akropolis so, als ob nichts geschehen wäre, als ob es keine Ruinen gäbe. Mit Staunen liest man diese Blätter, begreift zuerst kaum die Verzauberung. Schließlich eröffnet der Sprecher, wieder in den Wissenschaftlichen Verein zu Berlin und in das Jahr 1844 zurückkehrend, seinen Zuhörern, daß freilich so die Burg leider nicht überliefert sei, sondern nur im Zustand armseliger Trümmer. Aber das Ziel der Forschung, zu rekonstruieren, das Flüchtige, Vergangene vorzuzaubern so, als ob es nicht flüchtig und nicht vergangen wäre, eben: ein lebendes Bild zu entwerfen – dieses Ziel spricht Curtius am Ende selber präzis aus:

»So geringfügige Trümmer auch auf dem kahlen Burgfelsen stehengeblieben sind, einer treuen und begeisterten Forschung gelingt es dennoch, diese Trümmerwelt neu zu beleben; die Säulen fügen sich wieder zusammen, um die Giebelfelder zu tragen, die Götter« (sogar die Götter!) »kehren von den Hyperboreern nach Griechenland zurück, und vor dem Auge des Geistes ersteht in ihrer ursprünglichen Schönheit die Akropolis von Athen.«

Dies war die Art, in der man sich einzig noch der klassischen Norm versichert halten konnte – durch fortdauerndes Beschwören gerade des Flüchtigen. Und diese Anschauungsform des neunzehnten Jahrhunderts, die ja keineswegs bloß der Archäologie oder auch bloß der Wissenschaft eigentümlich ist, sondern die Kunstproduktion, die Dichtung, das Leben selbst färbt und überall durchwirkt, hat auch – was ich jetzt nur beiläufig bemerken kann – die Deutung der antiken Bildwerke selber inhaltlich bestimmt. Ich brauche nicht zur berühmten Venus von Milo abzuschweifen, die in allen damaligen wissenschaftlichen und unwissenschaftlichen, anatomischen und archäologischen Versuchen der Deutung, Ergänzung und Rekonstruktion als ein Augenblicksgemälde aufgefaßt ist, szenisch genrehaft, kurz, wie ein lebendes Bild – es ist auch den Darstellungen vom Parthenonfries, ja selbst den Giebelfiguren nicht anders ergangen, und auch der große Furtwängler (noch ein halbes Jahrhundert nach jenem Vortrag von Curtius) ist nicht frei davon.

Polychromie

Noch eine andere Veränderung ging mit dem Klassizismus vor sich – dem wissenschaftlichen wie dem praktischen –, eine Veränderung, welche die bedeutendste Wirkung auf die produktive Architektur des neunzehnten Jahrhunderts selber, auf jedermanns unmittelbare Umgebung geübt hat: er wurde farbig. Auch dies war ein Ergebnis der Wiederbegegnung mit Griechenland. Unter den Deutschen war es zuerst der Baumeister und Techniker Gottfried Semper, der von einer Reise durch Sizilien und Griechenland in den ersten Jahren der Regierung König Ottos die Entdeckung mitbrachte, daß die Bauten und Bildwerke der Alten farbig, polychrom gewesen seien. Die These Sempers hatte damals, also in den dreißiger Jahren, eine ganz ähnliche Wirkung wie wenig vorher diejenige Fallmerayers. Die Klassizisten und Altertumskenner daheim in Deutschland waren empört. Wie? Die Marmortempel der Akropolis sollten nicht weiß gewesen sein? sollten nicht im schönsten, reinsten Marmorweiß weithin gestrahlt haben? Das war eine geradezu subversive, eine revolutionäre Behauptung, der man mit Entschiedenheit entgegentreten mußte. Dieses Weiß verkörperte – so muß man aus der Heftigkeit des Streites schließen – die Idealität, die Harmonie, die Sophrosyne, die ›Göttlichkeit‹ der Antike – alles, was den Klassizisten teuer war. Semper ließ es sich gesagt sein und schwieg von dieser Sache ganze zwanzig Jahre lang. Erst dann trat er abermals hervor, nachdem auch andere Autoren sich gewissen Tatsachen nicht hatten verschließen können. Aber selbst dann gaben sich die Konservativen nicht geschlagen, verließen nur stückweise ihr voriges Terrain, suchten Kompromisse vorzuschlagen, wie es zum Beispiel der milde Hettner tat, der auch in Griechenland war, freilich erst in den fünfziger Jahren. Er gab die Buntheit für alle Bauten aus Tuff oder Sandstein zu, leugnete sie aber hartnäckig für alle, die aus Marmor waren; ebenso unterschied er bei den plastischen Figuren sorglich zwischen Haar, Gewand und Waffen – diesen konzedierte er die Buntheit – und dem eigentlichen Körper, soweit er aus Haar, Gewand und Waffen noch hervorsah, dieser mußte weiß bleiben. Dies letztere war nun beinahe selbstverständlich, und es war auf diese Weise nur wenig gerettet, denn man muß sogar eine Figur, bei der auch nur die Augen und das Haar gefärbt sein mögen, weit eher bunt als weiß nennen; das Geringste an Farbe raubt ihr schon die ideale, die abstrakte Weiße, die nur total sein kann. Gleichwohl haben die Nachbildungen der Venus oder des Dornausziehers, welche man in allen bürgerlichen Wohnungen der späteren Jahrzehnte, namentlich der Gründerzeit, wiederfand, mochten sie ruinös oder ergänzt sein (lieber aber ergänzt), inmitten der tiefen orientalischen Farbenpracht dieser Interieurs allein ihre Weiße behalten dürfen.

Malerische Beleuchtung

Die Entdeckung und Einführung der Polychromie war ein Ausgleich zwischen Hellas und dem Orient, ein Widerschein insofern auch dieses neuen Griechenlands, das die Reisenden des neunzehnten Jahrhunderts angetroffen haben. Wie das Klassische Farbe bekam, so wurde aber auch umgekehrt jene heftige Farbe der Leidenschaft und Freiheit, welche Lord Byron im Leben und Wesen seiner Bergbewohner, seiner Sulioten und Albaner bewundert hatte, jene Räuberfarbe sozusagen, indem die Räuber selber domestiziert, ihre naturwüchsige Freiheit in die Gesittung und in die Zivilisation übergeführt wurde, zu einer Zutat der zivilisierten Welt, zum schmückenden Anstrich gleichsam oder zur malerischen Beleuchtung ihres sonst zweckvollen Gebäudes. Sie verlor ihre Tiefe, da sie nicht mehr das Signal einer Revolte des Gefühls sein konnte. Auch die Ruinen von Athen – bisher so schmerzvoll anzusehen für den elegischen Charakter, so heroisch-tragisch für den philhellenischen Enthusiasten, so gleichgültig für den skeptischen Politiker und so unvollkommen für den auf Rekonstruktion bedachten Archäologen – auch diese Ruinen von Athen gewannen durch malerische Beleuchtung einen neuen und nun zum ersten Male im eigentlichen Sinne ästhetischen Reiz. Ludwig Roß, der Konservator, überraschte den alten König Ludwig von Bayern, als dieser 1836 seinen Sohn in Athen besuchte, durch eine Art Schloßbeleuchtung der Akropolis, die er mit verborgenen Fackeln oder Feuertöpfen geschickt arrangiert hatte. Der Fürst Pückler, der zur gleichen Zeit in Athen war, hat die Sache beschrieben als ein »feenhaftes Traumbild« und ein »Rembrandtsches Tableau«.

Ich habe hier nur Szenen vorgeführt, nicht Thesen oder Ergebnisse. Die Ruinen von Athen wanderten durch das Jahrhundert, traten bald greller, bald leiser vor und wieder zurück, veränderten ihr Gesicht, ja auch ihre eigene Wirklichkeit unter den Blicken der suchenden, hoffenden, erkennenden, arbeitenden und genießenden Menschen. Sie stehen noch immer.

Geschichte als Erfahrung und Geschichte als Erkenntnis

Rede für ein Archiv

(1977)

Archive sind Dämme, die wir wider die Vergeßlichkeit, wider die träge schwarze Flut der Vergänglichkeit bauen, wider den Tod, wider den zweiten Tod, den Tod des Gedächtnisses. Hier werden die Zeugnisse angehäuft und verwahrt, daß wir, daß unsere Ahnen, unsere Völker, Staaten und Staatsmänner wahrhaftig gewesen sind, die Beglaubigungen ihrer, unserer tatsächlichen Existenz und unserer Absichten, Taten, Leiden, Erfahrungen. Das Archivwesen beginnt ja nicht erst mit diesen würdigen Institutionen, den Staatsarchiven. Es beginnt in einem ganz buchstäblichen Sinne ›zu Hause‹, nämlich mit den Briefen, die uns selber so denkwürdig sind, daß wir sie aufheben, vielleicht für Kinder und andere Hinterbleibende, vielleicht auch nur für uns, für unser eigenes Alter, für die Zeit, in der wir uns in die Denkwürdigkeiten unseres eigenen Lebens versenken werden, jedenfalls haben wir uns das vorgesetzt, und vielleicht finden wir die Muße, und dann entsteht nicht selten die beunruhigende Frage, was hernach mit diesen Papieren geschehen soll, ob sie, da nur von privatem Belang, zu rechter Zeit nicht besser vernichtet, ›kassiert‹ werden sollten; es sind nicht nur Briefe, die wir erhalten und die wir geschrieben haben, auch Personalpapiere aller Art, Kalender, in denen wir Verabredungen, Besuche, Namen, Gänge, Reisen, Begegnungen, vielleicht auch Gewitter und Schneefälle, glückliche und unglückliche Begebenheiten, große Eindrücke, Verluste, Schmerzen, Skrupel, Reue und Rechtfertigung eingetragen haben, oder gar Tagebücher, worin all dergleichen Erfahrungen ausführlicher berichtet und erörtert wurden.

Solche Schriftlichkeiten häufen sich schon im privaten Haushalt, in Schränken, Kisten und auf dem Speicher, und es kann durchaus schon in diesem beschränkten Bereich jenes bedrückende Gefühl sich einstellen, das ein Archivar mit dem verzweifelten Seufzer über die »Hypertrophie der Akten« ausgedrückt hat. Zumal bei fortrückendem Alter mag ein solcher Sammler seiner Lebenszeugnisse, ein solcher Archivar seiner selbst ein über das andere Mal unsicher werden und sich fragen, ob er recht getan habe, so vieles aufzuheben, warum und wozu er denn überhaupt so vieles notiert, ob er sich und seine Erfahrungen vor sich selbst nicht von jeher zu wichtig genommen habe. Und doch antwortet er sich – und ich glaube nicht, daß solch eine Antwort bloß auf eine trügerische Beschwichtigung jener Zweifel hinausläuft –, er antwortet sich im Sinne des großen Wortes von Sören Kierkegaard: »Dem Existierenden ist das Existieren das höchste Interesse, und die Interessiertheit am Existieren die Wirklichkeit.«

Kierkegaard meinte es ethisch, wir meinen es jetzt geschichtlich. Das ist freilich ein Unterschied, aber am Ende ist der Unterschied wohl doch nicht gar so groß. Und wenn selbst nichts von uns selber überliefert werden sollte, wenn wirklich alle unsere Aufzeichnungen ›kassiert‹ werden sollten – von uns selbst oder von pietätlosen Nachfahren –, selbst dann noch, meine ich in der letzten Bilanz, war es der Mühe wert: auch ruhmlos, ja unüberliefert, abbrechend, im Dunkel verschwindend, bleibt dieses Leben, diese Existenz mit ihren Kalendernotizen, Tagebuchreflexionen und mit ihrer Briefsammlung, mit ihrer »Interessiertheit am Existieren« eben dadurch und eben deswegen ein geschichtliches Leben und eine geschichtliche Existenz. Die Geschichte fängt nicht erst bei den öffentlichen Angelegenheiten an, bei den Staaten und Staatsumwälzungen oder auch nur bei den Kollektivgebilden überhaupt; auch der Privatmann, der namenlose Einzelne, lebt geschichtlich oder kann doch zum wenigsten geschichtlich existieren, auch wenn er nicht, wie die Redensart lautet, ›ins Licht der Geschichte‹ geraten, auf die Bretter des theatrum mundi getreten ist. Auf das simpelste Familienphotoalbum mit der Aufschrift »Zur Erinnerung« fällt noch ein Schimmer jenes existentiellen Ernstes, von dem Kierkegaard gesprochen hat, oder, anders ausgedrückt, auch in diesen trivialen Archiven wirkt noch oder schon eine Dosis von der Begierde, das Flüchtige festzuhalten und aufzubewahren, und das heißt: es bildet sich Geschichte als Erfahrung.

Mit Bedacht wähle ich das Wort »Erfahrung«. Erfahrung umfaßt beides, das Handeln und das Leiden, actio und passio, die öffentliche Wirksamkeit und die Beschränkung auf das Privatleben. Die Geschichtsschreibung und die Geschichtswissenschaft hat ja herkömmlicherweise einen Hang nicht allein zum Öffentlichen, sondern auch zum Handeln. Selbst in unseren Zeiten, da sich längst moderne Disziplinen wie Wirtschaftsgeschichte und Sozialgeschichte ausgebildet haben, die es gleichsam mit umgreifenden Strukturen und durchgreifenden Wandlungen zu tun haben mehr als mit Taten und Begebenheiten, selbst unter diesen Umständen fällt es der Theorie offenbar schwer, sich von der Bevorzugung des Handelns und der Handelnden zu lösen. Wollte der Historiker überall nur auf das Handeln blicken, so würde er seinen Gegenstand von allem Anfang an einschränken auf diesen einen Modus, den der Aktion. Geschichte als Erfahrung indessen besteht nicht nur im Handeln, sondern ebensosehr im Leiden, und zudem ist alles Handeln und alles Leiden an eine bestimmte allgemeine Sphäre, an spezifische Bedingungen gebunden, die als solche zu erschließen gleichfalls eine hohe Aufgabe des Historikers ist. Sie ist auch seit langem wahrgenommen worden: man mag an Jacob Burckhardts Beschreibungen von Kulturepochen denken – des alten Griechenland, der italienischen Renaissance – oder an Max Webers soziologische Typenlehre oder endlich an Otto Brunners Forschungen über Land und Herrschaft im alten Europa, um an untereinander ganz verschiedene Leistungen dieser Art von Geschichtswissenschaft zu erinnern, die es nicht mit dem Handeln (und freilich auch nicht mit dem Leiden) zu tun hat, sondern gleichsam mit den Kategorien der jeweiligen Erfahrung und Erfahrungsmöglichkeit überhaupt. Endlich bleibt, wenn diese Bedingungen untersucht und dargestellt, wenn die Taten der Handelnden und die Leiden der Leidenden geschildert worden sind – gesetzt, es wäre hier eine menschenmögliche Vollständigkeit erreicht – zuletzt noch immer ein Element oder Medium wahrzunehmen oder doch zu ahnen, worin alles historische Leben und Sterben, aller Aufgang und Niedergang, alles Gelingen und Scheitern wie in einem Äther sich vollziehen: wir wollen es mit einem alten Worte das Geschick nennen. Das Geschick kann – vom Erkennenden wie vom Erfahrenden – in einem Gefühl zwischen Schauder und Ehrfurcht nur hingenommen werden. Kein Fanatismus des Erklärens und kein Überschwang des Verstehens wird das Geschick aus der Geschichte je entfernen können.

Im Medium des Geschicks und innerhalb der Kategorien der Kultur, der Epoche und der Gesellschaftsordnung also wird Geschichte handelnd und leidend erfahren. Freilich nicht in einerlei Art, sondern in tausenderlei Art. Die Erfahrung der Herren ist eine andere als die Erfahrung der Knechte, die Erfahrung der Sieger eine andere als die der Besiegten, die Erfahrung der Verfolger eine andere als die der Verfolgten, die der Daheimgebliebenen eine andere als die der Exilierten, und auch wenn wir minder scharfe Gegensätze und gemäßigtere Zustände voraussetzen, bleibt ein Unterschied zwischen der Erfahrung der Regierenden und derjenigen der Regierten, und wir können es auch umkehren und sagen: zwischen der Erfahrung der Wähler und derjenigen der Gewählten, wiederum zwischen aktiven Bürgern und indifferenten Privatleuten. Und das alles sind nur die einfachen großen Klassen der Erfahrenden, sie lassen sich unendlich untergliedern und verfeinern. Unvermeidlich genießen diese verschiedenen,

diese gegensätzlichen Klassen oder Gruppen von erfahrenden Subjekten und diese verschiedenen, diese gegensätzlichen Erfahrungsweisen und Erfahrungsbereiche auch sehr
unterschiedliche Aufmerksamkeit vonseiten der Erkennenden. »Und die einen stehn im Dunkeln und die andern
stehn im Licht, und man sieht nur die im Lichte, die im
Dunkeln sieht man nicht«, wie der Dichter Bert Brecht so
unvergeßlich gesagt hat. Wir können die Verse anwenden
und übersetzen: Geschichte als Erfahrung geschieht ihnen
allen gleichermaßen, aber die Geschichte als Erkenntnis
hat es gewiß leichter mit denen, die ohnehin im Lichte,
nämlich im Lichte der Geschichte stehn, als mit denen, die
keine Zeugnisse hinterlassen haben.

Aber ich muß sogleich hinzusetzen, daß in diesem Punkt
ganz erhebliche Veränderungen zu verzeichnen sind. Was
die historische Wissenschaft anlangt, – um von ihr zuerst
zu sprechen, wiewohl sie sicher nicht den ganzen Umkreis
der historischen Erkenntnis ausfüllt –, so hat sie in neuerer
und neuester Zeit sich mit einer staunenswürdigen Energie
und Konsequenz grade jenen anonymen Schichten zuge-
wendet, die so lang im Dunkeln, auch im Dunkel der
Geschichte verborgen geblieben waren. Dieser Tage habe
ich ein Verzeichnis lieferbarer und in Vorbereitung befind-
licher historischer Werke, vorwiegend von Sammelwer-
ken, durchgesehen, und es zeigte sich, daß die Titel mit
einem Herrschernamen, mit einem individuellen Perso-
nennamen überhaupt – von Karl dem Großen bis Strese-
mann und Hitler – durchaus in der Minderzahl waren
gegenüber Werken der Völkergeschichte, der Epochenge-
schichte und schließlich solchen, die vollends Namenlose
zum Gegenstande hatten, Gruppen und Schichten in mehr
oder minder ausgeprägter Typik wie etwa die Bauern des
Mittelalters, die frühen Stadtbürger, die christlichen Mönche oder auch die Juden im mittelalterlichen oder neuzeit-
lichen Europa. Aus dem Bereich der neuesten Geschichte,

der sogenannten Zeitgeschichte, wird man leicht ähnliche Beobachtungen beibringen können. Aber freilich werden hier in aller Regel und sehr erklärlicherweise vonseiten der Wissenschaft Kollektive mehr als Individuen herausgehoben, daher auch typische Lagen und Verhältnisse mehr als spezifische Erfahrungen. Was aber der historischen Wissenschaft entgeht, das muß darum doch nicht im Dunkel des Vergessens untergehen: hier stehen Schriftsteller bereit, den Umkreis der historischen Erkenntnis zu vervollständigen und aus ihrer eigenen Wahrnehmung oder Nachforschung zu enthüllen, was für Erfahrungen und zumal was für Leiden sich dort zutrugen, wo die Kriegsgeschichte mit dem Heeresbericht nur »im Westen nichts Neues« zu vermelden wußte – Sie kennen den berühmten Roman von Erich Maria Remarque aus dem Ersten Weltkrieg! –, und abermals was für namenlose und auch namentliche Erfahrungen gemacht, was für Leiden erlitten und was für Untaten begangen wurden und werden in jenem System der Straflager der Sowjetunion, dem ein Dichter, Alexander Solschenizyn, den Namen aufgeprägt hat: »Archipel GULAG«. Auch da ist aus Erfahrung Erkenntnis geworden, es ist geschichtliche Erkenntnis, sowie es geschichtliche Erfahrung war und ist, die ihren Gegenstand und ihren Antrieb zugleich bildet. Die Geschichtswissenschaft steht nicht allein bei diesem Werke, sie muß dankbar für solche Helfer sein; ich wüßte noch manch anderen zu nennen aus dieser eigentümlich modernen Gattung der literarischen Reporter und der forschenden Dichter.

Aber man mag einwenden, daß ich mich hier einer Verwischung der Grenzen schuldig mache, daß Literatur und Wissenschaft doch zwei streng unterschiedene Sphären seien, daß es sich da zudem, mindestens in dem zweiten Beispielfall, um einen leidenschaftlich engagierten Zeitgenossen handle, dahingegen die historische Wissenschaft sich vielmehr der Leidenschaftslosigkeit, der Désinvolture zu befleißigen habe, indem sie andernfalls auf den Namen einer Wissenschaft gar nicht Anspruch erheben dürfe. Und es ist wahr, es ist an der Zeit, daß wir uns über das Verhältnis von Erfahrung und Erkenntnis Rechenschaft geben, das den Titel dieser Erörterungen bildet, und auf welches bisher doch nur in beiläufiger und ungeprüfter Weise angespielt worden ist.

Die Geschichte als Erfahrung – das scheint die einfachste Bestimmung dieses Verhältnisses zu sein – die Geschichte als Erfahrung ist der Gegenstand der Geschichte als Erkenntnis. Die historische Erkenntnis hat keinen anderen Gegenstand als die historische Erfahrung. Oder, wenn wir von der sinnreichen Zweideutigkeit des Wortes ›Geschichte‹ Gebrauch machen wollen, so können wir auch sagen: Der Gegenstand der Geschichte ist nichts anderes als die Geschichte selber. Die Doppeldeutigkeit des Wortes ›Geschichte‹, daß es nämlich ebensowohl die Erfahrung wie die Erkenntnis bezeichnen kann, ist aber deswegen so sinnreich, weil sich darin die wirkliche tiefe Verwandtschaft zwischen beiden ausspricht: Daß diese Erkenntnisweise mit ihrem Erkenntnisgegenstande tief verwandt ist, oder daß dieses Verhältnis des Erkennenden zu seinem Gegenstande jedenfalls nicht durch das vertraute Schema von Subjekt und Objekt beschrieben werden kann. Vielmehr ist in der Geschichte, die erfahren wird, immer auch schon Erkenntnis, und ist in der Geschichte, die erkannt wird, immer auch noch Erfahrung enthalten. Dieser Zusammenhang ist ebenso selbstverständlich und handgreiflich, wie er als verwirrend erscheinen muß. Selbstverständlich ist es, daß der historisch Erkennende aus ebendemselben Stoff gemacht ist wie der Gegenstand seiner Erkenntnis: Die Geschichte ist eine eminent humanistische Wissenschaft. Aber als verwirrend muß diese selbe Feststellung erscheinen, sobald wir die konventionelle Wissenschaftslehre, Erkenntnistheorie und Methodologie bedenken – sicherlich wenn wir einem Ideal der exakten Naturwissenschaft nachjagen, aber nicht nur unter dieser wohl überholten Voraussetzung, sondern sogar auch dann, wenn wir im Gefolge großer Lehrer, im Gefolge der Droysen, Dilthey, Rickert und Max Weber, der Geschichte eine andere, eine spezifische Erkenntnisweise und ein eigenes, eigentümliches Gegenstandsverhältnis zuerkennen: ich meine die Erkenntnisweise und das Gegenstandsverhältnis des Verstehens. Ich will mich jetzt nicht in eine kritische Untersuchung der Lehre (oder der verschiedenen Lehren) vom Verstehen vertiefen und verlieren, zumal manche Einwände schon früher formuliert worden sind. Ich will nur drei Mängel der Lehre vom Verstehen ganz grob kennzeichnen: erstens will die Geschichte durchaus nicht nur verstehen, sondern auch erklären; zweitens kann die Geschichte gar nicht alles verstehen, was sie gleichwohl zu berichten und zu erforschen hat (und sie soll auch gar nicht alles verstehen wollen!); und drittens ist andererseits die historische Erkenntnis mit der historischen Erfahrung, die Geschichte im einen mit der Geschichte im anderen Sinn auch wieder viel enger verknüpft, als das bloß verstehende Verhältnis und Verhalten vorauszusetzen scheint.

Um mit dem dritten Punkt anzufangen, so läßt sich natürlich nicht bestreiten, daß das Verstehen ein Vehikel der historischen Erkenntnis darstellt – der historischen Erkenntnis übrigens wie auch der historischen Erfahrung; doch ist die Geschichte als Erkenntnis offenbar nicht damit erschöpft, daß sie Verständnis wäre, und ich zweifle auch, ob das Verstehenwollen ihren Ursprung ausmacht, ob geschichtliche Erkenntnis jemals in concreto aus dem schieren Verstehenwollen entsprungen ist. Vielmehr will es mir scheinen, daß geschichtliche Fragestellungen aus einem vitalen Interesse, aus einer aktuellen oder virtuellen

Beteiligung zu erwachsen pflegen, und so möchte ich die These aufstellen, daß geschichtliche Erkenntnis notwendig und wesentlich teilnehmende Erkenntnis sei. Das ist die Spur der Erfahrung, der die Erkenntnis auf ihrem Wege folgt, wo sich die Geschichte im einen mit der Geschichte im anderen Sinn berührt, ja verknüpft. Nur ist die Geschichte als Erkenntnis teilnehmend mit Distanz und teilnehmend auch aus der Distanz der Andersheit – auch dann, wenn der zeitliche Abstand geringfügig, ja wenn der Erkennende seine eigenen Erfahrungen behandelt, wenn Zeitgenossen die Geschichte ihrer eigenen Zeit reflektieren. Auch aus der gebotenen Distanz, welche einen Überblick über verschiedene Erfahrungen, über eine ganze Menge von Erfahrungen gestattet, indem sie nämlich aus dem umfassenden vergleichenden Studium der Quellen sich gleichsam von selber herstellt – auch bei solcher Distanz bleibt die historische Erkenntnis gleichwohl eine interessierte, eine beteiligte, eine teilnehmende Erkenntnis, und das ist nicht etwa ihr Nachteil, gar ihre Schande oder auch nur ihr Erdenrest zu tragen peinlich, sondern darin besteht ihre ganze Lebendigkeit, ihre geistige Kraft, ihre Größe. Auch ihre Unbeständigkeit gewiß, ich weiß das wohl, daher rührt ja die Kette der Korrekturen, die durch die Jahrhunderte reicht, geschichtliche Erkenntnis kommt nie zur Ruhe in einem endgültig gesicherten Bestand.

Was und wie aber solche Teilnahme trotz aller Distanz und trotz aller archivalischen Umsicht in der Geschichtsforschung und der Geschichtsschreibung merklich und nicht nur merklich, sondern sogar leitend bleibt, dafür möchte ich zur Verdeutlichung drei Beispiele anführen. Sie sind ganz zufällig gewählt oder vielmehr aus gelegentlicher Lektüre hervorgesprungen, jedermann kann hundert andere Beispiele nennen oder finden.

Ein erstes Beispiel liefert Theodor Mommsen in seiner

»Römischen Geschichte«. Es gibt da eine höchst ein-
drucksvolle Schilderung der Folgen, welche die Ausdehnung des Bürgerrechts in Rom und über Rom hinaus nach
sich gezogen habe. Und es heißt da über die Urversamm-
lungen, sie hätten von dieser Zeit an in allen Sachen, die
über reine Gemeindeangelegenheiten hinausgingen, »eine
unmündige und selbst alberne Rolle gespielt«. »In der
Regel« – heißt es wörtlich weiter – »standen die Leute da
und sagten ja zu allen Dingen; und wenn sie ausnahms-
weise aus eigenem Antrieb nein sagten ..., so machte
sicher die Kirchturms- der Staatspolitik eine kümmerliche
und kümmerlich auslaufende Opposition«. Und noch
dringlicher und heftiger teilnehmend, noch barscher urtei-
lend hören wir ein paar Zeilen weiter seine Stimme, wo er
von dem Aufkommen eines hauptstädtischen Pöbels
spricht und mit direkter Adresse sich gleichsam mitten
unter die Parteien begibt: »... Es kann auch weder die
Nobilität noch die Demagogie von dem Vorwurf freigesprochen werden, systematisch denselben (nämlich den
Pöbel) großgezogen und durch Volksschmeichelei und
noch schlimmere Dinge den alten Bürgersinn soviel an
ihnen war unterwühlt zu haben«. Es ist fast, als hörten wir
Cato noch einmal wettern, zweitausend Jahre später. Wir
müssen lächeln über solche Einmischung des Erkennenden
in die Erfahrung, über solchen Schuldspruch, aber wir
sind doch auch ergriffen von dem bitteren Gram des Mannes, der selber in seinem politischen Testament den Satz
geschrieben hat »Ich wünschte ein Bürger zu sein«, und
das sei in Deutschland nicht möglich gewesen. Wir fangen
aber auch an zu begreifen, daß in ebendieser Beteiligung,
die ja an die Grenze der Identifizierung – und an die Grenze
der Donquichotterie – reicht, der Entstehungsgrund und
die Triebkraft des ganzen Werkes liegt.
Ein zweites Beispiel finde ich bei Treitschke, in dessen
»Deutscher Geschichte im neunzehnten Jahrhundert«. Ich

schlage den vierten Teil auf und lese gleich auf einer der ersten Seiten über die Publizistik der Epoche von 1830 in Deutschland diesen Satz: »Die vaterländische Begeisterung der Befreiungskriege ward verdrängt durch einen liberalen Weltbürgersinn, der im Namen der Freiheit die Feinde Deutschlands im Osten wie im Westen verherrlichte und das eigene Volk mit Schimpf überhäufte.« Sie kennen dergleichen alle, es ist eines von vielen Urteilen ähnlicher Art. Da liegen keine zwei Jahrtausende zwischen Erfahrung und Erkenntnis, zwischen Geschichte und Geschichte, sondern es ist nur etwas mehr als ein halbes Jahrhundert, und der Historiker spricht selber wie ein durchaus parteilicher Publizist mitten in die vergangene Situation hinein, voll Ärger darüber, daß diese Liberalen von 1830 nicht so national gesinnt waren wie die nachmaligen Nationalliberalen eben vom Schlage Treitschkes, und daß sie nicht so nationalstaatlich und machtstaatlich dachten, wie man es seither gelernt hatte zu tun, namentlich nach Bismarcks Reichsgründung.

Für diejenigen, die nicht allein solchen Nationalismus, sondern auch so (vermeintlich) naive Parteilichkeit überhaupt für eine überwundene Sache halten, möchte ich ein drittes Beispiel anfügen. Es stammt aus dem ersten Band des Handbuchs der Europäischen Geschichte, erschienen 1976, er kam mir grade auf den Tisch, als ich den gegenwärtigen Vortrag vorzubereiten begann. Es heißt dort, in der Einleitung, über die Zeit nach dem Ersten Weltkrieg: »Europa fand nicht den Weg zu einer politischen Einheit, sondern in eine noch weitergehende nationale Zersplitterung und in eine Euphorie des Nationalismus, von der gleichermaßen die revisionistischen Besiegten wie Deutschland und die neuen Staaten ergriffen wurden.« Diese Einleitung stammt von dem verehrten Theodor Schieder, dem Herausgeber dieses großartigen Unternehmens einer europäischen Geschichte. Der Standpunkt ist demjenigen Treitschkes ziemlich genau entgegengesetzt, die Leidenschaft der Teilnahme ist ganz dieselbe, und wir dürfen wohl vermuten, daß, wie dort das national deutsche Interesse eine deutsche Geschichte, so hier das europäische Interesse eine europäische Geschichte hat entstehen lassen.

Die geschichtliche Erkenntnis ist eine teilnehmende Erkenntnis. Die Geschichte als Erkenntnis wächst aus derselben Geschichte als Erfahrung hervor, die doch zugleich ihren Gegenstand bildet. In diesen Beispielen, scheint mir, ist das mit Händen zu greifen.

Die geschichtliche Erkenntnis kann nicht teilnahmslos sein, aber sie darf nicht willentlich parteilich sein, gar in lakaienhafter Unterordnung unter die Parteilinien jeweils herrschender Parteisekretäre ihre vorgeschriebene willentliche Parteilichkeit wiederum nach Vorschrift willentlich abwandeln. Aber auch wenn wir von diesen Jämmerlichkeiten absehen, die der Tyrannei zuzuschreiben sind, so bleibt gleichwohl zwischen unserer Bestimmung der Geschichte als teilnehmender Erkenntnis und jenem Prinzip der Parteilichkeit, wie es in den kommunistischen Parteiherrschaften gilt, ein elementarer Unterschied. Der Unterschied liegt nicht sowohl darin, daß wir es im einen Falle mit einer unwillkürlichen, im anderen mit einer willkürlichen, absichtsvollen ›Einseitigkeit‹ zu tun hätten. Das wäre zwar eine menschliche Argumentation, aber sie wäre menschlich doch vor allem in dem Sinn der Nachsicht mit menschlicher Schwäche. Die Beteiligung der Erkenntnis an der Erfahrung ist aber – ich habe es schon früher gesagt und wiederhole es – keine Schwäche, die der Nachsicht bedürfte, sie ist ein Wesensmerkmal der Geschichte, das wir fest ins Auge fassen müssen und das wir auch nicht krampfhaft unterdrücken sollten. Ob der einzelne Autor, der einzelne Historiker sein spezifisches ›Interesse‹ kennt und bekennt oder ob er es halbbewußt eben mit sich führt und gelegentlich, womöglich versehentlich, bekundet, das ist eine sekundäre Frage. Das eigentliche Unterscheidungsmerkmal – das, was die teilnehmende Erkenntnis, die auf die Würde der Wissenschaftlichkeit Anspruch erheben kann, von einer sei es kommandierten, sei es selbstgewählten Parteilichkeit im Grunde und mit Schärfe abhebt, das ist die Gerechtigkeit, das Streben nach Gerechtigkeit, das Postulat der Gerechtigkeit. Der Teilnahme muß die Gerechtigkeit ständig zur Seite gehen.

Nehmen wir ein Beispiel – es liegt mir besonders nahe: Die Epoche des neunzehnten Jahrhunderts, das sogenannte victorianische Zeitalter. Im parteilichen Urteil das Zeitalter der Bourgeoisie, des Kapitalismus in seiner ersten Gestalt der rücksichtslosen Konkurrenzwirtschaft, der Fabrikherrschaft, der proletarischen Armut und Verelendung, der Kinderarbeit, der Landflucht, zudem der moralischen und politischen Heuchelei der Herrschenden. Der von der Gerechtigkeit geleitete Blick erkennt die andere Seite: Es ist auch das Zeitalter der Befreiungen und Emanzipationen, der Sklavenbefreiung, der Bauernbefreiung, der Fabrikgesetze, der ersten Arbeitszeitregelungen, der Sozialversicherung, der Selbstorganisation der Arbeiterschaft, der Judenemanzipation, der Frauenemanzipation, der Erweiterung des Wahlrechts, der Ausbreitung verfassungsstaatlicher Ordnungen. Wiederum macht, was die Sklaven anbelangt, eine sozialkritische Geschichtsschreibung, und das nicht einmal erst seit gestern, darauf aufmerksam, daß die befreiten Sklaven, aller Sicherheit verlustig, der Grausamkeit des Arbeitsmarktes ausgeliefert, weithin im proletarischen Elend versunken seien. Die Gerechtigkeit fordert, auch dies wahrzunehmen und teilnehmend einzufügen. Doch wird eine derart stetig sich kontrollierende Bemühung nicht in die Absurdität verfallen, es wäre darum besser bei der Sklaverei geblieben.

»Gerechtigkeit ist ein unabdingbarer Bestandteil jeder

historischen Erkenntnis«, lesen wir denn auch mit Genugtuung in Theodor Schieders Einführung in die »Geschichte als Wissenschaft«. Gut. Aber was bedeutet Gerechtigkeit? Ist der Gerechtigkeit damit Genüge getan, daß wir lernen, ein Ereignis, einen Prozeß, einen Konflikt, eine Epoche von beiden Seiten, von mehreren, von möglichst vielen Seiten zu sehen, und das heißt ja nichts anderes als möglichst viele Beteiligte, möglichst viele geschichtliche Erfahrungen und Erfahrungsweisen erkennend in einen Zusammenhang zu bringen, jeder Art der Erfahrung ihr Recht zuzuerkennen? Handelt es sich darum, die Rühmungen von Verdiensten und Erfolgen und ebenso die Schuldzumessungen im Falle von gescheiterten Unternehmungen oder gar tödlichen Katastrophen, wie sie uns aus der Zeitgenossenschaft überliefert werden, zu prüfen, zu kontrollieren und gegebenenfalls zurechtzurücken? Oder soll es sich etwa darum handeln, Schuld und Verdienst aus der geschichtlichen Erkenntnis überhaupt zu verbannen? Dann müßten aber am Ende auch die Kategorien von Glück und Unglück, Krieg und Frieden, Verbrechen und Wohltun, ja von Gut und Böse überhaupt aus der Geschichte getilgt werden. Sollte das die Gerechtigkeit verlangen? Es wäre wahrhaftig eine paradoxe Konsequenz. Wie sollte gerade die Geschichte, die doch die Geschichte von Menschen ist, die menschliche Unterscheidung von Gut und Böse verleugnen? Verleugnen dürfen? Verleugnen können? Wie sollten Verdienst und Schuld, die doch so heftig in der Geschichte erfahren werden, aus der Geschichte als Erkenntnis mit einem Schlag verschwunden sein! Das wäre, wie wenn beim Jüngsten Gericht alle Böcke für Schafe passieren dürften.

Freilich kann sich kein Forscher und kein Geschichtsschreiber an die Stelle des Weltrichters setzen, Rettung und Verdammnis austeilend. Die Geschichte ist nicht das Weltgericht, ihre Urteile sind allemal vorläufig, in der Erfahrung wie in der Erkenntnis. Aber das darf nicht zur Resignation und zum Verzicht aufs Urteilen, zum Verzicht auf die Erkenntnis des Bösen und des Guten verleiten. Die historische Gerechtigkeit hat nicht allein jene ausgleichende und versöhnende, sie hat auch diese unterscheidende und richtende Bedeutung. Sie hat nicht nur jene milde, sie hat auch diese strenge Seite. In dem ersten Sinne wird der Erkennende dem Erfahrenden, in dem zweiten eher der Erfahrende dem Erkennenden überlegen sein. Das Höchste wäre, beides zu vereinen, inmitten aller teilnehmenden Umsicht und in den Grenzen der gebotenen Distanz und Diskretion dennoch das richtende Urteil zu wagen.

Ich nehme an, das ist es, was Nietzsche mit dem schneidenden Satze gemeint hat, Objektivität und Gerechtigkeit hätten nichts miteinander zu tun. Eine konventionelle Wissenschaftslehre wird geneigt sein, die Gerechtigkeit als eine menschlich-allzumenschliche und daher fehlbare Richtschnur beiseite zu schieben und der Objektivität den Vorzug zu geben. Ich muß nicht noch einmal wiederholen, was oft gesagt worden ist, und wovon ich hier gleich zu Anfang gesprochen habe: daß die Geschichte der Geschichte niemals zum Objekt zu werden vermag, daß in der geschichtlichen Erfahrung schon Erkenntnis und in der geschichtlichen Erkenntnis noch Erfahrung enthalten ist, enthalten sein darf, enthalten sein muß.

Nicht mehr als bloß die menschliche Gerechtigkeit vermögen wir anzustreben. Recht besehen ist es der weit strengere, höhere, auch drückendere Anspruch. Auch wenn wir uns bei Bewußtsein halten, daß wir immer nur ein vorletztes Urteil zu sprechen imstande sind, und daß andere kommen, die uns korrigieren, und daß diese anderen abermals nur ein vorletztes Urteil zu sprechen imstande sein werden, so bleibt doch die Metapher des letzten, des absoluten Gerichts ganz unvermeidlicherweise in solchen Erkenntnissen als symbolisches Muster gegenwärtig. Wir sind nicht wie Gott, wenn wir Gut und Böse unterscheiden, wie die Schlange im Paradiese meinte, aber indem wir es tun, folgen wir ihm nach.

Übrigens finden wir in dieser apokalyptischen Sphäre, in die wir unversehens gelangt sind, auch ein Symbol des Archivwesens vor. Ich meine die Stelle in der Offenbarung Johannis, wo es heißt: »Und ich sah die Toten, beide, groß und klein, stehen vor Gott, und Bücher wurden aufgetan. Und ein ander Buch ward aufgetan, welches ist das Buch des Lebens. Und die Toten wurden gerichtet nach der Schrift in den Büchern, nach ihren Werken.« (20,12.) Da haben wir die Vision eines transzendenten Archivs. Es ist schlechthin allumfassend, nichts ist da verloren, nichts kassiert, jedermanns Werke sind verzeichnet. Zu Beginn dieser Rede habe ich den großen Staatsarchiven die kleinen, ja winzigen Haus- und Privatarchive an die Seite gerückt, die von dem gleichen Urbedürfnis zeugen, dem Interesse am Existieren, dem Festhalten und Aufbewahren; manche mögen darüber gelächelt haben. Nun zuletzt rufe ich Ihnen die Metapher eines Menschheits-Archivs in die Erinnerung, vor welchem alle unsere Staatsarchive wiederum klein und winzig erscheinen müssen; wir alle müssen erschrecken vor dieser Imagination. Das Bedeutsame aber scheint mir vor allem darin zu liegen, daß dieses universale Archiv der Menschenwerke keinem andern Zwecke dient als dem des Gerichts und der Gerechtigkeit. »Und Bücher wurden aufgetan. . . und die Toten wurden gerichtet nach der Schrift in den Büchern, nach ihren Werken.« Unsere irdischen Archive dienen irdischer Gerechtigkeit. Die geschichtliche Erfahrung, die darin verzeichnet und verwahrt ist, soll geschichtliche Erkenntnis werden, teilnehmende Erkenntnis, distanziert, diskret, im Bewußtsein der Andersheit, kontrolliert aber und erleuchtet durch Gerechtigkeit. Gerechtigkeit ist uns nicht verschlossen, sie ist uns notwendig.

Gerechtigkeit für das
neunzehnte Jahrhundert
(1975)

I

Noch immer ist es ein geläufiger Vorwurf, eine Einrichtung, eine Gesinnung, ein Argument entstamme dem neunzehnten Jahrhundert oder entspreche seiner Denkungsweise, und niemand mag diesen Vorwurf gern auf sich sitzen lassen. Andere Jahrhunderte, die es in den Köpfen der Nachgeborenen auch einmal schwer hatten, sind aus Verkennung und Verdrängung des bösen Gedächtnisses heraus, haben ihr Recht und ihre Würde gewonnen, niemand spricht mehr von ›Aufkläricht‹, wenn das achtzehnte in Rede steht, und selbst das Mittelalter gilt nicht mehr für finster. Auf das neunzehnte wird gleichsam täglich von neuem Staub und Asche gehäuft, jedenfalls in seinen gesellschaftlichen, auch in gewissen politischen Eigentümlichkeiten, und soweit man es im allgemeinen und im ganzen anführt.

Im einzelnen werden Ausnahmen gemacht. Die naturwissenschaftlichen und technischen Leistungen der Epoche haben wohl nie ihre Geltung eingebüßt, auch große Geschichtsschreiber und Philologen bewahrten ihren Ruhm, und was die Musik anbetrifft, so leben unsere Konzertprogramme und Opernrepertoires zu einem guten, vielleicht zum überwiegenden Teil von der Erbschaft des neunzehnten Jahrhunderts. Einzelne Denker, auch der nach-idealistischen Epoche, ragen mit halbem oder ganzem Leib aus dem Block des Jahrhunderts hervor – diese wiederum mehr, als es recht und angemessen wäre –, Marx und Nietzsche zumal. An solche Gestalten und Phänomene denkt man indessen kaum, wenn ›das neunzehnte Jahrhundert‹ insgesamt aufgerufen wird. Es steht unter einem Verdikt oder liegt darunter begraben, und wenn diejenigen, die es als eine vernichtende Redensart im Munde führen, überhaupt etwas dabei vor Augen haben, so sind es stickige Zimmer und unterdrückte Lüste,

Gußeisen und Fischbein, falsche Fassaden und Fabriken, in denen Frauen und Kinder sich zu Tode arbeiten, moralische und soziale Erscheinungen jedenfalls. Die jetzige modische Verliebtheit in Plüschsofas und Petroleumlampen, die unter dem erborgten Namen der ›Nostalgie‹ läuft, gleitet am Schein entlang, sie hat einen halb-ironischen Geschmack erweckt, auch einen gewissen Sammel- und wissenschaftlichen Registrierungseifer in Gang gesetzt, doch noch wenig Erkenntnis, eine ästhetische Koketterie, doch keine Gerechtigkeit des Urteils hervorgebracht.

II

Ist es überhaupt eine Epoche im eigentlichen Sinne – das 19. Jahrhundert? Zunächst ist es nichts als eine chronologische Angabe. Die Historiker der Literatur und diejenigen der Bildenden Kunst, auch die Kulturhistoriker machen mannigfache und feinere Einteilungen. Die Literatur des 19. Jahrhunderts bewegt sich danach durch die Epochen der Klassik und Romantik, des Realismus, des Naturalismus, des fin de siècle; in der Geschichte des Bauens und der Inneneinrichtung gibt es andere Zuordnungen, die vielfach durch die Könige in England bezeichnet sind. Trotzdem hat auch die trockene Angabe »Das neunzehnte Jahrhundert« den Charakter eines Epochen-Begriffs angenommen, der in etwa dem entspricht, was die Engländer das Viktorianische Zeitalter nennen. Manche sagen auch »das bürgerliche Zeitalter«, und das scheint mir ein durchaus annehmbares Synonym für »das neunzehnte Jahrhundert«. Es versteht sich dann, daß wir den Anfang frühestens mit dem Sturz Napoleons, eigentlich erst mit der Juli-Revolution von 1830 oder – wenn man so lieber will – auch mit Goethes Tod im Jahre 1832 setzen. Dieses bürgerliche oder Viktorianische Zeitalter, das in der Tat bis gegen die Wende des Jahrhunderts reicht, scheint in genügendem Maße durch gemeinsame Grundzüge gekennzeichnet und verbunden. Vorab durch das eigentlich soziologische Merkmal, daß eine neue Schicht oder Klasse, die bürgerliche eben, zwar nicht geradezu und durchweg die Herrschaft antritt (in Deutschland, vor allem in Preußen kann davon nicht eigentlich die Rede sein), wohl aber als prägende Kraft hervortritt und mehr oder minder stark die allgemeinen Gesinnungen und Lebensformen bestimmt. Das bürgerliche Zeitalter ist auch dasjenige der technischen Industrie, des wachsenden Welthandels, des Kapitalismus, der Konkurrenz, in einem großen Teil Europas des Wachstums der Städte und des Rückgangs der agrarischen Bevölkerung, der Brechung oder allmählichen Verdrängung der Macht des Landbesitzes, der liberalen Bewegungen und der liberalen Verfassungen.

Es ist auch das Zeitalter des Imperialismus, das heißt der Ausdehnung alter und der Errichtung neuer Weltreiche, des britischen zumal: England baute – nach dem Verlust der amerikanischen Kolonien – seine Herrschaft über Kanada einerseits, über Indien andererseits aus, gewann Burma und andere asiatische Besitzungen dazu und setzte sich in den Ruinen des zerfallenen osmanischen Reiches, gegen Ende des Jahrhunderts besonders in Ägypten und im Sudan fest. Frankreich dehnte sich an der afrikanischen Mittelmeerküste aus. Ja, es ist auch das imperialistische Zeitalter, und dessen Erbschaft macht den europäischen, den abendländischen Völkern und Staaten heute weltpolitisch die größten Sorgen, wiewohl oder gerade weil diese Imperien seit den beiden Weltkriegen, seit dem Ende des zweiten vor allem, sich stückweise aufgelöst haben, zeitweilig und teilweise durch losere und freiere Bindungen abgelöst worden sind. Die asiatischen und afrikanischen Völker haben ihre politische Unabhängigkeit seitdem gewonnen, und der Streich des ägyptischen Diktators Abd el Nasser von 1956 bildete nur einen Akt in diesem großen Prozeß: Der Suez-Kanal, um den es ging, war eine der stolzesten Schöpfungen des Zeitalters, von dem wir reden, eine europäische Schöpfung – aus dem Utopismus der Ingenieure der École Polytechnique erwachsen –, eine Erbschaft des neunzehnten Jahrhunderts, die nun ein neuer arabischer Nationalstaat angetreten hat. Die Internationalität des Weltverkehrs war ein Merkmal und Erbstück des neunzehnten Jahrhunderts. Aber auch der Gegenspieler, der ägyptische Nationalismus, dieser Überschwang des jungen Souveränitätsgefühls, ist nichts anderes als ein Nachhall und eine Widerspiegelung, eine Fortsetzung, wenn man will, jener großen Welle des europäischen Nationalismus, die wiederum einen Grundzug des neunzehnten Jahrhunderts ausmacht. Wie die Nationalstaaten hier in Europa aus den Trümmern des Heiligen Römischen Reiches deutscher Nation entstanden sind – sein Untergang markiert ja den Beginn des Jahrhunderts –, so die arabischen aus den Trümmern des osmanischen Reiches, dieses merkwürdig monströsen, lockeren und ungefügen Verbandes, an dessen Spitze der »Großtürke« stand (wie man ehedem sagte), und der mit seinen Emiren, Khediven, Teil-Sultanen und Paschas ein nicht weniger phantastisches mittelalterliches Relikt bildete als zuvor das Reich der alten deutschen Kaiser mit seinen Kurfürsten, Königen und Herzögen.

Der europäische Imperialismus des neunzehnten Jahrhunderts, die Engländer und die Franzosen haben weltgeschichtlich in dieser Sphäre des Vorderen Orients eine Rolle gespielt und eine Funktion versehen nicht unähnlich derjenigen, die der Kaiser Napoleon am Beginn des neunzehnten Jahrhunderts in Europa ausgefüllt hat: Sie waren die Herrscher, aber sie brachten auch die Keime der Freiheit mit, der nationalen wie der persönlichen, den Nationalismus, die Selbstbestimmung, die Demokratie, die Menschenrechte. Die Kolonisatoren haben das Ende des Kolonialismus selber herbeigeführt, eben indem sie kolonisierten. Teils willentlich, teils unversehens, in jedem Falle aber unvermeidlicherweise.

Dieses paradoxe Verhältnis wird durch eine Bemerkung unvergleichlich drastisch illustriert, die George Macaulay Trevelyan in seiner *Geschichte Englands* gemacht hat. Im Zusammenhang mit der Erzählung vom Ausbau der indischen Kronkolonie im neunzehnten Jahrhundert kommt er auch auf die Entscheidung zu sprechen, als allgemeine Verwaltungssprache in Indien das Englische einzuführen. Diese Entscheidung habe nicht anders ausfallen können, sagt er, wenn freilich der englische Unterricht bei den Einwohnern, die für die Verwaltung erzogen wurden, auch eine große Gefahr heraufbeschworen habe. Und hier führt er das ironische Wort an, wonach die Engländer in Indien versucht hätten, »ein Geschlecht von Beamten mit revolutionärer Literatur heranzubilden«. Trevelyan beschließt diese etwas trübsinnig nachdenkliche Erwägung, indem er sich gleichsam aufrafft und zu bedenken gibt, »wie durchaus unedel und letzten Endes doch auch unmöglich es gewesen wäre, unsere Mitbürger auf die Dauer von westlicher Bildung auszuschließen«. Das ist noch vor dem zweiten Weltkrieg und also auch lange vor der Erklärung der indischen Unabhängigkeit geschrieben, aber es ist, als liege schon der feuchte Glanz des nahen Abschiedes über diesen Sätzen.

Die britische Arbeiterregierung, die nach dem zweiten Weltkrieg Ernst machte und das Versprechen einlöste, das man den Indern gegeben hatte, verdient nicht allein die Bewunderung aller derer, die eine Empfindung für Selbstüberwindung aufzubringen vermögen – die Nation, die so handelte, hatte soeben einen siegreichen Frieden errungen und gefeiert! –, sie verdient auch als ein Beispiel politi-

schen Weitblicks gepriesen zu werden. Hier ist die Erbschaft des neunzehnten Jahrhunderts weise verwaltet worden. Das mag wunderlich klingen, da doch Besitz und
Herrschaft drangegeben wurden. Aber es trifft doch zu,
und nicht einmal nur in einem ethischen, sondern auch in
einem genauen historischen Sinne.

Denn außer jenen ungewollt paradoxen Wirkungen des
Imperialismus – der Unterdrücker, die die Freiheit in der
Gewandfalte tragen –, außerdem begleitet die Geschichte
des europäischen Vordringens auf der Erde im neunzehnten Jahrhundert durchgängig eine nicht viel weniger
bedeutende und durchaus planmäßige Politik der Emanzipation, der Philanthropie, der Humanität, der Menschenrechte. Überall hin folgte der Macht das wache Gewissen
(davon haben wir bei uns freilich wenig gehört und nichts
auf der Schule gelernt) bis hin zu den Plantagennegern von
Jamaica, mit denen sich John Stewart Mill und Thomas
Huxley und die ganze öffentliche Meinung Englands in
einem bestimmten Augenblick – und es war auf der Höhe
der victorianischen Ära – so eingehend beschäftigt haben.
Vor allem verdient es in Erinnerung gerufen zu werden,
daß England unter Fox gleich zu Anfang des Jahrhunderts
und mitten in den napoleonischen Kriegen vorangegangen
ist mit dem Verbot des Sklavenhandels, daß es nicht viel
später, im Jahre 1833, die Sklaverei schlechthin für das
ganze britische Reich durch Gesetz abgeschafft hat, welches alles in erster Linie der Wirksamkeit eines einzigen
Mannes zu danken war, eines einfachen Unterhaus-Abge-
ordneten, William Wilberforce. Keine einzige der koloni-
sierenden, der imperialistischen Nationen hat sich auf die
Dauer diesem Vorbild entziehen können.

Ehedem, als wir aufwuchsen, waren diese Geschichten für
uns fern wie entlegene Kuriositäten, und *Onkel Toms
Hütte* war längst zu einem nützlich-unterhaltsamen, auch
etwas sentimentalen Kinderbuch geworden. Inzwischen

haben wir am eigenen oder am nachbarlichen Leib und
Leben neue und schrecklich wiederkehrende Formen der
Sklaverei kennengelernt, und wir haben, so scheint mir,
ein besseres, ein gerechteres Augenmaß dafür gewonnen
oder doch gewinnen können, welch einen »Wendepunkt
in der Weltgeschichte« diese Taten herbeigeführt haben
(um abermals einen Ausdruck von Trevelyan zu gebrauchen): Ein Augenmaß und auch ein klares Gefühl dafür,
welche verpflichtende Erbschaft uns da aus dem neunzehnten Jahrhundert überkommen ist.

III

Es ist nicht allein das Jahrhundert des Imperialismus, es ist
auch das Jahrhundert der Sklaven-Befreiung. Und dies ist
das Modell, das Muster und der Motor aller Befreiungsta-
ten und aller Emanzipationen, die dieser einen und grund-
legenden gefolgt sind. Der leibeigenen Bauern – der Juden
– der Frauen – der Proletarier. Ob aus christlicher oder aus
vernünftiger Aufklärungswurzel erwachsen, der Gedanke
der Menschenrechte hat eine unwiderstehliche Kraft
erwiesen, seitdem er einmal – am Ausgang des achtzehnten Jahrhunderts – ausgesprochen war. Freilich, er hat alte
Ordnungen eingerissen, gestufte Gesellschaften unterwühlt und eingeebnet, er hat uns mit dem Phänomen der
Masse konfrontiert, aber er hat auch alten und neuen Herr-
schaftsformen Gesittung verliehen, neue, ungeheure Völ-
kermassen auf den weltpolitischen Plan gebracht, und er
wirkt weiter fort bis auf unseren Tag. Unwiderstehlich
pflügt der Gedanke der Menschenrechte die menschliche
Gesellschaft auf und um, und es ist ein ganz vergebliches,
ein koboldhaftes Bemühen, sich dem entgegenstemmen,
sich darüber erheben zu wollen.
Die Prinzipien der Gleichheit und der Freiheit haben frei-

lich mancherlei Wandlungen durchgemacht, sie finden sich in verschiedenen Zeitläuften in verschiedenartigen Aggregatzuständen wieder: im französisch-revolutionären, im englisch-reformistischen, im puritanisch-christlichen, im vernünftig-philanthropischen, im schmelzend-sentimentalen (des späteren bürgerlichen Zeitalters), im nationalistischen Aggregatzustand zuerst bei den weißen, hernach bei den farbigen Völkern. Diese Ideen sind ebenso antiquiert wie modern, ebenso restaurativ wie progressiv. Und auch der Sozialismus ist nichts anderes als eine Spielart, ein besonderer Aggregatzustand dieses selben Grundstoffes – wer könnte es leugnen! »Wacht auf, Verdammte dieser Erde«, so sangen sie, »die Internationale erkämpft das Menschenrecht«. Auch dies gehört zur Erbschaft des neunzehnten Jahrhunderts – der Kommunismus ist um kein Jahrhundert und kein Jahrzehnt jünger, moderner als der Liberalismus, nicht einmal chronologisch: Es ist dasselbe denkwürdige Jahr 1848, in dem die deutsche Nationalversammlung zu Frankfurt in der Paulskirche zusammentrat, um eine Verfassung für Deutschland zu entwerfen, und in dem das Kommunistische Manifest von Marx und Engels ans Licht kam. Dem Internationalismus der Kaufleute und Fabrikanten trat hier der Internationalismus der Lohnarbeiter entgegen und auch an die Seite, aber die Losung hieß nicht und konnte nicht heißen: individuelle Freiheit!, sondern umgekehrt: Organisation! »Proletarier aller Länder, vereinigt euch!«

Ob dieses Proletariat wirklich, wie Marx so scharfsinnig zu beweisen strebte, ein notwendiges Erzeugnis gerade der bürgerlichen Gesellschaft und der kapitalistischen Wirtschaftsweise war, ob es nicht vielmehr aus dem geheimnisvollen Zusammentreffen und Zusammenwirken einer phantastischen Bevölkerungsvermehrung mit der technisch-industriellen Revolution, der Errichtung der Manufakturen und Fabriken auf dem Boden und mit den Gesinnungen einer älteren, feudalen Klassengesellschaft verstanden werden muß und verstanden werden kann, das können wir jetzt nicht untersuchen. Es gibt starke Zeugnisse für diese zweite Annahme. Im nichtfeudalen, im ›demokratischen‹ Amerika entstand keine eigentliche proletarische Klasse; faktisches Proletariat der befreiten Sklaven und der besitzlosen Einwanderer wird immer wieder, in einem fortwährend sich erneuernden Prozeß, aufgesogen und der Gesellschaft der Gleichen und Freien einverleibt. Das Gegenstück hierzu liegt in dem oft bemerkten Umstand, daß der kommunistische Kollektivismus, die gesichtslose Massenorganisation und Parteigewalt gerade in denjenigen Weltgegenden siegreich geblieben ist, in denen weder kapitalistische Industrie noch bürgerliche Gesellschaft in nennenswertem Maße existiert haben: in Rußland und in China. Die marxistische Lehre, die Strategie der Massenorganisation zum Zwecke der Selbsthilfe der Unterdrückten, die Parteibildung – das alles gehört freilich auch zur Erbschaft des neunzehnten Jahrhunderts. Aber der menschenfressende Leviathan der totalen Parteiherrschaft ist erst zur Welt gekommen, als diese Lehren und Methoden auf dem Boden viel älterer agrarischer Gesellschaften angewendet wurden, in Bauernvölkern, die von den Bewegungen unseres westlichen neunzehnten Jahrhunderts, des bürgerlichen Zeitalters in Europa, kaum berührt waren.

Von neuem verwirrt steht man vor dieser Erbschaft mit ihren Widersprüchen und widerstrebenden Kräften, mit ihren düsteren und freudigen Elementen. Welche Widersprüche sind in dieser Epoche beschlossen! Widersprüche, an denen wir noch zu tragen, die wir noch auszutragen haben. Dieses Jahrhundert hat die Plantagenwirtschaft ausgebreitet in den überseeischen Ländern, aber es hat doch zugleich und vielleicht sogar gerade deswegen die Sklaverei in der Welt abgeschafft. Dieses Jahrhundert hat die Sklaverei und die Leibeigenschaft abgeschafft, aber es hat das Proletariat geschaffen. Es hat das industrielle Proletariat geschaffen, aber es hat zugleich mit dem mächtigen Hebel der liberalen Grundsätze, der Menschenrechte, diesen Unterdrückten die Möglichkeit der Organisation gegeben, ja schließlich den Weg ihrer Inkorporation in die Gesellschaft geebnet. Dieses Jahrhundert sah den Zerfall des alten Europa, die Ausbildung der Nationen und den Streit der Nationen, aber dennoch und zugleich die Ausdehnung der europäischen Herrschaft in der Welt, in Asien, Afrika, Amerika, Australien. Es sah, wie die großen Imperien mit Hilfe der kapitalistischen Wirtschaft und der Verkehrstechnik sich ausdehnten und festigten, und es brachte im gleichen Schritt und Atemzug die Keime und Kräfte ihrer Auflösung, nämlich der Verselbständigung der kolonisierten Völker. Es brachte ihnen die Güter der Zivilisation, das Alphabet, die Hygiene, aber zugleich den Nationalismus und den Sozialismus, die Idee der Freiheit in mancherlei Gestalt, alles das, was heute und vor unseren Augen die im ganzen doch kurze Periode der Oberherrschaft einzelner europäischer Nationen in fremden Erdteilen zu ihrem Ende gebracht hat. Es brachte die Verelendung der Lohnarbeiter, ihrer Frauen, ihrer Kinder, und es brachte die Fabrikgesetze, die Verkürzung der Arbeitszeit, die Sozialversicherung, die Sozialreform. Es brachte die Konkurrenzwirtschaft und die Lehre vom survival of the fittest (die Lehre Darwins), die Errichtung der Macht, des Willens zur Macht, die Legitimierung der Brutalität und ihres Gegenstückes, der Sentimentalität, – es hat auch jenen fürchterlichen Rückschlag gegen die Befreiungen und Emanzipationen geistig vorbereitet, der in unserem Jahrhundert so gründlich praktiziert worden ist. Aber es war nicht allein eine Epoche der Machtentfaltung, sondern auch und immer eine Epoche der Gewissensentfaltung. Unwiderstehlich – im letzten Grunde doch unwiderstehlich – hat es die Menschenrechte ausgebreitet, aus denen seine bürgerliche Gesellschaft lebte. Es war ein Jahrhundert der Befreiungen, es hat die Millionen erst ans Licht gebracht, unter denen wir heute leben, und die Staaten umgeschaffen, daß sie ihren Platz darin finden.

Tafel der Bedrückungen und der Befreiungen

Die folgenden chronologischen Tafeln sind dazu entworfen, der vorangehenden universellen Kennzeichnung des Zeitalters Stütze und Beleg zu geben. Es sind darin keine Entdeckungen enthalten, wohl aber kann der entschiedene – und ausschließliche – Auszug derjenigen Vorgänge, welche die Geschichte der sozialen Emanzipationen betreffen, ein ungewohntes Licht auf die Epoche werfen. Diese Haupttendenz der ›Befreiungen‹ bleibt, von den Spezialforschungen abgesehen, weithin in der Geschichtsschreibung und gewiß im allgemeinen Geschichtsbewußtsein merkwürdig im Schatten. In Deutschland herrschte bis in die jüngste Zeit das Interesse an der Ausprägung des Nationalstaates vor, und dort, wo die Nationalgeschichte von der Aufmerksamkeit auf die Sozialgeschichte abgelöst oder zurückgedrängt wurde, zeigt man sich wiederum so sehr von dem Prozeß der Industrialisierung, von der Entstehung des Proletariats und der Arbeiterbewegung präokkupiert, daß die größere und weitere Perspektive der Emanzipationsschübe in ihrer inneren Konsequenz wie auch in ihren Paradoxien darüber in Vergessenheit gerät. Anderwärts werden vor allem die geistigen Gesinnungen nachgezeichnet, so daß das Hantieren mit all jenen Abstraktionen wie Liberalismus, Nationalismus, Internationalismus, Sozialismus die faktischen Handlungen, Leistungen und Verhängnisse verblassen läßt, die doch den

Stoff und Kern der Geschichte bilden. Ernst Troeltsch etwa hat – um ein einziges und frühes, aber namhaftes Beispiel anzuführen – in einem berühmten Aufsatz vom Jahre 1913[1] zwar gewiß einen erstaunlichen Vorgriff auf die geistes- und sozialgeschichtliche Würdigung des 19. Jahrhunderts getan, doch hat er im selben Zuge auch jener Verflüchtigung der existentiellen Veränderungen in ideologische Abstraktionen Vorschub geleistet: die menschenrechtliche persönliche Freiheit hat er in den Begriff des »Individualismus« versteckt, die großen Emanzipationen als solche gar nicht, mittelbar bloß unter dem Gesichtspunkt der Erzeugung frei verfügbarer Massen für die kapitalistische Industrie betrachtet. Das wird dem Jahrhundert nicht gerecht, und es ist nicht gerecht.

So gewichtigen wissenschaftlichen Überlieferungen kann ich hier kaum mehr gegenüberstellen als einen konzentrierten Hinweis, von dem ich freilich hoffen möchte, daß er durch die tabellarische Anordnung der Ereignisse eine gewisse Energie und Helligkeit gewinnt. Die Begriffe, die am Kopf dieser Studie stehen, sind einfach und weit gewählt. Als ›Bedrückungen‹ sind zu einem Teil die jeweils hergebrachten Zustände von Herrschaft und Knechtschaft bezeichnet, zum anderen findet man unter diesem Titel in der linken Kolumne die Hemmnisse und Rückschläge, die die Befreiungsprozesse anhalten, verzögern oder verkehren, sowie im gegebenen Fall auch die verhängnisvollen Wirkungen eben dieser Prozesse, die dann aus neuartiger Bedrückung zu neuer Freiheitsbemühung treiben; das letztere gilt vor allem für die Entstehung städtischen Proletariats aus ›befreiten‹ Bauern.

1 Ernst Troeltsch, *Das Neunzehnte Jahrhundert*, in: *Gesammelte Schriften*, Vierter Band, Tübingen 1925. Jüngst hat Theodor Schieder mit starkem Nachdruck den Erkenntniswert dieses »großartigen Essays« von neuem gerühmt (im *Handbuch der europäischen Geschichte*, Bd. 6, 1968).

Der Begriff der ›*Befreiungen*‹ schien geeignet, die verschiedenartigen gesellschaftlichen und rechtlichen Vorgänge zu umfassen, welche den Status und die Existenzform der betroffenen Schichten verändert haben. Sklaven waren verkäufliches Privateigentum der weißen Plantagenherren oder sonstigen Grundbesitzer, sie wurden – im amerikanischen Fall – gleichsam mit einem Schlage zu freien Bürgern erklärt, wiewohl sie vielfach auf der neuen Grundlage zivilrechtlicher Verträge die alte Arbeit weiter verrichteten. Leibeigene oder – vorsichtiger ausgedrückt – untertänige Bauern waren dienst- und abgabepflichtig, an die Scholle und die Gutsherrschaft gebunden, sie wurden gesellschaftlich zur Selbständigkeit ›befreit‹, ohne darum auch schon eine politische Bürgereigenschaft zu gewinnen. Proletarier hingegen waren – aus ländlichen Herrschafts- oder handwerklichen Zunftzwängen entlassen – formell freie Subjekte, die indessen der ökonomischen ›Bedrückung‹ des Arbeitsmarktes und der Fabrikherrschaft ausgeliefert waren; Gesetzgebung und Verwaltung strebten, diesen Druck zu mildern, bevor die Proletarier schließlich durch kollektive Organisation den Weg der Selbstbefreiung sowohl im gesellschaftlichen als im politischen Sinne einschlugen. Die bürgerliche ›Frauen-Emanzipation‹ wiederum, gleichfalls eine vorwiegend autonome Reformbewegung, zielte in erster Linie auf politische Gleichberechtigung (daher der Name ›Suffragetten‹), erreichte sie freilich in der Breite erst im zwanzigsten Jahrhundert, während das neunzehnte immerhin die häusliche Beschränkung abgebaut und Zugänge zu Bildung und Beruf eröffnet hat; die proletarischen Fabrikarbeiterinnen andererseits waren gerade umgekehrt durch den ›Beruf‹ bedrückt, ihnen halfen karitative, auch behördliche Maßnahmen, hernach die Forderungen und Erfolge der Arbeiterbewegung zu einer freieren Lebensführung. Die Juden-Emanzipation endlich erstrebte die Öffnung der Ghettos oder abgesonderten Quartiere und die Aufhebung sonstiger administrativer Bedrückungen, freie Berufswahl und vor allem bürgerliche Gleichstellung.

Befreiung also kann heteronom befördert und bewirkt sein, durch philanthropische Bestrebungen und durch behördlich verordnete Reformen, oder aber autonom, durch organisierten Druck auf die Instanzen, Mobilisierung der öffentlichen Meinung, auch durch Revolution. Die Zeittafeln geben insgesamt und speziell im Falle der ›Proletarier‹ nebenbei auch einen Eindruck davon, wie im Laufe des Jahrhunderts die Form und Methode der ›Befreiung‹ sich wandelt, wie nämlich staatliche und private Fürsorge – was auch ihre Motive jeweils gewesen sein mögen – durch Strategien der Selbsthilfe abgelöst, übertroffen oder auch von neuem provoziert und aktiviert wird, und wie die organisierten Kräfte der Selbsthilfe, die großen kollektiven Reforminteressen in den Staat eindringen: der ›pluralistische‹ Staat kündigt sich an, und das ist an sich selbst eine bedeutende ›Staatsveränderung‹.

Unter diesem Titel der ›Staatsveränderungen‹ steht die letzte der nachfolgenden Tabellen. Sie dient im Grunde nur dazu, den Schlußsatz des vorstehenden Essays zu illustrieren: das neunzehnte Jahrhundert habe die Staaten umgeschaffen, so daß die befreiten oder sich befreienden Klassen und Massen »ihren Platz darin finden«. Dieser begrenzte Zweck mag den fragmentarischen Charakter der knappen Darstellungen rechtfertigen. Diese Tafel war anders anzulegen als die vorigen. In diesen herrscht einfache Chronologie und bei jedem einzelnen Thema das gebotene Maß an Internationalität, die letzte hingegen mußte nach Staaten gegliedert werden, und es war zudem unumgänglich, die wesentlichen Daten jeweils in eine Skizze der eigentümlichen Entwicklung dieser Staaten einzufügen. Die Beschränkung auf vier Länder – England, Frankreich, Deutschland und die Vereinigten Staaten –

ergibt sich einigermaßen zwingend daraus, daß ebendies die Hauptschauplätze der zuvor dargestellten ›Bedrückungen und Befreiungen‹ waren. Frankreich etwa auszusparen, war auch darum unmöglich, weil die Große Revolution wie die ihr nachfolgenden Umwälzungen von 1830 und 1848 in diesem oder jenem Sinn die europäischen ›Staatsveränderungen‹ angestoßen haben. Rußland ist nicht inbegriffen; während des neunzehnten Jahrhunderts liegt es wie reglos, seine erste Erschütterung hat es zu Beginn unseres Jahrhunderts, 1905, erfahren, seinen totalen Umsturz 1917. So eigentümlich die vier Länder in derselben Epoche sich darstellen, so unterschiedlich nach Zeitmaß, Wesensart und Wirkung sind auch ihre ›Staatsveränderungen‹; darum schien dieser Begriff in seiner fruchtbaren Unbestimmtheit gerade passend.

Die Stichworte ›*Eingliederung*‹ und ›*Abstoßung*‹ wollen den Bezug zur Geschichte der Befreiungen deutlich machen, wenn es freilich auch nicht ausschließlich und nicht durchweg gerade dieselben abgegrenzten emanzipierten Schichten sind, die im Gange der Staatsveränderungen eingegliedert oder abgestoßen werden; es ist vielmehr die werdende Gesellschaft der Gleichen, die menschen- und bürgerrechtliche Gesellschaft überhaupt, die sich Bahn bricht, Chancen der ›Eingliederung‹ schafft oder aber zeitweiliger oder stetiger partieller ›Abstoßung‹ begegnet. Als Hauptkriterium der Eingliederungschance glaubte ich, wo es möglich und soweit es sinnvoll erschien, die Entwicklung des aktiven Wahlrechts innerhalb der repräsentativen Verfassungssysteme ansehen zu sollen, daneben in gewissem Maße die Bildung politischer Parteien. Doch ist dies nicht pedantisch durchgehalten: da und dort treten andere Arten der Massenaktivierung in den Vordergrund, vor allem der militärische Dienst, die allgemeine Wehrpflicht, freilich ein zweideutiges Eingliederungsmedium, wenn sie nicht von vollen bürgerlichen

Rechten balanciert wird. Selbstverständlich läßt auch der ungeschmälerte Besitz politischer Rechte (zumal der Wahl und der Wählbarkeit) nicht auf die Möglichkeit gesellschaftlicher Gleichstellung schließen, doch befördert politische Teilnahme auf die Länge unvermeidlich auch die soziale Integration.

Schwieriger erscheint es, einigermaßen allgemeine Merkmale der ›Abstoßung‹ dingfest zu machen. Bis zu einem gewissen Grade und für gewisse Phasen kann in Europa die Auswanderung mangelhafte Integrationschancen anzeigen, wie komplementär die Einwanderung nach Amerika, zumal sie bei näherer Analyse der Einwanderungsströme nach nationaler und sozialer Herkunft bisweilen spezifische Unfähigkeiten oder Unwilligkeiten der europäischen Staatszustände erkennen läßt. Doch ist es kaum möglich, solche Motive von denen der simplen Bevölkerungsvermehrung einerseits, der Verlockung der weiten leeren Gebiete des amerikanischen Kontinents andererseits abzuscheiden. Jedenfalls müssen beide Erdteile mit ihren politischen Systemen als ein kommunizierendes Ganzes, und die Freizügigkeit, die Möglichkeit des Wechsels der staatlichen Zugehörigkeit selbst als ein elementares Zeugnis und Erzeugnis der ›Befreiung‹ aufgefaßt werden. Heute finden wir, sogar in nächster Nähe, Herrschaftsgebilde, die ihre Untertanen mit Befestigungen und Wachtürmen an der Auswanderung hindern und den Versuch schwer bestrafen.

Die englische (nicht die irische) Auswanderung des Jahrhunderts führt weit überwiegend in Kolonialgebiete (Kanada, Australien, Neuseeland) und bleibt darum hier außer Betracht: nicht jede Auswanderung bedeutet politische Abwendung.

Auch ist die Auswanderung – die stets auf individuellen Entscheidungen beruht, auch wenn sie einen massenhaften Charakter annimmt – nicht die einzige Form von Aussondderung. Der heutige Staat Israel ist das Ergebnis planmäßiger freiwilliger Aussiedlung, die Bildung einer sozialen Exklave von Kolonisten, die alter Bedrückung und neuer Verfolgung entflohen sind. Theodor Herzl hat dem schmählichen Schauspiel der öffentlichen Degradierung des Hauptmanns Dreyfus (im Jahre 1895) in Paris beigewohnt, und es scheint dieser Schock gewesen zu sein, der den Gedanken des »Judenstaats« in ihm hat keimen lassen. Die eigene Staatsgründung, das eigene Bürgerrecht und das intensive Zugehörigkeitsbewußtsein schaffen eine Zuflucht, die einem prekären Minderheitsdasein wie einer problematischen Assimilation überlegen sein kann – vorausgesetzt freilich, daß die Gemeinsamkeit des Glaubens oder Wesens oder Schicksals hier neue Eingliederung ermöglicht. Solche Erwägungen müssen jedoch verstummen, wenn es sich darum handelt, ein Asyl aufzusuchen, das vor der physischen Austilgung rettet.

Der ›Judenstaat‹ ist nicht das einzige Beispiel politischer Verselbständigung einer ›abgestoßenen‹ Gruppe. Am ehesten vergleichbar scheint die Aussiedlung freigelassener amerikanischer Negersklaven in den zwanziger und dreißiger Jahren des neunzehnten Jahrhunderts, ihre ›Heimkehr‹ nach Afrika, die 1847 zur Gründung der Republik Liberia an der Pfefferküste geführt hat; sie war durch einen privaten philanthropischen Verein eingeleitet worden. Noch älter ist der andere ›Sklavenstaat‹, Haiti, der indessen nicht der Aussiedlung der Bedrückten, sondern im Gegenteil der gewaltsamen Vertreibung und Vernichtung der weißen Bedrücker sein Dasein verdankt: Exempel einer revolutionären Selbstbefreiung an Ort und Stelle, die ihrerseits die Anderen, die Oberherren, mit Feuer und Schwert ›abstößt‹.

Sollen wir – gemäß der Folge unserer Kategorien von Bedrückten und Befreiten – dem ›Judenstaat‹ und den ›Sklavenstaaten‹ auch die ›Arbeiter- und Bauernstaaten‹ an die Seite stellen, die in unserem Jahrhundert entstanden sind? Es muß verblüffen, daß wir in dieser Selbstdeklaration und -definition der kommunistischen Parteidiktaturen, die von Lenins Dogma des »Klassenbündnisses« der Proletarier und der armen Bauern sich herleitet, in der Tat die Namen von Gruppen wiederfinden, die im neunzehnten Jahrhundert emanzipiert wurden oder um ihre Emanzipation kämpften: Proletarier und vormals untertänige Bauern hier – ganz ähnlich wie dort Sklaven und Juden mit ihren politischen Gründungen. Wirklich bietet zum wenigsten die russische Revolution von 1917 (und vielleicht die chinesische) auch diesen Aspekt der gewaltsamen politischen Verselbständigung dieser bedrückten Klassen mit ›Abstoßung‹ der herrschenden Schichten, der Grund- und Gutsherren, hernach auch der Großbauern (Kulaken) und der städtischen Fabrikherren. Die ungeheuren Dimensionen dieser Reiche – zumal im Vergleich mit solchen Gründungen wie Haiti, Liberia oder auch Israel – mögen den erkennenden Blick gleichsam verschrecken; dennoch enthält die Bezeichnung ›Arbeiter- und Bauernstaat‹ ein Korn buchstäblicher Wahrheit. Rußland und China waren, wie schon bemerkt, von den Staatsveränderungen des neunzehnten Jahrhunderts, welche Eingliederung befreiter oder sich befreiender Schichten möglich machten, nahezu unberührt geblieben, Verfassung und Bürgerrechte kamen zu spät, die explosive Umwälzung im Namen der ›Ausgebeuteten‹ führte anstatt der intendierten Emanzipation ganz ohne ›Dialektik‹ eine neue Herrschaft herauf, die der alten in manchen Zügen ähnlich sieht, von ihr aber durch die Totalität des Drucks und die Nichtigkeit des Individuums unterschieden ist.

Noch einmal will ich klarstellen, daß die nachfolgenden Tafeln – mit Ploetz zu reden – nur einen ›Auszug aus der Geschichte‹ beabsichtigen, allerdings einen spezifischen und einen wesentlichen. Fundamentale Prozesse, die das

Jahrhundert kennzeichnen, die Bevölkerungsvermehrung in Europa und Amerika, die Ausbreitung der technischen Industrie, muß man sich hinzudenken, sie sind anderwärts längst gründlich beschrieben, Handbücher geben darüber bequem Auskunft.

Eine Lücke könnte man darin erblicken, daß unter den sozialen Kategorien diejenige der Bürger fehlt, zumal ihre ›Emanzipation‹, ja ihre schließliche Vorherrschaft gerade als ein Grundzug der Epoche gilt. Doch macht die genauere Bestimmung der Merkmale dieser ›Klasse‹ historisch große Schwierigkeiten, und es kann, wenn wir die städtische Schicht selbständiger Kaufleute meinen und ins Auge fassen, für das neunzehnte Jahrhundert wohl in einigen Regionen und in einigen Hinsichten von Benachteiligung, doch nicht von Bedrückung, daher auch nicht von Befreiung die Rede sein, eher von ihrem gesellschaftlichen und politischen Vordringen oder, wenn man will, von ihrem Aufstieg. Und das ist nicht unser Thema. Auch die bedeutendste wirtschaftspolitische und wirtschaftsrechtliche Neuerung der Zeit, die Einführung der Gewerbefreiheit, die die korporativen lokalen Monopole der Zünfte zerschlug und den patriarchalischen Handwerksbetrieb auflöste, kommt hier nicht vor. Sie hat einerseits die Figur des ›freien Unternehmers‹ auszuprägen, andererseits Mengen freigesetzter Handwerksgesellen in Proletarier zu verwandeln mitgewirkt. Es handelt sich hier im strengen Sinn weder um Bedrückung noch um Befreiung, das Menschenrecht ist nicht im Spiel.

Eine Lücke hingegen beklage ich selbst: das Thema des Imperialismus, das in dem voranstehenden Essay angeschlagen wurde, ist in diesen Tafeln nicht verfolgt. Die Bedrückung der kolonialen Eingeborenenvölker in Asien und Afrika in ihren Varianten und zumal alle jene Maßnahmen der Kolonialherren in Verwaltung und Bildung anzugeben, auf die Trevelyan mit dem oben zitierten Wort anspielt, die Engländer hätten (in Indien) ein Geschlecht von Beamten mit revolutionärer Literatur erzogen, – das überstieg meine Kapazität, hätte wohl auch die Anlage dieser Tafeln gesprengt und ihre Faßlichkeit in Frage gestellt. So bleibt diese große weltgeschichtliche Erscheinung, die unwillkürliche und unvermeidliche Infektion oder Impfung der bedrückten Völker mit der Geistesart ihrer Oberherren – und das heißt, kurz gesagt, mit dem Axiom der Menschenrechte –, im folgenden ganz ausgespart. Die Tafeln beschränken sich auf die einheimisch okzidentalen Prozesse.

Chronologie der Bedrückungen
und der Befreiungen

I. Sklaven

Seit dem 16. Jh. breitet sich in den portugiesischen und spanischen Kolonien Amerikas *Plantagenwirtschaft* aus: »Tropische Plantagen mit Negersklaven waren die ersten modernen Großbetriebe des Frühkapitalismus« (Alexander Rüstow). Vom 17. Jh. an rücken englische Kaufleute an die Spitze der Sklavenhändler, die Neger aus Afrika nach beiden Amerikas und Westindien importieren.

12. Mai 1789: Erste Rede von William Wilberforce im englischen Unterhaus zur Abschaffung (›abolition‹) des Sklavenhandels.

1804: Nach Massakern an weißen Pflanzern und blutigen Kämpfen gegen Napoleons Truppen gründen den vormalige schwarze Sklaven unter Dessalines auf Santo Domingo einen eigenen Staat, *Haiti*.

1807: Gesetzliche Abschaffung des Sklavenhandels in England.

1808: Das Verbot des Sklavenimports der amerikanischen Bundesverfassung (von 1787) tritt in Kraft, bleibt aber wirkungslos für den Süden.

Thomas Clarksons Buch: *The history of the rise, progress and accomplishment of the Abolition of the African Slavetrade by the British Parliament*, 2 Bde.

1816: Aufhebung des französischen,

1817 des spanischen,

1823 des portugiesischen,

1826/30 des brasilianischen Sklavenhandels.

1820: Der Kongreß der USA verbietet die Sklaverei im Territorium von Louisiana nördlich des Breitengrades von 36°30′ (»Missouri-Kompromiß«).

1821: Der amerikanische »Kolonisationsverein zur Ansiedlung freier Farbiger der Vereinigten Staaten« erwirbt Land an der westafrikanischen Küste und beginnt, freigelassene Sklaven dort anzusiedeln: Entstehung von *Liberia*.

1831: In Boston beginnt die Zeitschrift ›Liberator‹ zu erscheinen, die William Lloyd Garrison herausgibt: »Ich werde mit aller Kraft für die sofortige Befreiung unserer Sklavenbevölkerung eintreten.«

28. August 1833: Emanzipation der insgesamt etwa 640 000 Sklaven in den englischen Kolonien gegen Entschädigung der Pflanzer.

1847: Gründung der Republik *Liberia*.

1848: Befreiung der Sklaven in den französischen Kolonien.

1850: Gesetz des Kongresses der USA zur Bekämpfung der Sklavenflucht aus den Südstaaten nach dem ›freien‹ Norden.

1850: Abschaffung des Sklavenhandels im District of Columbia.

1852: Harriet Beecher-Stowe's Buch *Uncle Tom's Cabin*.

1854: erklärt die *Kansas-Nebraska*-Akte die Beibehaltung oder Aufhebung der Sklaverei zur eigenen Sache jedes Einzelstaats der USA.

1856: Neugründung der *Republikanischen Partei:* radikal gegen jede Sklaverei im Gebiet der USA.

1857: In dem Dred Scott-Fall entscheidet der Oberste Gerichtshof, der Gleichheitssatz der Unabhängigkeits-Erklärung sei auf die damaligen Sklaven und ihre Nachkommen nicht anwendbar, ein solcher Sklave könne daher nicht als Bürger gelten.

1860 werden in den Südstaaten der USA knapp vier Millionen farbige Sklaven gezählt. Durchschnittspreis: $ 600,–

1860: Der republikanische Kandidat Abraham Lincoln gewinnt die Präsidentenwahl.

1. Januar 1863: Proklamation der vollständigen Sklavenbefreiung durch Abraham Lincoln.

31. Januar 1864: Gesetzliche Aufhebung der Sklaverei in den USA.

1865: »Der Neger war zwar von der alten Plantage befreit worden, hatte aber danach nichts unter den Füßen als die staubige Straße« (Frederick Douglass, ein Negerführer).

1865: Sieg der Nordstaaten im amerikanischen Bürgerkrieg.

Nach dem Bürgerkrieg beginnt in den Südstaaten der USA die Strategie der gesellschaftlichen ›Segregation‹ in Transportmitteln, Schulen, Hotels, Theatern etc. nach der Maxime »separate and equal«.

Etwa 1875 sagt Richter Harlan vom Obersten Bundesgericht der USA: »Die Nation war von der Sklaverei befreit..., aber es überwog allgemein die Überzeugung, daß das Land von einer anderen Art von Sklaverei schwer bedroht sei, die sich aus der Ansammlung von Kapital in den Händen weniger ergeben würde«.

1871: Gesetz über die Sklavenemanzipation in Brasilien.

1885: Internationales Übereinkommen zur Abschaffung des Sklavenhandels (Berliner Konferenz).

1896 entscheidet das Oberste Bundesgericht der USA – im Fall Plessy gegen Ferguson –, daß die Rassentrennung keine Diskriminierung darstelle, also der Verfassung nicht zuwiderlaufe.

1896: Im Fall Plessy gegen Ferguson gibt Bundesrichter Harlan ein abweichendes Votum ab: »Willkürliche Rassentrennung ist ein Zeichen von Leibeigenschaft.«

II. Untertänige Bauern

Die gutswirtschaftliche Leibeigenschaft Osteuropas wird (seit den
Forschungen von Gg. Friedrich
Knapp 1891) als eine *neuzeitliche*
Einrichtung angesehen, sie sei »sogar viel jünger als die Negerskla-
verei in den Kolonien«.

Merkmale: Erbuntertänigkeit, bäu-
erliche Dienstpflicht auf der Scholle, gutsherrliche (niedere) Polizei
und Gerichtsbarkeit.

1807/11: Die gutsherrliche Gerichtsbarkeit und Polizeigewalt
wird durch die preußische Bauernbefreiung nicht aufgehoben.

29. Mai 1816: Eine ›Deklaration‹ zu
dem Edikt von 1811 schließt die
»nicht spannfähigen« Bauern von
der Regulierung aus und verpflich-
tet die »Regulierten«, die Gutsherren mit Land zu entschädigen. So
schafft die preußische Reform
selbst ländliches Proletariat, fördert
Landflucht und Auswanderung.
Die preußische Bauernbefreiung
endet »mit einem Sieg der Ritter-
gutsbesitzer, denen die hauptsächli-
chen Vorteile der ganzen Gesetzgebung zufielen« (Franz Schnabel).
Nach 1850: »Viele Bauern verkauf-
ten ihr Land an den Rittergutsbesit-
zer und zogen in die Stadt... Andere, die zurückblieben, wurden Tagelöhner...« (Lujo Brentano).

1781: Aufhebung der Leibeigenschaft in Böhmen und Mähren,
1782 in den deutschen Erblanden
durch Kaiser Joseph II. von Österreich.

9. Oktober 1807: »Edikt, den er-
leichterten Besitz und den freien
Gebrauch des Grundeigentums sowie die persönlichen Verhältnisse
der Landbewohner betreffend«,
entworfen durch den Freiherrn
vom Stein, erlassen zu Memel.
Stichtag für die Freiheit der »Leute«
in Preußen war der *Martinstag*
1810.

14. September 1811: Die preußische »Regulierungs-Akte« strebt,
möglichst viel kleinbäuerliches Privateigentum zu schaffen, wird aber
nur partiell, langsam und unvollkommen ausgeführt.

2. März 1850: Neues preußisches
Gesetz erklärt die bäuerlichen Ab-
gaben und Dienste für ablösbar und
ersetzt die Abtretung von Bauern-
land an den Gutsherrn durch limi-
tierte Geld-Renten.

19. Februar 1861: Emanzipations-
gesetz Zar Alexanders II., Aufhe-
bung der Leibeigenschaft in ganz
Rußland zum 17. März 1863, aber
Beibehaltung des Gemeinbesitzes
(›Mir‹), daher wenig Mobilität, nur
beschränkte Entstehung ländlichen
Proletariats.

1906 erst beginnt durch das Dekret
Stolypins, das ein Ausscheiden aus
dem Gemeinbesitz und Bildung
von Aussiedlerhöfen ermöglicht,
eine begrenzte Entwicklung individuellen bäuerlichen Besitzes. Die
Revolutionen Lenins und Stalins
beenden diese Geschichte.

III. Proletarier

»Die Existenz eines Proletariats
kann als Vorbedingung für die Entwicklung der Fabrikindustrie gelten« (Heinrich Herkner).
In England kam zu Beginn des
19. Jahrhunderts der ›Pauperismus‹
auf dem Lande auf einen Höhepunkt, die Armensteuer wurde eine
schwere Last. »Vom Lande breitete
sich die Krankheit auf die Stadt
aus.« »Die Londoner Kirchspiele
verhandelten ihre Kinder kontrakt-
mäßig an Fabrikanten in Lanca-
shire« (Bernhard Guttmann).
Die ›Koalition‹ von Handwerksgesellen – später: Industriearbeitern –
zum Zweck der Interessenwahr-
nehmung, zumal durch Streik, war
wohl überall in Europa mindestens
seit dem 17. Jahrhundert bei Strafe
verboten.

1802: Der ältere Robert Peel, selbst
Textilfabrikant, bringt das erste Fabrikgesetz ein: in der Textilindustrie sollen Kinder nicht mehr als 12
Stunden täglich arbeiten. Das Gesetz wurde angenommen, doch
mangels Inspektion nicht ausgeführt.
1824: Gesetzliche Aufhebung der
Koalitionsverbote in England: seitdem Aufschwung der ›Trade
Unions‹.
26. Juni 1824: Der preußische Un-
terrichtsminister v. Altenstein fordert bei den Provinzialregierungen
Berichte über Kinderbeschäftigung
an.

»Mit der Einführung der Maschine trat in der Regel eine beträchtliche Verlängerung der Arbeitszeit ein« (H. Herkner).

Aus den Berichten der preußischen Provinzialregierungen: Kinder (von alters her im Hause und in der bäuerlichen Wirtschaft zur Arbeit herangezogen) waren nun u. a. beschäftigt in Spinnereien und Webereien, im Grubenbau, in Poch- und Walzwerken, in Papier- und Tabakfabriken, in Glashütten. In Köln: Kinder sind von fünf Jahren an für 11-14 Stunden täglich beschäftigt.

1835 betrug in den englischen Textilfabriken der Anteil der Arbeiter im Alter von weniger als 13 Jahren 13%.

1833: Erstes Kinderschutzgesetz in England (Lord Althorp), begrenzt auf Woll- und Baumwollverarbeitung, untersagt Fabrikarbeit vor dem vollendeten neunten Lebensjahr, setzt Maximalarbeitszeit vom 9. bis 13. Lebensjahr auf neun Stunden täglich, 48 wöchentlich, für Jugendliche vom 13. bis 18. Jahr auf 12 Stunden täglich fest und verbietet Nachtarbeit bis zum 18. Jahr.

9. März 1839: Preußisches »Regulativ über die Beschäftigung jugendlicher Arbeiter in Fabriken« untersagt für alle Fabriken, Berg- und Hüttenwerke Beschäftigung vor dem vollendeten neunten Lebensjahr, setzt die Maximalarbeitszeit bis zum 16. Jahr auf zehn Stunden fest, verbietet Nachtarbeit und stellt Zuwiderhandlungen unter Geldstrafe.

1838/39: Chartistenbewegung in England, bricht ohne Ergebnis zusammen.

1844: Weberaufstand in Peterswaldau im preußischen Schlesien.

1845: Friedrich Engels' Buch über »Die Lage der arbeitenden Klassen in England« prophezeit die soziale Revolution als unausbleiblich.

1847: Englisches Fabrikgesetz bestimmt eine Maximalarbeitszeit von 10 Stunden täglich und 58 Stunden wöchentlich für Personen unter 16 Jahren und Frauen; begrenzt auf die Textilindustrie.

Februar 1848: Das »Manifest der Kommunistischen Partei« von Marx und Engels in London veröffentlicht. »Proletarier aller Länder, vereinigt euch!«

In Preußen waren 1849 unter etwa einer halben Million Fabrikarbeitern 32000 Kinder zwischen neun und vierzehn Jahren.

24.-26. Juni 1848: Niederschlagung des Pariser Arbeiteraufstands durch Cavaignac.

Nach 1850: »In rasch wachsenden Industrie- und Verkehrsstädten (Preußens) sammelte sich eine Bevölkerung vielfach ungelernter Arbeiter, ehemaliger Heimarbeiter, verarmter Handwerker, landflüchtiger und sonstiger Elemente teils ausländischer, z. B. ostjüdischer Herkunft, die meist wenig verdienten...« (Wilhelm Treue).

16. Mai 1853: Preußisches Ergänzungsgesetz zum ›Regulativ‹ verschiebt das zulässige Mindestalter der ›Fabrikkinder‹ in Stufen auf 10, 11 und 12 Jahre, setzt die Maximalarbeitszeit bis zum 14. Lebensjahr auf sieben Stunden fest und schafft eine amtliche Fabrikinspektion.

1863: Gründung des »Allgemeinen Deutschen Arbeitervereins« in Leipzig unter Führung von Ferdinand Lassalle.

1864: Gründung der »Internationalen Arbeiter-Association« durch Karl Marx in London.

1864: Napoleons III. Gesetz über die Koalitionsfreiheit der Arbeiter.

1865/66: Gründung der ersten überörtlichen deutschen Gewerkschaften (Zigarrenarbeiter und Buchdrucker).

1867: »Das Kapital«, 1. Band, von Karl Marx.

1869: Die Gewerbeordnung des Norddeutschen Bundes hebt (in § 152) alle Koalitionsverbote auf;

Koalitionsfreiheit und Streikrecht legalisiert.

1869: Gründung der »Sozialdemokratischen Arbeiterpartei« in Eisenach unter Führung von Bebel und Liebknecht.

1871: Gladstones Trade Union Act erkennt das Streikrecht an.

1872: Verurteilung von Bebel und Liebknecht zu zwei Jahren Festung im Leipziger Hochverratsprozeß. Das Urteil »verstärkte den revolutionären Charakter der damaligen Arbeiterbewegung eher, als daß es ihn dämpfte« (E. R. Huber).

1872: Erster ›Reichstarifvertrag‹ in Deutschland, vom Buchdruckerverband ausgehandelt.

1875: Vereinigung der Lassalleaner und der ›Internationalen‹ beim Parteitag von Gotha. Das Gothaer Programm: »Die Befreiung der Arbeit muß das Werk der Arbeiterklasse sein.«

1877: Die Sozialdemokraten gewinnen zwölf Sitze im deutschen Reichstag.

21. Oktober 1878: »Gesetz gegen die gemeingefährlichen Bestrebungen der Sozialdemokratie« (Sozialistengesetz). Das Gesetz, das Versammlungen und Veröffentlichungen zu verbieten, Vereine aufzulösen, Personen auszuweisen ermöglichte, wurde viermal verlängert und galt bis 1890. »Die Parteiorganisation festigte sich in der Illegalität« (Huber).

15. Juni 1883: Deutsches Gesetz betr. Krankenversicherung der Arbeiter.

6. Juli 1884: Unfallversicherungsgesetz.

22. Juni 1889: Gesetz über die Invaliditäts- und Altersversicherung.

Alle drei Gesetze waren im Reichstag gegen die Stimmen der Freisinnigen und der Sozialdemokraten verabschiedet worden.

1884: Erste erfolgreiche Tarifverhandlung in USA: zwischen den »Rittern der Arbeit« und dem Finanzmann Jay Gould.

1886: Entstehung der ›American Federation of Labor‹.

15. Mai 1891: Papst Leo XIII. erläßt die Enzyklika »Rerum novarum«, eine lehramtliche Kundgebung zur sozialen Frage.

1900: Bildung eines »Gesamtverbandes der christlichen Gewerkschaften Deutschlands«.

1900: Bildung eines »Labour Representation Committee« in England: Keim der Labour Party.

IV. Frauen

Die Emanzipation der Frauen vollzieht sich in zwei ganz gegensätzlichen Richtungen: die Proletarierin von übermäßiger Arbeitsbeanspruchung zu entlasten, damit sie die häuslichen Aufgaben erfüllen kann, und die Töchter aus wohlsituierten Häusern aus der chronischen Muße herauszuführen, damit sie Bildung erwerben und einen Beruf zu ergreifen fähig werden. Mit dem Rückgang des (zunftgebundenen) handwerklichen Hausbetriebs und dem Vordringen der technischen Industrie trennt sich die Arbeitsstätte – die Fabrik – von der Wohnung: Frauen und Töchter der Be-

1831–32 predigen Barthélemy Prosper Enfantin, der ›höchste Vater‹ der saint-simonistischen Kirche, und seine Anhänger in Paris die Befreiung der Proletarier und der Frauen und verkünden die Gleichheit von Mann und Frau als »das Moralgesetz der Zukunft«; sie wollen die Ehe lockern und die Prostitution aufheben.

Von 1828 an sind in den USA Frauen aktiv für die Sklavenbefreiung und bei der Gründung der ›Anti-Slavery Society‹ tätig.

1833: Gründung von Oberlin College in Oberlin, Ohio (USA), der ersten höheren Schule, die Knaben

sitzer entfremden sich der Arbeit, Frauen und Töchter der vormaligen Gesellen müssen vielfach, für geringen Lohn, lange Arbeitszeiten in der Fabrik auf sich nehmen.

»Disraelis vielzitiertes Wort von den ›zwei Nationen‹ (der Privilegierten und des Volkes) traf auf Frauen noch weit mehr zu als auf Männer« (Encyclopaedia Britannica 1974).

1844 berichtet ein englischer Fabrikinspektor von Arbeiterinnen, die von 6 Uhr morgens bis 12 Uhr nachts tätig waren bei knapp zwei Stunden Essenspausen; von ihnen waren durchschnittlich ein Viertel bis ein Drittel verheiratete oder verwitwete Frauen. Die durch mangelnde Pflege bedingte höhere Kindersterblichkeit in Fabrikgebieten wird durch Charles Dickens' Gespräch mit einem Stadtpfarrer illustriert: Frage: Was geschieht mit den Kindern der Mütter, die in Cotton Mills arbeiten? – Antwort: Oh, man bringt sie mir, und ich sorge für sie, auf dem Kirchhof.

und Mädchen – nach dem Prinzip der Coeducation – aufnahm. (Sie nahm auch Neger zum Studium an.)

1844 wird in Paris die erste »Krippe« (Kindertagesstätte) eröffnet für Kinder arbeitender Mütter.

1848: Queen's College in London, das erste Mädchen-College in England.
1848: Die erste akademische Ärztin (Elizabeth Blackwell) in den USA.
1850: Erste Kindertagesstätte in England »zur Bewahrung der Kinder der ›married industrious poor‹ während der Arbeitszeit«.
1852: Uraufführung von »La dame aux camélias« von Alexandre Dumas fils in Paris: Sentimental-moralische Rehabilitierung der ›Halbwelt‹.

»Im Grunde läuft die Handlung (der ›Kameliendame‹) auf die Verherrlichung der Prostitution hinaus« (Meyers Konversations-Lexikon 1875).

1853: Der erste weibliche Pfarrer in den USA.

1853–1856: Im Krimkrieg (zwischen Rußland einerseits, der Türkei, England und Frankreich andererseits) gewinnt Florence Nightingale als Organisatorin und Leiterin der englischen Lazarette internationales Ansehen. – Ihr Beispiel hat den Beruf der Krankenpflegerin in ganz Europa in der Folge bedeutend gefördert. – Sie gründet die erste Schwesternschule, am St. Thomas-Hospital in London.

1864: Die Universität *Zürich* läßt als erste in Europa weibliche Studenten zu. Sie wird zum Anziehungspunkt für Frauen aus der ganzen Welt.

1865: Die erste Frauenkonferenz in Leipzig »erklärt die Arbeit, welche die Grundlage der ganzen neuen Gesellschaft sein soll, für eine Pflicht und Ehre des weiblichen Geschlechts«. Gründung des »Allgemeinen deutschen Frauenvereins« durch Luise Otto-Peters.

1865: Der preußische Staatsbeamte und vormalige Paulskirchen-Abgeordnete Wilhelm Adolf Lette gründet in Berlin den »Verein zur Förderung der weiblichen Erwerbstätigkeit« mit hauswirtschaftlichen, handwerklichen und büroberuflichen Lehrgängen.

1869: John Stuart Mills Buch *The subjection of women:* es wird zu einer kanonischen Schrift der Frauenemanzipation.

1869: Das nordamerikanische Territorium *Wyoming* verleiht als er-

ster Staat der Welt den Frauen das
Stimmrecht.

1870: Die englische (eben verstaat-
lichte) Post stellt im Telegraphen-
dienst die ersten weiblichen Beamten ein.

1873: Englisches Fabrikgesetz zum
Schutz der arbeitenden Frauen, zu-
mal der werdenden und stillenden
Mütter.

»Mädchen sind dazu erzogen worden, Lasttiere oder Spielzeuge unterhalb des Mannes zu werden oder
Engel über ihm«, schrieb Thomas
Huxley.

1879: Henrik Ibsen: *Ein Puppen-
heim (Nora)*: Aufkündigung der
Ehe durch die Frau, die »in erster
Linie Mensch sein« will.

1890: Gründung des Allgemeinen
deutschen Lehrerinnenvereins; He-
lene Lange Erste Vorsitzende.

1892: Die badischen Hochschulen
lassen, als erste in Deutschland,
Frauen zum Studium zu.

1893: Eröffnung des ersten deutschen Mädchengymnasiums, in
Karlsruhe, durch Initiative des Vereins »Frauenbildungs-Reform«.

V. Juden

»Noch mitten im achtzehnten Jahrhundert ist vom Ural bis zum At-
lantik, von Schottland bis Ägypten
nicht eine einzige Regierung auch
nur von dem Gedanken berührt,
die Juden ebenso zu behandeln wie
die anderen Einwohner des Landes« (Renée Neher-Bernheim).
Ummauerte *Ghettos* in den Städten
gab es in Europa seit dem späten
Mittelalter. Juden waren vielfach an
bestimmte Regionen gebunden,

4. Juli 1776: Unabhängigkeitserklä-
rung der dreizehn amerikanischen
Kolonien Englands: »... all men
are created equal...«

1791: Das erste Amendment zur

mußten bei Ortswechsel Wegezoll zahlen, waren von den meisten Zünften ausgeschlossen. Nur England und Norditalien kannten keine derartige Abschließung. In England »gab es niemals eine Verfolgung« (Neher-Bernheim).

amerikanischen Unionsverfassung bekräftigt die Trennung von Staat und Kirchen und also die Freiheit der religiösen Bekenntnisse. – Eine Beschränkung der Bürgerrechte hat weder für Juden noch für andere weiße Minderheiten seit Gründung der Union jemals gegolten. 27. September 1791: die *französische* Constituante erklärt (zum ersten Mal in der Geschichte) ausdrücklich gleiches Bürgerrecht für alle Juden Frankreichs.

1808: Napoleons »décret infâme« (das bis 1818 galt) schränkt Niederlassungsfreiheit, Gewerbetätigkeit und Vertragsfähigkeit für Juden wieder ein, doch nur für Frankreich selbst, nicht für die eroberten und besetzten Länder.

1812: Edikt über die bürgerlichen Verhältnisse der Juden im Königreich Preußen (auf Initiative von Humboldt und Hardenberg): Juden werden preußische Bürger, doch bleiben Beschränkungen, zumal hinsichtlich des Staatsdienstes.

1815: Die Wiener *Bundesakte* faßt (in Artikel 16) künftige Maßnahmen zur »bürgerlichen Verbesserung der Bekenner des jüdischen Glaubens« ins Auge; die Freien Städte setzen aber eine Formulierung durch, die nicht einmal die durchgängige Erhaltung des erreichten Status sichert. In der Folge hält nur Preußen an seiner Regelung fest.

1819: Pogrome in deutschen Städten (im Gefolge der Ermordung Kotzebues).

1823-1856: Zar Nikolaus I. betreibt eine gewaltsame Russifizierung und Bekehrung der Juden, vor allem durch ihre Rekrutierung und Kasernierung vom 12. Lebensjahr an (Normaldienstzeit 25 Jahre).

1833: Volle Bürgerrechte der Juden im Großherzogtum *Hessen*.

Februar 1840: Eine »Ritualmord«-Beschuldigung in *Damaskus* und die aktive Rolle des französischen Konsuls erregt Europa. Einzig England greift ein. Von Königin Viktoria ermächtigt, setzt der jüdische Baronet Moise Montefiore im September die Freilassung der überlebenden Inhaftierten durch.

1847: Lionel Rothschild wird ins englische Unterhaus gewählt.

1848: Die Grundrechte der *Paulskirche* für alle Deutschen ohne Unterschied der Religion gültig. Sie bleiben aber in der Folgezeit nur partiell erhalten.

1849: Die Verfassung Kaiser Franz Josephs von *Österreich* befreit die Juden von Aufenthalts- und Heiratsbeschränkungen, ebenso von Sondersteuern, nachdem ihnen schon zuvor das aktive und passive Wahlrecht verliehen worden war.

Im österreichischen *Osteuropa* »erreicht die Emanzipation nur eine Minderheit«; die galizischen Gemeinden ähneln den russischen und polnischen. 1840-1860 verstärkte Auswanderung nach Westeuropa und Amerika.

1850: Die *preußische* ›oktroyierte‹ Verfassung führt völlige staatsbürgerliche Gleichheit ein.

1856-1865: Zar Alexander II. hebt die Zwangsbekehrungsmaßnahmen seines Vorgängers auf und gewährt einigen jüdischen Gruppen Niederlassungsfreiheit.

Von 1860 an beginnt in *Rußland* die innerjüdische Erneuerungsbewegung der ›Haskala‹, mit hebräischen Zeitschriften.

1862: Volle Gleichstellung der Juden in *Baden*,

1864 in *Württemberg*,

1867 (nach der Niederlage) in *Österreich*,

1869 im Bereich des *Norddeutschen Bundes* (durch Wilhelm I.) und

1871 im gesamten neuen *Deutschen Reich*.

1870 werden, dank der Wirksamkeit des jüdischen Deputierten und Ministers Adolphe Crémieux, Präsident der ›Alliance Israélite Universelle‹ (von 1862 bis 1880), die *algerischen* Juden französische Bürger.

1875: Eröffnung des ›Hebrew Union College‹, einer liberalen Hochschule zur Ausbildung von Rabbinern, in Cincinnati, Ohio, USA.

1878: Gründung der Christlich-Sozialen Partei des Hofpredigers Adolf Stöcker in Berlin, der ersten Partei antisemitischer Gesinnung.

1895: Karl Lueger zum Bürgermeister von Wien gewählt; er bleibt im Amt bis zu seinem Tod, 1910.

5.1.1895: Öffentliche Degradierung des Hauptmanns Alfred Dreyfus; seine Deportation nach der Teufelsinsel. Die Aufklärung des ihm fälschlich zur Last gelegten Spionage-Delikts und seine Rehabilitierung erst 1906.

1896 erscheint »Der Judenstaat« von Theodor Herzl, Redakteur in Wien.

1897: Erster *Zionisten*-Kongreß, in Basel. Herzl notiert in seinem Tagebuch: »In Basel habe ich den Judenstaat gegründet«. (Der Staat *Israel* konstituierte sich fünfzig Jahre später, 1948.)

Staatsveränderungen:
Politische Eingliederung und Abstoßung

Großbritannien

7. Juni 1832: Die ›Reformbill‹ wird Gesetz, »eine der größten Taten des neunzehnten Jahrhunderts, erhielt eine
Hauptnation der Erde in friedlicher Entwicklung« (Bernhard Guttmann). Ihre Bedeutung liegt vor allem darin,
daß zum ersten Mal durch die beiden Häuser des Parlaments die Bestellung der Mitglieder des Unterhauses ein-
heitlich für das ganze Land geregelt, also das bunte Aggre-
gat der traditionellen Privilegien von Grafschaften, Städten und Flecken überhaupt einer systematisierenden
›Umverteilung‹ unterworfen wurde. Im einzelnen wurde
zahlreichen alten ›Boroughs‹ das Recht auf Repräsentation
entzogen, andere wurden zu Grafschaften, andere zu den
aufwachsenden Städten geschlagen; in den Städten wurde
das aktive Wahlrecht durchgängig an den Hausbesitz (mit
einer gewissen Jahresrente) geknüpft; allgemein wurde die
Registrierung der Wähler vorgeschrieben. Die Zahl der
Wähler wuchs zwar nicht wesentlich (von etwa 500 000
auf gut 700 000), doch war ein Durchbruch erzielt und ein
Muster für weitere Anpassung der Institution an die tatsächliche Gesellschaft gesetzt.
»Erst das reformierte Parlament war zu jenen großen sozialen Untersuchungen fähig, welche die dreißiger und vierzi-
ger Jahre erfüllten, ohne die keine helfende Gesetzgebung
möglich war« (Guttmann). Das Unterhaus ging gestärkt
hervor, die Krone geschwächt, Kabinette konnten kaum
mehr gegen die Parlamentsmehrheit berufen werden.
1867: Zweite Reform. Sie schafft weitere Kategorien von
Wählern, zum ersten Mal erhalten in den Städten auch

Mieter und Untermieter (bei einer Miete von wenigstens zehn Pfund im Jahr) das Wahlrecht, größeren Städten werden vermehrte Sitze zugeteilt, die Wählerschaft wächst auf mehr als zwei Millionen (von etwa 13 Millionen über zwanzigjährigen Einwohnern). »Die Arbeiter traten in das politische Leben ein« (Ch. Seignobos).

1872: Der »Ballot act« schafft die überlieferte offene Abstimmung ab, führt die geheime Wahl ein.

1878: Die Registrierung der Wähler wird den Behörden übertragen.

1884: Das ›Dritte Reformgesetz‹ vereinheitlicht die Voraussetzungen des Wahlrechts in Städten und Grafschaften; die Wählerzahl wächst auf nahezu fünf Millionen (von 17 Millionen über zwanzigjährigen Einwohnern).

1885: Das Gesetz über ›Neuverteilung der Sitze‹ schafft für die meisten Sitze einheitliche Einmannwahlkreise mit durchschnittlich 50 000 Einwohnern.

»Das moderne Parteiensystem ist selbstverständlich ein unmittelbares Erzeugnis der Ausdehnung der Wählerschaft« (R. T. McKenzie).

1867: Gründung der »National Union of Conservative and Constitutional Associations«.

1877: Gründung der »National Liberal Federation«. Joseph Chamberlain, der Initiator der außerparlamentarischen Parteiorganisation der Liberalen, schrieb (in: *A New Political Organisation*, Juli 1877): »... die beste Gewähr für eine gute Regierung liegt nicht in einer Ex-Cathedra-Gesetzgebung der oberen Klassen für die niederen Klassen, sondern in der Befragung der hauptsächlich Betroffenen und darin, daß man ihren Bestrebungen Gestalt verleiht, wann immer sie nicht anderen offenkundig Unrecht tun...«.

Die Mitglieder-Organisationen der beiden großen Parteien der Epoche strebten in der Folge immer wieder, die Politik und auch die Personalentscheidungen der Parlamentsfraktionen (im Wege des heute so benannten ›imperativen Mandats‹) zu beeinflussen und »haben den Parteiführern angstvolle Stunden bereitet« (A. L. Lowell), doch hat sich bis zum Ende des Jahrhunderts die Führungsrolle der Parlamentsfraktionen auf beiden Seiten eindeutig erhalten oder wiederhergestellt. Die ›Demokratisierung‹ des repräsentativen Systems hat sich insoweit mit der Autorität des Parlaments versöhnt.

Der charakteristische allmähliche Gang der Reformen zeigt in seinen einzelnen Schritten mehr den Abbau des althergebrachten als die Einführung eines neuen Systems. Am Ende des Jahrhunderts war die Allgemeinheit des Wahlrechts der erwachsenen Männer erst annähernd erreicht, da das abhängige Hauspersonal – weder Hausbesitzer noch Mieter – ausgeschlossen geblieben war; der Gleichheit des Wahlrechts stand noch das Privileg derer entgegen, die in mehreren ›constituencies‹ Häuser, daher auch mehrere Stimmen besaßen. (Die Frauen erreichten die Wahlrechtsgleichheit erst nach dem Ersten Weltkrieg.) Das Gesetz von 1867 hatte immerhin den größeren Teil der städtischen (Fabrik-)Arbeiter, das von 1884 dann auch die Landarbeiter politisch einzugliedern ermöglicht.
Die ›große‹ Bill‹ von 1832 hatte die erste und wohl heftigste ›abstoßende‹ Wirkung im – politisch noch rechtlosen – Arbeiterstand erzeugt; die Bildung einer »Working Men's Association«, vor allem in London, und
1838 den Beginn der *Chartisten-Bewegung*, die ursprünglich einzig politische Forderungen aufstellte: Wahlrecht für alle Männer, gleiche Stimmbezirke, Streichung jedes Vermögensnachweises für Kandidaten, Diäten und – ein altes Desiderat schon der puritanischen Demokraten zu Cromwells Zeit – alljährlich Neuwahlen. Später, unter den Iren O'Connor und O'Brian, nahm sie einen revolutionären Charakter an, bewaffnete sich, war aber uneins und wurde

im Sommer 1839 militärisch niedergeschlagen, die Führer erhielten (unbedeutende) Gefängnisstrafen.

Die eigentliche Schattenseite des britischen neunzehnten Jahrhunderts aber bildet die Tragödie Irlands. Dieser Reichsteil ist nicht eingegliedert worden, konnte es wohl nicht – trotz der Katholiken-Emanzipation (von 1829), der starken irischen Gruppe (unter Daniel O'Connell) im Unterhaus, die die Reformbill unterstützte, und sogar trotz der Entstaatlichung der anglikanischen Kirche in Irland (durch Gladstone, 1868). Die Ursachen sind indessen nicht nur religiös, sondern ethnisch, sozial und ökonomisch. Das System der abhängigen Kleinpächter unter meist englischer Grundherrschaft ließ, zumal in den Zeiten der Hungersnöte (wegen der Kartoffelfäule 1845-50), keine politische Teilnahme aufkommen. Daher ist die irische Frage zu einem guten Teil die eines eigenartigen agrarischen Proletariats. Ein Kriterium der ›Abstoßung‹ bildet die unvergleichliche Dimension der Auswanderung. Irland hat als einziges Land Europas in diesem Jahrhundert eine gewaltige Abnahme der Bevölkerung gesehen, von 8 Mill. in kurzer Zeit auf 6 Mill., und gegen Jahrhundertende hatte es beinahe nur noch die Hälfte der einstigen Höchstzahl (Paul Kluke). Um so bedeutsamer wurden die Iren für das hauptsächliche Einwanderungsland, die USA: sie stellten zwischen 1830 und 1850 den relativ größten Teil der Immigranten, in den beiden folgenden Jahrzehnten wurden sie nur von den Deutschen an Zahl überwogen (nach Morison-Commager); sie wurden innerhalb der Union, für die sie im Sezessionskrieg in Menge kämpften, nicht allein rasch integriert, sondern zu einer starken politischen Kraft.

Immerhin hat die Wahlreform von 1867, zumal im Verein mit der Einführung der geheimen Abstimmung 1872 – »jetzt entglitten die Pächter der beaufsichtigenden Lenkung durch den Grundherrn« (Kluke) – eine Zuwendung der Iren zum britischen Staat insofern bewirkt, als sie nun mit einer starken eigenen Partei, der ›Irischen Nationalpartei‹ unter der Führung von Parnell, in Westminster für die Autonomie (»Home Rule«) zu arbeiten begannen. Das Ziel wurde freilich nicht erreicht. Eine andere, radikalere Entscheidung kam, wie bekannt, erst nach dem Ersten Weltkrieg zustande. Auch hat sie, wie der jetzige chronische Bürgerkrieg in Ulster zeigt, keinen definitiven Frieden gebracht.

Frankreich

Das französische neunzehnte Jahrhundert scheint so sehr das Gegenteil des englischen, daß man fast am übergreifenden Charakter der Epoche zweifelt. Die Staatsveränderungen sind so zahlreich, daß eine Eingewöhnung des ›Volkes‹ – bis zur Dritten Republik – gar nicht möglich war. Das Jahrhundert ist wie ein monströses Laboratorium der Verfassungsformen: Empire; legitimistisches Königtum; konstitutionelles Bürgerkönigtum; Republik; Präsidialregime; Zweites, ›demokratisches‹ Kaiserreich; parlamentarische Republik. Das Wahlrecht gibt hier nur einen unsicheren Maßstab der Eingliederung ab, es entwickelt sich nicht, wie in England, in Reformschritten mit allmählich wachsender Ausdehnung; vielmehr wechseln Perioden explosiver Allgemeinheit mit solchen planmäßiger Beschränkung:
Die kurzlebige Verfassung von 1793 hatte zuerst das allgemeine Wahlrecht für die erwachsenen männlichen Einwohner erklärt, das Directoire gab es wieder auf, Napoleon führte es 1799 wieder ein, es produzierte eine Masse von etwa sechs Millionen Wahlberechtigten, doch hatte sie (nach der Konsulatsverfassung) nur schwache, von der Exekutive abhängige Körperschaften zu bestellen, und

auch diese nur indirekt; dasselbe gilt in noch höherem Grad vom Kaiserreich nach 1804.

Auffälliger tritt die Wählermasse bei den Plebisziten in Erscheinung. Das lebenslängliche Consulat, von Napoleons Mitconsuln vorgeschlagen, wurde (angeblich) von dreieinhalb Millionen (1802), das Kaisertum, von Senat und Tribunat beschlossen, wiederum von dreieinhalb Millionen gutgeheißen (1804), jeweils gegen eine unbedeutende Zahl von Nein-Stimmen und beide Male ohne Kontrolle der Wählerlisten. Treffend sagt Mignet: »Die Franzosen stürzten sich dem Kaisertum, wie früher der Revolution, in die Arme.«

Die ›Zensus-Monarchien‹ – einschließlich derjenigen des Bürgerkönigs Louis Philippe – schränkten das aktive wie das passive Wahlrecht ebenso radikal ein, wie es zuvor gleichsam mit vollen Händen ausgeschüttet worden war, und zwar sowohl durch Erhöhung der Altersschwelle als vor allem durch den Steuer-Zensus. Das Wahlgesetz von 1817, das erste dieser Art, reduziert die Zahl der Wahlberechtigten auf etwa Hunderttausend, und auch 1832, also nach der Juli-Revolution, steigt sie nur auf etwa Hundertsiebzigtausend, 1845 auf Zweihundertvierzigtausend an. Andererseits hat diese Wählerschaft des Bürgerkönigtums eine verfassungspolitisch wirksame Körperschaft, die Chambre des Députés, zu bestellen, die tatsächlich als ein mitregierendes Parlament anzusehen ist. In dieser Periode propagieren die Anhänger der Zeitung ›Réforme‹, an ihrer Spitze Louis Blanc, von neuem das allgemeine Wahlrecht, übrigens zugleich die allgemeine Wehrpflicht (und, wie bekannt, die Organisation der Arbeit in ›Nationalwerkstätten‹). Die Strategie der demokratischen Republikaner formuliert Ledru-Rollin, 1841 zu ihrem (einzigen) Deputierten gewählt, folgendermaßen:

»Passer par la question politique (das bedeutete vor allem: das allgemeine Wahlrecht) pour arriver à l'amélioration sociale ...« (»Die politische Frage lösen, um dadurch zur sozialen Verbesserung zu gelangen ...«).

Berühmter ist die Antwort des Ministers Guizot (der von 1840 bis 1848 regierte):

»Enrichissez-vous par le travail, et vous deviendrez électeurs!« (»Bereichern Sie sich durch Arbeit und Sie werden Wähler werden!«).

Ledru-Rollins Ausspruch kann als elementare Maxime aller autonomen Emanzipationsbestrebungen des Jahrhunderts gelten, derjenige Guizots kennzeichnet die staatliche Eingliederung einer abgegrenzten Klasse und die Fiktion ihrer Zugänglichkeit durch Arbeitseinkommen.

Die Februar-Revolution von 1848 bringt, wiederum explosiv, das allgemeine Wahlrecht der erwachsenen Männer, die Zahl der Wahlberechtigten schießt auf mehr als acht Millionen (eingeschriebene) Wähler empor. »Diese Umbildung des Stimmrechts (zum ersten Mal ist es nicht nur allgemein, sondern auch direkt und geheim) war das dauerhafte Ergebnis der Revolution von 1848« (Ch. Seignobos). An der ersten Wahl zur Nationalversammlung der Zweiten Republik beteiligen sich 84 Prozent der eingeschriebenen Wähler. Aber die neue Verfassung läßt nicht nur die gesetzgebende, sondern auch die exekutive Gewalt aus Volkswahl hervorgehen.

10. Dezember 1848: Louis Napoléon wird mit 5,4 Millionen Stimmen (gegen Cavaignac: 1,4 Millionen, und Ledru: 370 000) zum Präsidenten gewählt. »Die Bauern und die Arbeiter hatten gar keine politische Bildung, sie kannten nur einen Namen, den des Kaisers Napoleon; sie stimmten für diesen Namen« (Seignobos). Nach dem Staatsstreich gegen die Nationalversammlung vom Dezember 1851 treten von neuem die Plebiszite in den Vordergrund. Nach der militärischen Niederschlagung des Widerstands und einer Anzahl Verbannungen und Deportationen wurde das Prinzip des autoritären Regi-

ments mit knapp siebeneinhalb Millionen Ja-Stimmen (gegen 647 000 Nein) gebilligt. Das ›*Empire démocratique*‹ wurde abermals (am 10. Dezember 1852) durch ein Plebiszit gutgeheißen. »La nature de la démocratie est de se personnifier dans un homme«, hatte Louis Napoléon nach dem Staatsstreich verkündet. »Das spezifisch cäsaristische Mittel ist: das Plebiszit« (Max Weber).

Erst der Dritten Republik (von 1875) gelingt es, das allgemeine Wahlrecht mit dem Parlamentarismus zu verknüpfen und zu versöhnen, freilich auf Kosten der Stabilität sowohl der Regierungen als der wahlgesetzlichen Verfahrensbestimmungen. Allein die Deputiertenkammer wird durch die Wählerschaft des allgemeinen Wahlrechts bestellt (nicht der Senat und nicht der Präsident), aber diese Kammer entwickelt sich auch zum stärksten Verfassungsfaktor. Die Wahlbeteiligung schwankt – bis zum Ende des Jahrhunderts – zwischen knapp siebzig und gut achtzig Prozent der durchweg etwa zehn Millionen Wahlberechtigten. Die fortdauernden Gegensätze der Monarchisten und der Republikaner, der Klerikalen und der Laizisten bleiben, von gewissen Krisen (Boulanger, Dreyfus-Skandal) abgesehen, im parlamentarischen Parteiensystem – als ›Rechte‹ und ›Linke‹ – gebunden und tragen gerade auf diese Weise zur Integration des ›Volkes‹ bei. Doch bilden sich außerparlamentarische Partei-Organisationen nur in schwachen Ansätzen (auf der äußersten Linken) aus, vorherrschend bleibt der Typus der Honoratiorenpartei ohne starke und dauernde Mitgliedschaft; insofern behält die Wählermasse verfassungspolitisch etwas Formloses.

Das allgemeine Wahlrecht (der Männer) ist im französischen Fall von Anfang an ein revolutionäres Postulat, während es in England als letztes faktisches Ergebnis aus einer langen Reihe von Reformen hervorgeht. Es hängt mit dem unmittelbaren physischen Auftritt der Masse in den Revolutionen nahe zusammen. Es hat keine eigentliche Entwicklung, sondern nur Perioden der Geltung und solche der Unterdrückung. Eben deswegen kann die Wahlrechts-Ausbreitung nicht oder nicht isoliert als Zeugnis und Werkzeug der Eingliederung der emanzipierten Schichten und Gruppen aufgefaßt werden. Deren ungefüge Gesamtheit gewinnt ihre staatliche Bedeutung und Kohärenz weithin in anderen Gestalten als in derjenigen der Wählerschaft oder auch und sogar der Akklamationsmenge der bonapartistischen Plebiszite: als militärische Truppe schon in den Revolutionskriegen (›levée en masse‹), dann vor allem in den napoleonischen Eroberungsfeldzügen (›grande armée‹) und, lange nachwirkend, im Gedächtnis ihres zugleich imperialen und ›demokratischen‹ Ruhmes; ferner, wiederum in bewaffneter Gestalt, auf dem inneren Schauplatz als ›Nationalgarde‹ – nach der Februarrevolution 1848 wurden alle Citoyens zu Mitgliedern der Nationalgarde erklärt, ihre Zahl wuchs in Paris auf beinahe zweihunderttausend Mann, erst Napoleon III. löste die Nationalgarde auf, 1870 kehrte sie wieder, der Aufstand der Pariser Commune (März bis Mai 1871) war ihr letztes Werk. Endlich müssen die Revolutionshandlungen selbst mit ihren wiederkehrenden Zeichen, den Barrikaden, der Trikolore, der Marseillaise, als aktive Staatsveränderungen mit integrierendem Effekt gelten. Überdies haben sie, von 1789 an, mindestens für Paris, ihre eigene Tradition, jede folgende ahmt die frühere nach, sie bilden ein eigentümliches nationales Selbstbewußtsein aus. Diese Paradoxie, daß eine Art von ›Eingliederung‹ gerade auf dem Wege einer offenbaren Art von ›Abstoßung‹, eben der Revolution, sich vollzieht, kommt prägnant in einigen Sätzen des Berichts zum Vorschein, der in der Nationalversammlung 1871 zur endlichen Abschaffung der Nationalgarde geführt hat. »A quoi sert d'armer tout le monde? Contre qui? Contre tout le monde, puisque les perturbateurs ne sont pas distincts de la masse de la nation.« (»Wozu dient es, jedermann zu bewaffnen? Gegen wen? Gegen jedermann, da die Ruhestörer von der Masse der Nation nicht unterschieden sind.«) (Nach Seignobos' *Histoire Politique de l'Europe Contemporaine*, 1, 226.) In merkwürdigem Kontrast zur Labilität der politischen Ordnung steht die Stabilität der französischen *Bevölkerung*. Während die Volkszahl Europas insgesamt im Verlauf des Jahrhunderts sich mehr als verdoppelt (von 187 Millionen im Jahr 1800 auf 401 Millionen im Jahr 1900), wächst diejenige Frankreichs nur um etwa vierzig Prozent (von 27 auf 38 Millionen). Wichtiger noch ist der Umstand, daß Franzosen – abgesehen von der Kolonisation von Algier, später von Tunis – an der großen europäischen Auswanderungsbewegung nur ganz unwesentlich beteiligt sind, sie bleiben im Lande. Diese einzigartige ›Sonderentwicklung‹ erklärt sich (nach Mackenroths *Bevölkerungslehre*) aus den Entscheidungen der Großen Revolution für die Bauernbefreiung – die Enteignung des Großgrundbesitzes – und die Gewerbefreiheit, und dies in einem vorindustriellen Stadium. »Bauer und handwerklicher Kleinbürger sind aber ›stationäre Schichten‹, sie beschränken das Richtmaß der Kindererzeugung auf die Erhaltung des Besitzstandes« (Mackenroth). Das politisch unruhigste Land ist zugleich vital das ruhigste, beharrendste. Insofern hat eine ›Abstoßung‹ überhaupt nicht stattgefunden.

Deutschland

Von den allmählichen englischen und den heftigen französischen Staatsveränderungen unterscheiden sich die deutschen handgreiflich dadurch, daß derjenige Staat erst zu schaffen war, der die neuen Schichten sich eingliedern konnte. Alle Emanzipationsbestrebungen der Epoche waren daher – mindestens bis zur Bismarckschen Reichsgründung – notwendig zugleich nationale Bestrebungen, und die Freiheitsparolen in ihren sämtlichen Spielarten, die konstitutionellen wie die republikanischen, die reformistischen wie die revolutionären, aus welchen sozialen Motiven auch erwachsen und von welchen Gruppen auch getragen, in irgendeiner Weise stets mit dem Postulat der nationalen Einheit verwoben. Diese freiheitliche Einheits- und einheitliche Freiheitsbewegung ist gerade durch die Schöpfung des Deutschen Bundes von 1815, eine Konstruktion der Fürsten und Kabinette unter der Führung des österreichischen Staatskanzlers Metternich, und durch die ›reaktionären‹ Maßnahmen des Bundestages recht eigentlich provoziert und angetrieben worden.

»Die Entscheidung für den ›deutschen Staat‹, ein politisches Gebilde mit starken unitarisch-zentralistischen Einrichtungen, war im beginnenden 19. Jahrhundert notwendig eine Entscheidung für den Nationalstaat, einen Staat also, in dem die Nation nicht nur ihre politische Form, sondern auch das Recht zur repräsentativen Teilnahme an der Ausübung der Staatsgewalt gewann. Die Entscheidung für den ›deutschen Bund‹, ein politisches Gebilde mit schwachen gemeinsamen Institutionen und starker Selbständigkeit der partikularstaatlichen Glieder, war im beginnenden 19. Jahrhundert dementsprechend eine Negation des nationalstaatlichen Gedankens.« (E. R. Huber, *Deutsche Verfassungsgeschichte seit* 1789, Bd. 1, S. 476.)

Zwar sprach die Bundesakte (in Artikel 13) eine gewisse Tendenz zur Errichtung von Verfassungen aus, doch war sie zeitlich wie sachlich nur unbestimmt formuliert: »In allen Bundesstaaten wird eine landständische Verfassung stattfinden.« So war die Initiative wie die eventuelle Ausgestaltung den Regierungen überlassen, und es blieben die ›Schlagbäume‹ und also die Kleinräumigkeit bestehen.

Österreich selbst hielt an unbeschränkter Monarchie fest. Bis 1820 schufen nur einige süddeutsche Staaten, zuerst das kleine Herzogtum Nassau, dann vor allem die jungen Königreiche Bayern und Württemberg und die Großherzogtümer Baden und Hessen-Darmstadt gewählte Kammern, zum Teil sogar im Wege der Vereinbarung zwischen Monarch und Ständen, andere folgten später.

Preußen vertagte die Konstitution trotz mehrmaligen königlichen Zusagen, bis die achtundvierziger Revolution sie erzwang. Auf diese Weise blieb das obrigkeitliche Reformwerk der Stein, Humboldt, Scharnhorst und Hardenberg, in der Niederlage begonnen, gleichsam auf halbem Weg stecken, das Land hatte bürgerliche Selbstverwaltung in den Städten, auch Provinzial-Landtage nach ständischer Art, doch keine zusammenfassende ›nationale‹ Repräsentation. Und es hatte die ›demokratische‹ Errungenschaft der allgemeinen Wehrpflicht, der überlegenen französischen Wehrverfassung abgesehen, im Befreiungskrieg zuerst erprobt, von den Siegen patriotisch verklärt, doch fehlte dieser Bürgerpflicht zu dauerhaft ›eingliedernder‹ Wirksamkeit das rechtfertigende Komplement des eigentlich aktiven Bürgerrechts, eben des Wahlrechts. Auch müssen die Wahlrechte zu den Provinzialständen wegen der Zensusbedingungen eher als rudimentär angesehen werden: man hat errechnet, daß 1830 in rheinischen Städten und Kreisen die Einwohnerschaft nur zu wenigen (0,7 bis 6,4) Prozenten wahlberechtigt war.

Die Pariser Juli-Revolution gab auch den deutschen einzelstaatlichen Verhältnissen einen neuen Stoß. Kurhessen und Sachsen errichteten 1831 Verfassungen, im einen Fall mit einer einzigen, daher nur teilweise gewählten Kammer, im anderen mit zwei Kammern nach süddeutschem Muster, wobei ausdrücklich neben städtischen und bäuerlichen auch Repräsentanten von Handel und Industrie vorgesehen waren.

Braunschweig und Hannover gingen unter dem Druck von Volkserhebungen (1831 und 1833) vom ständischen zum repräsentativen Verfassungstypus über, und auch jener schwere Konflikt, den Ernst August von Cumberland 1837 durch die Aufhebung der eben vier Jahre alten Verfassung hervorrief, und der durch den Widerstand der ›Göttinger Sieben‹ berühmt geworden ist, führte zuletzt (1840) doch zur Vereinbarung einer nur wenig modifizierten Konstitution. Preußen und Österreich hingegen verharrten im vorigen Zustand.

Wichtiger ist die Belebung der öffentlichen Meinung. Neben den Zeitungsgründungen sind Vereine und Versammlungen (stets gefährdete) Vorstöße spontaner politischer Tätigkeit in das vormärzliche Verwaltungs- und Polizei-Regiment, Vorformen der Parteibildung, aber auch der Revolution. Das Hambacher Fest von 1832 markiert einen Höhepunkt dieser Art. Der »Deutsche Preß- und Vaterlandsverein«, der es organisiert, drückt schon im Namen die zugleich freiheitliche und nationalpatriotische Richtung aus, sie geht auf »ein gemeinsames deutsches Vaterland, das alle Söhne als Bürger begrüßt« (Siebenpfeiffer). Die Regierungen antworten mit neuen Verboten und Verfolgungen.

Auf breiterer Front, mit höherer Energie und mit bedeutendem anfänglichen Erfolg setzt die Freiheits- und Einheitsbewegung wieder ein mit der Märzrevolution von 1848, nun auch in den Zentren der Hauptmächte, Berlin und Wien. Diese Revolution ist vor allem anderen eine politische, eine Verfassungsrevolution. Daher kommt den Wahlen zur Frankfurter Reichs- oder Nationalversammlung keine geringere Bedeutung zu als den Aufständen. Zum ersten – und einzigen – Mal wird in allen achtunddreißig Ländern zu einem und demselben Zweck gewählt, zum ersten Mal auch nach dem allgemeinen und gleichen (doch nicht durchweg unmittelbaren) Wahlrecht der erwachsenen Männer, wenn auch die Länder unterschiedliche Regelungen trafen, Preußen auch Arbeiter, Tagelöhner und Gesinde zuließ, Österreich sie ausschloß. (Über die faktische Wahlbeteiligung habe ich keine Angaben gefunden.) Unter den Gewählten »überwog ... der Typus des Honoratioren-Politikers«, doch treten die wirtschaftlichen Schichten gegenüber den Beamten und freien Berufen zurück, Arbeiter fehlen ganz – da »auch die niederen Klassen in dieser Zeit überwiegend die traditionelle soziale Rangordnung noch anerkannten« (Huber Bd. 2, S. 611).

Das Wahlgesetz, das die Paulskirche ihrerseits 1849 nach lebhafter Debatte verabschiedete, verkündet das allgemeine, gleiche und direkte Wahlrecht aller ›unbescholtenen‹ Deutschen von fünfundzwanzig oder mehr Jahren, macht also keinen Unterschied zwischen selbständiger und unselbständiger Stellung. Das ist gescheitert wie die Verfassung, wie der große Nationalstaat, war aber doch einmal ausgesprochen. Erst Bismarck greift dieses ›demokratische‹ Prinzip wieder auf, erst für den Norddeutschen, dann für den Deutschen Reichstag; möglicherweise hat Ferdinand Lassalle zu dieser Entscheidung beigetragen. Die bürgerlich-liberale Mitte hat nicht mehr darauf gedrängt.

Die bedeutsamste unmittelbare Folge der achtundvierziger Vorgänge ist, daß endlich auch Preußen konstitutionell wird (definitiv durch die ›revidierte‹ Verfassung von 1850). Österreich hingegen kehrt – nach Franz Josephs Widerrufung der Verfassung von 1849 – Ende 1851 zum monarchischen Absolutismus zurück. Der preußische Landtag, später Abgeordnetenhaus genannt, zweite Kammer neben dem Herrenhaus, wird indessen (seit dem ›königlichen Staatsstreich‹ vom 30. Mai 1849) nicht auf Grund von allgemeinem und gleichem, sondern von zwar allgemeinem, aber ungleichem Wahlrecht bestellt; zudem ist dieses Wahlrecht, das bis 1918 galt, indirekt, die

Stimmabgabe öffentlich. Das Dreiklassenwahlrecht hat daher zur Eingliederung der hier ausdrücklich als ›niedere Stände‹ klassifizierten neuen Schichten wenig oder nichts beigetragen, eher zu ihrer Abstoßung, jedenfalls zu ihrer politischen Absonderung. Die tatsächliche Wahlbeteiligung zeigt dies drastisch: zwischen 1849 und 1866 umfaßte die erste Klasse der Urwähler vier bis fünf, die zweite um dreizehn, die dritte mehr als achtzig Prozent der Wahlberechtigten, die faktische Beteiligung aber sinkt von der ersten Klasse abwärts erheblich, nämlich von durchschnittlich gegen sechzig (in der ersten) über etwa vierzig (in der zweiten) auf im Mittel knapp fünfundzwanzig Prozent (in der dritten und bei weitem zahlreichsten Klasse). Später fällt die Beteiligung noch weiter ab: »Die Wahlpassivität in Preußen war ... ein Akt passiven Widerstands gegen das preußische Wahlrecht« (Huber Bd. 3, S. 92).

Das Abgeordnetenhaus war – zumal in der Konfliktszeit (1862–1866) – ein wirksamer Verfassungsfaktor, aber als Integrationsfaktor wird Parlamentarismus vermutlich von der erfolgreichen Anwendung der allgemeinen Wehrpflicht in Bismarcks Kriegen in fataler Weise übertroffen. »In Preußen sind $^9/_{10}$ des Volkes dem Könige treu ergeben und nur durch den künstlichen Mechanismus der Wahl um den Ausdruck ihrer Meinung gebracht«, schreibt Bismarck selber 1866.

Umgekehrt findet der Bismarcksche Reichstag, der nach allgemeinem und gleichem, nun auch direktem und geheimem Wahlrecht bestellt wird, zwischen 1871 und 1898 eine beträchtliche Wahlbeteiligung (von 52 Prozent im geringsten, 77,5 Prozent im höchsten Fall); aber dieses nationale Parlament hat wegen des förmlichen Vorranges des (föderativen) Bundesrates und wegen des faktischen Übergewichts der kaiserlichen Reichsregierung, zumal des Reichskanzlers – zugleich preußischen Ministerpräsiden-

ten und zugleich Vorsitzenden des Bundesrates – eine
eingeschränktere verfassungspolitische Rolle inne. Das
preußische Wahlrecht einerseits, der reduzierte Parlamentarismus des neuen Reiches andererseits mögen, im
Verein miteinander, auch (neben anderen Gründen) die
unvollkommene Eingliederungs-Potenz dieses veränderten Staatssystems erklären.

Wie im Vormärz, so treten um 1860 wieder Vereine hervor, die sämtlich vorab die nationale Einigung, zumeist
und zunächst im ›großdeutschen‹ Sinne, erstreben: der
»Nationalverein« (Bennigsens) seit 1859, der »Allgemeine
Deutsche Schützenbund« seit 1861, die wiederbelebten
Turnvereine, die Arbeiterbildungsvereine. Einzelne Versammlungen und Feste finden großen Zuspruch, dauernde
politische Bildungen sind nicht daraus erwachsen. Der
Nationalverein löst sich nach Königgrätz auf. Die Arbeiterbildungsvereine treten mit Bebels und Liebknechts Par-
teigründung in einen neuen Aggregatzustand. Die erste
organisierte Mitglieder- und Massenpartei ist die sozialdemokratische. Ihre Geschichte bis zum Ende des Jahrhunderts – und darüber hinaus – hält die Alternative zwischen
Staatszuwendung (Lassalle) und Staatsfeindschaft (Marx),
zwischen Reform und Revolution und also zwischen Eingliederung und Abwendung durchgehends wach; in ihren
Gliederungen führt sie ein geistiges Sonderleben, entwik-
kelt einen eigenen Partei-Patriotismus. Die – trotz ›absto-
ßender‹ Sozialistenverfolgung – zunehmende Mitglieder-
und Wählerzahl, die wachsende Reichstagsfraktion, auch
die Erfolge der Gewerkschaften, befördern die Integration
der ›Proletarier‹. Die Zustimmung der sozialdemokratischen Reichstagsfraktion zu den Kriegskrediten 1914
scheint diese Tendenz zu besiegeln. Noch jüngere Ent-
wicklungen, namentlich die Abspaltung, der Aufstieg und
die schließliche territoriale Teilherrschaft der kommunistischen Partei, lassen auch diese Geschichte wieder in an-

drem Licht erscheinen, doch sind die deutschen ›Staatsveränderungen‹ des 20. Jahrhunderts hier nicht zu erörtern.
In einem Punkt allerdings wäre die strenge Begrenzung
auf den Zeitraum des 19. Jahrhunderts geradezu trüge-
risch. Die Eingliederung der Juden schien – unerachtet
erster organisierter ›antisemitischer‹ Gesinnungen im wilhelminischen Deutschland – mit dem Ende des Jahrhunderts vollzogen, ein großer und krisenreicher Prozeß der
geförderten wie der selbsttätigen Emanzipation schien
abgeschlossen. Dieses Ergebnis der menschenrechtlichen
Epoche ist im zwanzigsten Jahrhundert in Deutschland –
und, im Gefolge von Hitlers zeitweiligen Eroberungen
zwischen 1938 und 1943, im größten Teil Europas –
widerrufen worden durch ein ideologisches Programm
und durch seine buchstäbliche ›Exekution‹. Hier ist »durch
Verbrechen, die nach Art und Ausmaß unbekannt und
von den Zehn Geboten nicht vorausgesehen waren« (Han-
nah Arendt) die ›Eingliederung‹ nicht allein mit einer
nachträglichen monströsen ›Abstoßung‹, sondern mit
einer förmlichen Ausstoßung und schließlich Austilgung
beantwortet worden. Bürgerrecht und Taufe wurden
annulliert, eine ›Rasse‹ deklariert zum Zwecke ihrer Vernichtung, Menschenrecht und Menschlichkeit schlechthin
gelöscht. Eine zulängliche Erklärung gibt es nicht.
Wir weigern uns, die Arbeit des neunzehnten Jahrhunderts
– und des achtzehnten, das den Grund gelegt hat – darum
für widerlegt zu halten.

Vereinigte Staaten von Amerika

Die nordamerikanische Republik bildet in jedem Betracht
das komplementäre Gegenbild Europas, beide Erdteile
stellen ein zusammenhängendes System der Integration
dar, das Jahrhundert kann ›gerecht‹ nicht aufgefaßt und

beurteilt werden ohne diese ›Neue Welt‹. Eigentliche Staatsveränderungen gibt es hier nicht, die Unions-Verfassung – als Krönung der Kolonistenrevolution – war geschaffen und stand gleichsam bereit, mehr Land und Volk in sich aufzunehmen. Landnahme und Besiedlung, die ungeheure Ausdehnung des (föderativen) ›Staatsgebietes‹ über die ganze Breite des Kontinents, die Aufsaugung und Eingliederung der europäischen Immigration, des auffälligsten Stromes innerhalb der größten Völkerwanderung der westlichen Geschichte seit eineinhalb Jahrtausenden: das ist das Werk des neunzehnten Jahrhunderts.

Die dreizehn Urkolonien und Urstaaten bilden insgesamt einen schmalen Streifen an der atlantischen Küste, von New Hampshire im Norden bis Georgia im Süden. Bis 1800 waren nur drei weitere, angrenzende (Vermont, Kentucky und Tennessee) hinzugekommen. Dann erst greift die Staatenbildung mächtig nach Westen aus, 1802 wird Ohio aufgenommen, 1812 das weit südlich, schon jenseits des Mississippi gelegene Louisiana, das Jefferson von Napoleon käuflich erworben hat. Es folgen

1816 Indiana	1836 Arkansas
1817 Mississippi	1837 Michigan
1818 Illinois	1845 Texas und Florida
1819 Alabama	1846 Iowa
1820 Maine	1848 Wisconsin.
1821 Missouri	

1850, in der Mitte des Jahrhunderts, erreicht die politische An- und Eingliederung mit einem großen Sprung die pazifische Küste: Kalifornien. Der weitere Prozeß hat geographisch den Charakter einer Ausfüllung der Zwischenräume und Randgebiete:

1858 Minnesota	1863 West-Virginia
1859 Oregon	1864 Nevada
1861 Kansas	1867 Nebraska

1876 Colorado	und Washington
1889 Montana, Nord- und	1890 Wyoming und Idaho
Süd-Dakota	1896 Utah.

Am Ende des Jahrhunderts umfaßt die Union also fünf-
undvierzig Staaten; heute sind es fünfzig. Die politische
und rechtliche Bewältigung der phantastischen ›Landnahme‹ fußte auf dem Muster der sogenannten Nordwest-
verordnung vom Jahr 1787. Sie band die staatliche Autonomie an die Besiedlung eines Gebietes, das zunächst als
Kolonie unter der Herrschaft des Kongresses betrachtet
und von dessen Beamten verwaltet wurde; sobald ein
abgegrenzter Teilbereich so weit besiedelt war, daß er
60 000 Einwohner zählte, konnte er »gleichberechtigt mit
den Gründerstaaten« auf Grund eines verfassungsrecht-
lichen Vertrages in die Union aufgenommen werden. Diese Bestimmungen »legten den Grundstein für das amerikanische Territorialsystem und die amerikanische Kolonialpolitik und ermöglichten es den Vereinigten Staaten, sich
nach Westen bis an den Stillen Ozean auszudehnen ...,
ohne daß dabei erhebliche Schwierigkeiten aufgetreten wären« (Morison-Commager). (Das Urteil meint die
relative Rationalität und Freiheitlichkeit der Organisa-
tionsweise; in anderem Sinn gab es gewiß erhebliche
›Schwierigkeiten‹, vor allem in bezug auf die Ureinwoh-
ner, die Indianer; sie wurden verdrängt und dezimiert.)
Die Bevölkerung wächst im Laufe des Jahrhunderts von
fünf auf fünfundsiebzig Millionen, also auf das fünfzehnfache. »Die USA sind damit der in den letzten $1^1/_2$ Jahrhun-
derten«, schreibt Mackenroth etwa 1950, »am stärksten
wachsende weiße Großraum« (im Vergleich zu Europa
und zu Rußland). Daran hat natürlich die Einwanderung
einen gewaltigen Anteil. Kein anderes Land der Welt, auch
kein anderer Teil des amerikanischen Kontinents hat so
stetig so viele Einwanderer aufgenommen wie die Verei-

nigten Staaten. Man kann schätzen, daß es während des ganzen Jahrhunderts ungefähr zwanzig Millionen Menschen waren, sie kamen weit überwiegend und für die meiste Zeit fast ausschließlich aus Europa. Bis zur Jahrhundertmitte stellen die Iren das relativ stärkste Kontingent, danach die Deutschen, an dritter Stelle stehen die Engländer, an vierter die Skandinavier; erst in den beiden letzten Jahrzehnten setzt die italienische, die österreichungarische und die russische Einwanderung mächtig ein. »Die traditionelle Politik bestand in der uneingeschränkten Aufnahme aller, die unser Land aufsuchten« (Morison-Commager). Erst 1882 ergeht ein allgemeines Einwanderungsgesetz, mittelbar veranlaßt durch den Widerstand der kalifornischen Arbeiter gegen die »Überschwemmung mit chinesischen Kulis«; aber auch jetzt wird nur gegen Verbrecher, Schwachsinnige und solche Personen eine Schranke errichtet, die offenkundig der Wohlfahrt zur Last fallen würden. (Strengere Regulierungen bringt erst die Zeit des Ersten Weltkriegs.)
Ob es im Ganzen mehr der Druck der Alten oder der Sog der Neuen Welt war, der die ungeheure Wanderung und Neuverteilung der abendländischen Menschheit bewirkt hat, ist nicht zu entscheiden. Zuzeiten sind akute Verfolgungen und Bedrückungen als Motiv gut zu erkennen, über größere Perioden hin chronische wirtschaftliche Not (wie vor allem im irischen Fall), dann scheint wieder bare Übervölkerung ein Ventil zu suchen, doch darf man auch diese allgemeinste Ursache nicht vom jeweiligen ökonomischen, rechtlichen und staatlichen Zustand isolieren. Andererseits hat die relativ liberale Verfassung Badens und Württembergs nicht gehindert, daß die deutschen Einwanderer während des ganzen Jahrhunderts zu einem guten Teil gerade aus dem Südwesten kommen, und hat die Konsolidierung des Bismarck-Reiches nicht gehindert, daß das deutsche Kontingent gerade in den achtziger Jah-

ren den höchsten Stand erreicht (wobei nun allerdings der deutsche Nordosten, also wohl das agrarische Proletariat, die Spitze hält).

Von der sogenannten ›neuen Einwanderung‹ aus Süd- und Ost-Europa – im letzten Viertel des Jahrhunderts – urteilt ein amerikanischer Sachkenner, »der Bedarf an billigen Arbeitskräften, die Konkurrenz der Schiffahrtsgesellschaften und das Bestreben der transkontinentalen Eisenbahnen, ihren großen Landbesitz loszuwerden«, hätten mehr Einwanderer in die Staaten gebracht als die schweren Lebensbedingungen der alten Welt (John R. Commons, zitiert bei Morison-Commager). Doch ist hier gewiß eine Portion inneramerikanischer Sozialkritik im Spiel. Mindestens ebenso wahr bleiben die Verse der Dichterin Emma Lazarus (von 1883), die am Fuß der Freiheits-Statue zu lesen sind und die ihr, der Liberty, der »Mother of Exiles«, in den Mund gelegt sind:

»Keep ancient lands, your storied pomp! cries she
With silent lips. Give me your tired, your poor,
Your huddled masses yearning to breathe free,
The wretched refuse of your teeming shore.
Send these, the homeless, tempesttost to me,
I lift my lamp beside the golden door.«

(»Behaltet, alte Länder, eure angehäufte Pracht!
So ruft ihr stiller Mund. Gebt mir die Müden, Armen,
Verlor'ne Massen, die es frei zu atmen drängt,
Den Jammer und den Abschaum Eurer vollen Strände!
Schickt sie, die Heimatlosen, Sturm-Verworfnen mir,
Ich halte meine Fackel bei dem goldnen Tor.«)

Das Stimmrecht ist von der Unionsverfassung ausdrücklich der einzelstaatlichen Gesetzgebung überlassen. »In der Frühzeit ... war das Wahlrecht auf Grundeigentümer und in einzelnen Staaten auch auf Personen mit anderen Vermögensqualifikationen beschränkt« (Loewenstein). Pennsylvanien ging am weitesten in demokratischer Richtung, Virginien hielt an den aristokratischen Prinzipien der Kolonialzeit fest. Um 1825 ist für die Nordstaaten (mit Ausnahme von Rhode Island) die Aufhebung der Vermögensbeschränkungen, also ein allgemeines und gleiches Wahlrecht der ʹvolljährigen männlichen Bürger erreicht, und bis zum Sezessionskrieg gilt dasselbe »im großen ganzen« für die gesamte weiße männliche Bevölkerung der Union. Alle Einwanderer kommen mit ihrer Einbürgerung in den Genuß dieses Rechtes; die Einbürgerung selbst geht vielfach kollektiv mit der Staatsbildung einher. (Das Frauenstimmrecht ist erst nach dem Ersten Weltkrieg allgemein und durch ein Verfassungs-Amendment befestigt worden.) Man muß sich vor Augen halten, daß – im 19. Jahrhundert gewiß – in keinem Lande der Welt dem persönlichen Stimmrecht eine so eminente verfassungspolitische Bedeutung zukommt wie in den Vereinigten Staaten (vielleicht die Schweiz nach 1848 ausgenommen): die Gemeindeverwaltungen und sämtliche Regierungsorgane der Staaten wie des Bundes gehen in den Führungsämtern aus Wahlen hervor, zudem wählt man in manchen Staaten auch die Richter, und in Staaten und Gemeinden werden vielfach Bürgerbegehren und Bürgerentscheide veranstaltet. Nirgends kann man an der ›eingliedernden‹ Wirksamkeit des Stimmrechts weniger zweifeln als im Falle der USA; nirgend sonst hat dieser Maßstab eine so überragende Gültigkeit.

Die Beteiligung an Präsidentenwahlen – die freilich wegen des Wahlmännersystems nicht ausschließlich und endgültig über die Bestellung entscheidet – gibt einen Eindruck von dem jeweiligen Grade sowohl der Ausbreitung des Wahlrechtes als auch seiner tatsächlichen Anwendung. An der Wahl von 1828, aus der Andrew Jackson als Präsident hervorging, nehmen 1,1 Millionen, das ist etwa ein Zehntel der Bevölkerung, teil; 1840 sind es 2,4 von 17 Millionen, also ein Siebentel der Bevölkerung, dieselbe Proportion – 4,5 von 31,4 Millionen – ergibt sich noch bei der Wahl von 1860 (Abraham Lincoln); von 1876 an bis zum Ende des Jahrhunderts verdichtet sich die tatsächliche Wählerschaft auf durchschnittlich ein Fünftel der Bevölkerung (1896: etwa 14 von etwa 70 Millionen). Dieses Verhältnis kommt demjenigen während der Dritten französischen Republik ungefähr gleich; im Falle des Deutschen Reichstags nach 1871 hingegen bilden nur etwa 10 bis 15 Prozent der Bevölkerung die jeweilige Wählerschaft.

Arme Bauern, befreite und weithin proletarisierte Schichten aus dem agrarischen und handwerklichen, dann auch dem industrialisierten Europa haben die Vereinigten Staaten aufgenommen und ›eingegliedert‹, nämlich zu aktiven Bürgern gemacht, aber ihre eigenen vormaligen Negersklaven blieben – in den Südstaaten jedenfalls - abgesondert, rechtlich geschützt, doch politisch ausgeschlossen und insofern ›abgestoßen‹. Das amerikanische Neunzehnte Jahrhundert hat zwar die große Leistung der Emanzipation der Sklaven vollbracht, aber ihre soziale und politische Integration ist auf halbem Weg steckengeblieben. »Niemals vorher in der Weltgeschichte waren so vielen Menschen« (etwa vier Millionen) »auf einen Schlag die bürgerlichen und politischen Rechte verliehen worden, und niemals war irgend jemand weniger auf den neuen Zustand vorbereitet gewesen«, heißt es bei Morison-Commager (II, 17) im Zusammenhang der Wirkungen des amerikanischen Bürgerkriegs.
Die besiegten Südstaaten erlassen Negergesetze (»black codes«), die den Freigelassenen zwar Bürgerrechte, aber nirgends das Wahlrecht zuerkennen. Die Bundesregierung greift ein und erzwingt das Negerwahlrecht. März 1867 macht das erste Wiederaufbau-Gesetz die Wiederaufnahme

der ›konföderierten‹ Staaten in die Union davon abhängig, daß Verfassungskonvente bestellt und Regierungen gebildet werden, die auf dem Wahlrecht der weißen und schwarzen Einwohner beruhen. Die Republikanische Partei des Befreiers Lincoln ist an den Negerstimmen interessiert. Tatsächlich wird Ulysses S. Grant, der siegreiche General des Sezessionskrieges, 1868 mit Hilfe der Negerstimmen zum Präsidenten gewählt; unter den rund drei Millionen Stimmen, die für ihn abgegeben wurden, sollen, wie man geschätzt hat, etwa 700 000 von schwarzen Freigelassenen stammen (sein demokratischer Gegenkandidat Seymour erhielt immerhin 2,7 Millionen Stimmen). Die Vorherrschaft der Republikaner in den ›rekonstruierten‹ Südstaaten, die sich ebenfalls wesentlich auf die Negerstimmen stützt, dauert bis 1876. Dann schlägt die Stimmung in Washington um, die Autonomie der Staaten stellt sich wieder her, mit ihr die Herrschaft der Weißen und der Demokratischen Partei. »Die farbige Bevölkerung wurde auf ihrem Wege zur verantwortlichen Staatsbürgerschaft um mindestens eine Generation zurückgeworfen, die Weißen erschöpften ihre Energien in dem Bemühen, die Neger niederzuhalten« (Morison-Commager).

Das vierzehnte Verfassungs-Amendment (vom Jahre 1870) sieht vor, daß die Vertretung eines Staates im Kongreß herabgesetzt werden kann, wenn in diesem Staat volljährigen männlichen Bürgern bei Staats- oder Bundeswahlen das Wahlrecht irgend vorenthalten oder verkürzt wird. »Diese Bestimmung kam aber niemals zur Anwendung« (Loewenstein). Mississippi findet zuerst (1890) – abseits vom sozialen Terror - einen gesetzlichen Weg, die Neger fernzuhalten, es verfügt die Registrierung der Wähler – als Vorbedingung zur Ausübung des Wahlrechts – und macht die Eintragung abhängig von der vorherigen Zahlung aller Steuern, zusätzlich einer Wahlsteuer, und von einem ›literacy test‹, bei dem eine Stelle aus der Verfassung gelesen oder interpretiert werden muß. Andere Staaten folgen, manche verlangen zudem ein Leumundszeugnis mit weißen Zeugen. Es kommt auf solche Weise für die Neger »im Süden zu einer völligen Wahlrechtsentziehung« (Loewenstein). Der oberste Bundesgerichtshof sanktioniert diese Praxis durch eine Entscheidung von 1898. Das Problem der ›Eingliederung‹ bleibt ungelöst. Integration ist schwieriger und langwieriger als Emanzipation.

Literaturangaben

Von den Lexiken und Enzyklopädien, die ich zu Rate gezogen habe, möchte ich vor allem meinen alten ›Meyer‹ von 1875 erwähnen, dessen Lektüre nicht allein belehrend, sondern zudem immer genußreich ist. Speziellere Auskünfte gaben das deutsche *Handwörterbuch der Sozialwissenschaften* und die *International Encyclopaedia of the Social Sciences*, ferner der sogenannte *Bevölkerungs-Ploetz* von Kirsten, Buchholz und Köllmann. Die Wahlrechts- und Wahlbeteiligungs-Angaben fußen zum guten Teil auf dem von Dolf Sternberger und Bernhard Vogel herausgegebenen Handbuch *Die Wahl der Parlamente und anderer Staatsorgane*, von dem bisher der erste, europäische Teil in zwei Halbbänden vorliegt. Wo immer es sich ergab, habe ich in den Tafeln autoritative Urteile gelehrter Autoren angeführt und deren Namen genannt, ohne die Quellen näher anzugeben: darum folgen hier unten die einschlägigen Titel, etwa in der Reihenfolge ihrer Erwähnung; es sind zum Teil klassische Werke. Von den historischen Untersuchungen, die ich nicht ausdrücklich zitiert habe, möchte ich eine wenigstens nennen, weil ihr Thema mit demjenigen meiner Tafel der ›Staatsveränderungen‹ nahe verwandt ist: *Political Institutions and Social Change in Continental Europe in the Nineteenth Century* von Eugene N. Anderson und Pauline R. Anderson (University of California Press, 1967).

Alexander Rüstow, *Ortsbestimmung der Gegenwart*, 3 Bände, 1950-57

Franz Schnabel, *Deutsche Geschichte im 19. Jahrhundert*, 4 Bände, 2. Aufl. 1951-54

Lujo Brentano, *Die Agrarreform in Preußen* (1897)

Lujo Brentano, *Eine Geschichte der wirtschaftlichen Entwicklung Englands*, III. Band (1928/29)

Heinrich Herkner, *Die Arbeiterfrage* (1894, 1916)

Bernhard Guttmann, *England im Zeitalter der bürgerlichen Reform* (2. Aufl. 1949)

A. L. Lowell, *Die englische Verfassung* (1913)

Paul Kluke (über Großbritannien) in: Theodor Schieders *Handbuch der europäischen Geschichte*, Band 6, 1968

S. E. Morison u. H. St. Commager, *Das Werden der amerikanischen Republik* (deutsch 1949/50)

R. T. McKenzie, *British Political Parties* (1955)

Wilhelm Treue in: *Gebhardts Handbuch der deutschen Geschichte*, Band 3 (1970)

Ernst Rudolf Huber, *Deutsche Verfassungsgeschichte*, 4 Bände, 1957-1969.

G. M. Trevelyan, *Kultur- und Sozialgeschichte Englands* (deutsch 1948)

G. M. Trevelyan, *Geschichte Englands* (deutsch ³1947)

Renée Neher-Bernheim, *Histoire juive de la Renaissance à nos jours*, 1971.

Ch. Seignobos, *Histoire politique de l'Europe contemporaine*, 1929/31

Karl Loewenstein, *Verfassungsrecht und Verfassungspraxis der Vereinigten Staaten*, 1959

Gerhard Mackenrodt, *Bevölkerungslehre*, 1953.

Über die Idee einer deutschen Revolution

(1971)

Das Thema handelt von Revolution, von Revolution in Deutschland, von der Idee einer deutschen Revolution. Da aber ja eine eigentliche deutsche Revolution von der Geschichtsschreibung gar nicht berichtet und verzeichnet wird, wenigstens nicht in einem Sinne und Tone, welcher den Berichten, den fest eingegrabenen Namen der französischen Revolution und der russischen Revolution oder auch den älteren Ereignissen der englischen Revolution des siebzehnten und der amerikanischen Revolution des achtzehnten Jahrhunderts irgend ebenbürtig wäre, so muß das Thema sich eben hierauf richten, daß es keine eigentlich und eigentümlich deutsche Revolution gibt oder jedenfalls bisher gegeben hat, und es muß die Frage einschließen, nicht so sehr, wie sich dieser Umstand allenfalls erkläre, als vor allem, ob darin ein Mangel liege, eine gleichsam schuldhafte historische Fehlanzeige, die es womöglich wieder gutzumachen gälte, oder ob wir etwa ohnedem auszukommen imstande seien. Solche Erwägungen haben vielleicht eine gewisse Aktualität, indem wir in den letzten Jahren, an den Hochschulen zum mindesten, jugendliche Bestrebungen beobachtet und erfahren haben, die zuweilen den Eindruck nahelegten, als wollten sie diese Scharte auswetzen und eine kleine deutsche Revolution veranstalten, als wollten sie diejenigen Lügen strafen, die den Deutschen schlechthin alles Talent zur Revolution absprechen, als wollten sie das nachholen, was ihre Väter sträflich versäumt hätten. Aber ich möchte diesen Aktualitätswert meines Themas doch nicht allzu hoch veranschlagen. Es könnte uns aus dieser Ecke zwar einige Schreckensherrschaft blühen – Pröbchen davon sind schon geliefert worden –, kaum aber Revolution. *Terreur sans revolution* haben wir schon einmal kennengelernt, wenn diese große deutsche Schreckensherrschaft auch in ihren Anfängen sich mit dem anachronistischen, lügnerischen und etwas kitschigen Namen einer »nationalen Revolution« dekoriert hat.

Mit diesen Bemerkungen und Erinnerungen bin ich, wie es scheint, nun selber bedenklich nahe daran, in die bittere Resignation mit einzustimmen, daß wir Deutschen von Natur zur Revolution nicht taugten, daß da Hopfen und Malz verloren, darum auch kein rechter Staat mit uns zu machen sei. Wir haben dergleichen Urteile hundert- und tausendmal gehört. Der Satz von der Unfähigkeit oder Untauglichkeit der Deutschen zur Revolution ist ein Gemeinplatz, ein festgeprägter Gedanke, der weiter und weiter gereicht worden ist wie eine Münze, daher auch etwas abgegriffen. Aber es gibt auch treffende Gemeinplätze, und wir sind nicht schon dadurch der Mühe des Nachdenkens und der Anstrengung des Arguments überhoben, daß wir feststellen, diese und jene These sei ein Gemeinplatz. Wie alt dieser Gemeinplatz ist, um den es sich jetzt handelt, kann ich nicht genau angeben. Ich glaube, Lenin wird der Sarkasmus zugeschrieben, die Deutschen müßten erst eine Bahnsteigkarte lösen, ehe sie auf revolutionäre Weise einen Bahnhof besetzten, und es ist jedenfalls sehr möglich, daß durch die Enttäuschungen der revolutionären Sozialisten von 1918 und 1919, nämlich die Enttäuschung darüber, daß die Novemberrevolution nicht zur dauernden Räteherrschaft und zur Sozialisierung und zur sogenannten Diktatur des Proletariats, sondern zu einer parlamentarischen Verfassung geführt hat, diese Art bitter resignierender Wendungen in Umlauf gekommen sind.

Lenin ist aber keineswegs durchgängig von der revolutionären Untauglichkeit der Deutschen überzeugt gewesen. Ganz im Gegenteil. Als die Deutschen Sozialdemokraten am 4. August 1914 im Reichstag den Kriegskrediten zustimmten, mochte Lenin das gar nicht glauben – so wenig, daß er die Ausgabe des »Vorwärts«, die von diesem Sieg der nationalen über die internationalen, der patriotischen über die proletarischen Motive berichtete, für eine Fälschung des deutschen Generalstabes hielt.[1] Und es gibt ein noch drastischeres Zeugnis: das ist die berühmte Resolution des bolschewistischen Zentralkomitees vom 10. Oktober 1917, die von Lenins Hand stammt – dieses welthistorische Dokument wurde, wie Trotzki berichtet, »mit Bleistiftstummel auf einem karierten Kinderschreibheft hastig niedergeschrieben« –, die Resolution nämlich, die den Entschluß zum bewaffneten Aufstand in Rußland ausspricht. Unter den Gründen, die dort für die Notwendigkeit des sofortigen Losschlagens angegeben sind, steht »die internationale Lage der Revolution«, und das hieß: der bevorstehende Eintritt des prophezeiten und erwarteten Ereignisses der Weltrevolution, an der ersten Stelle. Und das einzige Zeugnis, das Lenin anführt, diese These zu stützen, ist der »Aufstand in der deutschen Flotte«, also der in unserer nationalen Geschichtsschreibung als »Matrosenmeuterei« bekannte Vorgang von Hungerstreiks auf drei oder vier Schiffen im Juli und August 1917, die mit zwei exekutierten kriegsgerichtlichen Todesurteilen geahndet wurden. Dieses Ereignis galt ihm, Lenin, (wörtlich:) »als höchster Ausdruck der in ganz Europa heranreifenden sozialistischen Weltrevolution«.[2] Lenin hat im Grunde seines Herzens die längste Zeit und allen Enttäuschungen zum Trotz daran geglaubt, daß Deutschland wenn nicht die Führung, so doch die entscheidende Rolle in der Weltrevolution zufallen müsse. Hätte er geahnt – ich meine, man kann diese Behauptung wagen –, hätte er im Oktober 1917 geahnt, daß die gemäßigten Sozialdemokraten am Ende des Ersten Weltkrieges in und trotz der Niederlage die Oberhand behalten, eine Nationalversammlung wählen und eine Verfassung ausarbeiten lassen, eine Koalition bilden und eine (nach seinen Begriffen) »bürgerliche« Republik errichten würden, er hätte sehr wahrscheinlich den »bewaffneten Aufstand« in Rußland nicht betrieben und nicht riskiert. Aber der Prophet ist geneigt, auch das geringste Anzeichen als Bestätigung seiner Prophetie zu deuten. Um so fürchterlicher war denn seine Enttäuschung und seine Wut: daher die geifernden Schimpfreden auf Scheidemann, Noske und die übrigen, die er als »ein Häuflein abgefeimter Schurken, das denkbar schmutzigste Gesindel..., die abscheulichsten Henker aus den Reihen der Arbeiterklasse« verschrien hat. Um so erstaunlicher auch wiederum, daß er, allein gelassen, ohne alle Stützung im Westen, bei wankender und hinkender Zuversicht hinsichtlich der deutschen und also der Weltrevolution, gleichwohl durchgehalten hat, daß – mit einem Wort – gleichwohl eine Sowjetunion entstanden ist und Bestand behalten hat.

In dieser Lage also mag sich jene These, jener Gemeinplatz von der deutschen Unfähigkeit zur Revolution, dem wir hier nachforschen, ausgebreitet haben. Und zwar, wie wir jetzt bemerken, als Widerspiel oder Kehrseite einer ganz anderen, diametral entgegengesetzten These, nämlich der Behauptung und Erwartung einer ganz besonderen revolutionären Berufung gerade der Deutschen. Die beiden Thesen scheinen zusammenzugehören, einander abzulösen je nach Lage. Die eine ist so wenig selbstverständlich wie die andere. Wir wollen sehen, wie es mit diesen beunruhigenden Zwillingsthesen steht. Neu waren sie auch damals nicht, als sie am Ende des Ersten Weltkrieges aufschossen. Jüngst fand ich denselben Satz von der Revolutionsuntauglichkeit der Deutschen und dieselbe bittere Stimmung in einem Brief aus dem Jahre 1843, nicht in einem Privatbrief, sondern einem publizierten, einem publizistischen Brief, verfaßt von Arnold Ruge und gerichtet an seinen Freund Karl Marx, und veröffentlicht in jenem einzigen Band der »Deutsch-Französischen Jahrbücher«, die die beiden gemeinsam mit anderen im Pariser Exil herausgaben. Das ist die Epoche, für die sich die liberale Bezeichnung der »Reaktionszeit« eingebürgert hat, die Epoche des

Metternich-Systems, das wir, die wir unvergleichlich viel Schrecklicheres erfahren haben, am besten als eine Art Biedermeier-Polizeiregime, eine Tyrannei im Spitzwegstile charakterisieren können; das schlimmste Instrument in dem brüchigen Deutschen Bund war eigentlich die Zensur und das Publikationsverbot. Von einem solchen Verbot war dieser Ruge zu Hause betroffen worden, und darum war er nach Paris in die Freiheit gegangen wie manch anderer auch.

»Ich nenne Revolution« – schreibt er da mit einem etwas abstrakten Pathos, doch im Grunde ganz treffend – »die Umkehr aller Herzen und die Erhebung aller Hände für die Ehre des freien Menschen, für den freien Staat, der keinem Herrn gehört, sondern das öffentliche Wesen selbst ist, das nur sich angehört. Soweit bringen es die Deutschen nie. Sie sind längst historisch zu Grunde gegangen.«

Da haben wir unseren Gemeinplatz. Damals war er's wohl noch nicht, war er vielleicht eben im Entstehen. Ruge war gewiß nicht der einzige, der so redete.

Der Adressat jenes Briefes, Karl Marx, war ungefähr 25 Jahre alt, als er nach Paris kam. Noch existierte kein Kommunistisches Manifest, eine Klassen- und Klassenkampftheorie war erst im Werden. Man sieht das auch an dem Revolutionsbegriff, den der Ältere, Ruge, vorträgt, er hat ganz und gar nichts Soziologisches an sich, eher mag man ihn philosophisch nennen, auch einigermaßen schwärmerisch, ganz auf den Gewinn persönlicher und politischer Freiheit abgestellt. In demselben Bande der Deutsch-Französischen Jahrbücher findet sich eine berühmte Abhandlung dieses jungen Dr. Marx, betitelt »Zur Kritik der Hegelschen Rechtsphilosophie«. Sie ist für unsere Nachforschung nicht weniger interessant als jener Briefwechsel. Sie handelt nämlich nicht nur von der deutschen (der Hegelschen) Philosophie, sondern auch von der deutschen

Revolution. Und dies in zweierlei Sinn. Ich will es ganz knapp resümieren. Auf der einen Seite urteilt der Autor, die Deutschen seien politisch und gesellschaftlich weit hinter oder unter dem Stande der modernen Geschichte geblieben. »Wir haben« – sagt er mit seinem charakteristischen Stil der scharfen Antithesen, und das Ganze ist wie eine Reihe schneidender Bonmots – »die Restaurationen moderner Völker geteilt, ohne ihre Revolutionen zu teilen.« Das ist ungefähr unser vertrauter Satz von der revolutionären Untüchtigkeit der Deutschen. Auf der anderen Seite aber, soweit nämlich die zukünftige Entwicklung erörtert wird, tritt hier auch die entgegengesetzte These von der besonderen revolutionären Berufung der Deutschen in nicht weniger zugespitzter Version auf: »Das gründliche Deutschland kann nicht revolutionieren, ohne von Grund auf zu revolutionieren«, heißt es da, und noch hochfliegender – beinahe möchte man sagen: noch germanistischer: »Die Emanzipation des Deutschen ist die Emanzipation des Menschen.«[3]

Natürlich stehen diese so phantastisch gegensätzlichen Behauptungen nicht dicht beieinander, dieser Autor ist, wiewohl nur fünfundzwanzig Jahre alt, kein Wirrkopf, es gibt da eine logische Entwicklung. Das Mittelstück, das Vermittlungsstück zwischen jenem Satz von der politischen Rückständigkeit und diesem von der künftigen Berufung bildet gerade die Einschätzung der deutschen Philosophie, der sogenannten idealistischen Philosophie: »Die Deutschen haben in der Politik gedacht, was die anderen Völker getan haben; Deutschland war ihr theoretisches Gewissen.« Nicht die deutsche Politik, wohl aber die deutsche Philosophie sei auf der Höhe der Zeit und sogar darüber hinaus. Das klingt uns zunächst nach leisem Spott über die Dichter und Denker, ist aber nicht so gemeint. Vielmehr – ich zitiere – »ist es jetzt der Philosoph, in dessen Hirn die Revolution beginnt«. Das ist die

Meinung. Der junge Marx ist überzeugt, daß der philosophische Gedanke Folgen in der politischen und gesellschaftlichen Realität zeitigen, daß aus Kant und Fichte und
vor allem aus Hegel Taten erwachsen werden, und zwar
revolutionäre Taten. In einem gewissen Sinne ist das auch
wahr geworden, insofern er, Marx, nämlich selber ganz
persönlich dafür gesorgt hat. Nur geschah es, entgegen
seiner damaligen Erwartung, nicht in Deutschland.

Ganz genau dieselbe Verknüpfung zweier entgegengesetz-
ter Urteile, ganz genau dieselbe Einschätzung der deutschen philosophischen Gedanken als des Ersatzes der nicht
getanen deutschen Taten und ganz genau dieselbe über-
schwengliche Erwartung künftiger deutscher Revolu-
tionstaten gerade als der Früchte eben dieser philosophischen Gedanken hat aber fast zehn Jahre zuvor schon einmal ein deutscher Autor niedergeschrieben, und es kommt
mir sehr wahrscheinlich, ja mehr als wahrscheinlich vor,
daß der junge Marx bei diesem älteren Schriftsteller eine
Anleihe gemacht oder doch eine Lektion gelernt hat:

»Die deutsche Philosophie ist eine wichtige, das ganze
Menschengeschlecht betreffende Angelegenheit, und erst
die spätesten Enkel werden darüber entscheiden können,
ob wir dafür zu tadeln oder zu loben sind, daß wir erst
unsere Philosophie und danach unsere Revolution ausar-
beiteten. Mich dünkt, ein methodisches Volk wie wir«
(man erinnere sich an Marxens Wendung vom »gründ-
lichen Deutschland«!) »mußte mit der Reformation beginnen, konnte erst hierauf sich mit der Philosophie beschäftigen und durfte nur nach deren Vollendung zur politischen
Revolution übergehen. Diese Ordnung finde ich ganz vernünftig.«

Und nun folgt eine Passage, aus deren unbarmherzigem
Witz und grimmigem Übermut man den Verfasser erraten
wird:

»Die Köpfe, welche die Philosophie zum Nachdenken

benutzt hat, kann die Revolution nachher zu beliebigen Zwecken abschlagen. Die Philosophie hätte aber nimmermehr die Köpfe gebrauchen können, die von der Revolution, wenn diese ihr vorherging, abgeschlagen worden wären.«

Das ist Heine, niemand anders kann das geschrieben haben. Vielleicht Marx – allenfalls Marx würde dergleichen wohl ganz gerne geschrieben haben. Dessen Satz, es sei »jetzt der Philosoph, in dessen Hirn die Revolution beginnt«, ist mehr ein Nachklang, eine blassere Variante von Heines blutigem Wortspiel mit den Köpfen, die erst zum Denken benutzt werden müssen, ehe man sie abschlagen kann. Aber vielleicht ist es nicht nur ein Unterschied des Stiles, der sich da kundtut. Vielleicht hat Marx auch an seinen eigenen Kopf gedacht: nämlich daß er ihn gerne behalten, daß er mit ein und demselben Kopf – mit ein und demselben Hirne – die deutsche Philosophie kritisch zu Ende führen und hernach auch die Revolution einleiten wollte. Da war Heine bequemer dran. Er war weder Denker noch Täter, sondern Dichter, mit all der unbändigen Verantwortungslosigkeit und jubilierenden Rücksichtslosigkeit ausgestattet, die nur der schönen Literatur zukommen kann.

Was ich da von Heine zitiert habe, steht in der Abhandlung *Zur Geschichte der Religion und Philosophie in Deutschland* von 1835 und bildet den Anfang seiner berühmten Prophezeiung einer künftigen deutschen Revolution, wovon ich noch eine Partie in Erinnerung rufen möchte:

»Lächelt nicht über den Phantasten, der im Reiche der Erscheinungen dieselbe Revolution erwartet, die im Gebiete des Geistes stattgefunden. Der Gedanke geht der Tat voraus wie der Blitz dem Donner. Der deutsche Donner ist freilich auch ein Deutscher und ist nicht sehr gelenkig und kommt etwas langsam herangerollt; aber kommen wird er, und wenn ihr es einst krachen hört, wie es noch niemals in der Weltgeschichte gekracht hat, so wißt: der deutsche Donner hat endlich sein Ziel erreicht. Bei diesem Geräusche werden die Adler aus der Luft tot niederfallen, und die Löwen in der fernsten Wüste Afrikas werden die Schwänze einkneifen und sich in ihren königlichen Höhlen verkriechen. Es wird ein Stück aufgeführt werden in Deutschland, wogegen die französische Revolution nur wie eine harmlose Idylle erscheinen möchte.«

Dieses Orakel ist so fürchterlich zweideutig, wie nur je ein Orakel der Alten Welt gewesen ist. Ist es eine Heilsprophetie oder eine Unheilsprophetie? Schaudert der Seher und Wahrsager vor dem, was er sieht und sagt? Oder frohlockt er darüber?

Einmal haben wir das Unheil herausgelesen und das Schaudern zu vernehmen gemeint. Vor dreiunddreißig Jahren ging dieser Text von Hand zu Hand wie eine verbotene Schrift, und nicht einmal nur in Deutschland, sondern zum Beispiel auch in England glaubten viele, diesen geweissagten deutschen Donner im Nationalsozialismus wiederzuerkennen und in dem Weltkriege, den er angezettelt hatte. In der Tat: das Stück ist aufgeführt worden in Deutschland, wogegen die französische Revolution wie eine harmlose Idylle erscheinen mußte. Nur war es keine Revolution. Um ganz davon zu schweigen, daß die mediokre Ideologie von Rasse, Blut, Volksgemeinschaft und Führertum sich weder von Kant noch von Fichte noch von Schelling noch auch von Hegel herschreibt (der in Heines Weissagung übrigens gar nicht vorkommt, wohl aber in Marxens Prognose), sondern bloß von Darwin und Gobineau und allenfalls in gewissen Zügen von einem auf das Niveau von Groschenheften zurückgeschnittenen Nietzsche. Es hat gekracht, wie es noch nie in der Weltgeschichte gekracht hatte, aber es war keine Revolution – wenn anders wir mit diesem Worte irgendeine substantielle Bedeutung verbinden, wenn anders wir die unverlierbaren Motive der großen abendländischen Revolutionen der Vergangenheit festhalten, der englischen, die die Gewissensfreiheit, der französischen, die die Menschenrechte, der amerikanischen, die die politische Selbstbestimmung, den Bürgerstaat erstrebte – kurz, wenn Revolution Freiheitsgewinn bewirkt und bedeutet. Dann war das Dritte Reich das Gegenteil einer Revolution, ein entsetzlicher und entsetzlich vergeblicher Gegenschlag wider Gewissensfreiheit, Menschenrecht und bürgerliche Selbstbestimmung. Ein Donner wohl – mit Heine zu reden –, doch ohne vorgängigen Blitz. Eine Tat – oder Untat – wohl, doch nicht die Tat, die aus dem Gedanken folgt, sondern eher eine Tat wider den Gedanken.

Kommen wir denn abermals zurück auf den Anfang, auf den Satz, daß die Deutschen zur Revolution nicht taugen? Wird der Gemeinplatz historisch erwiesen durch den verhängnisvollen Umstand, daß ein Weltkrieg nötig war, das zu besorgen, was wir hätten selber tun sollen, oder das Unheil zu vertilgen, das wir selber hätten verhüten sollen? Es ist wahr und bleibt wahr und kann wohl erklärt, doch nicht hinwegerklärt werden, daß wir nicht selber aufgestanden sind, den Anfängen zu wehren. Aber mit der Frage der Revolutionstauglichkeit hat das nur am Rande zu tun. Die ideengeschichtlichen Rückblicke und Einblicke, die Zitierungen der Geister von Lenin, Marx und Heinrich Heine, haben doch nur erwiesen, daß die Rede von der revolutionären Talentlosigkeit der Deutschen immer die Begleitmusik der Enttäuschung oder des Minderwertigkeitsgefühls gewesen ist zu der ganz entgegengesetzten, trotzigen, überspannten Einbildung einer revolutionären Auserwähltheit derselben Deutschen, die mit einer fast irrsinnig verzerrten Einschätzung der Philosophie einhergegangen ist und sich aus ihr genährt hat. Das eine ist so abgestanden wie das andere.

Der Gemeinplatz von der deutschen Revolutionsuntauglichkeit hat seine Bitternis eingebüßt oder mußte sie doch
einbüßen in demselben Maße, als die hochfahrende und
eigentlich nationalistische Idee einer besonderen deutschen
Revolution ihren Sinn und Reiz verloren hat. Wir brauchen es den Engländern, Amerikanern und Franzosen
weder nachzutun, noch brauchen wir uns zu schämen, daß
wir es ihnen nicht gleichgetan haben. Es bedarf keiner
eigenen deutschen Revolution, und damit erledigt sich
auch die Frage, ob wir imstande seien, eine zu machen.
Die Erträgnisse der großen freiheitlichen Revolutionen,
der westlichen Revolutionen, sind auf diesen und jenen
Wegen und Umwegen, durch Verfehlungen und unsin-
nige Widerstände hindurch, schließlich doch auch zu uns
gekommen. Die Gewissensfreiheit, die Menschenrechte,
der bürgerliche Verfassungsstaat sind zu deutschen Einrichtungen geworden, gehören zu unserem eigenen politischen Geisteserbe. Unsere Aufgabe ist nicht, eine neue
Revolution hinzuzufügen, gar die russische nachzuahmen,
sondern vielmehr, die Früchte jener abendländischen
Revolutionen mit Klauen und Zähnen festzuhalten, diese
Freiheitsgewinne zu bewahren – in diesem Sinne: konservativ zu sein – auch gegen unsere kleinen Terroristen, die
nicht mehr wissen, was Freiheit ist, weil sie in der Freiheit
aufgewachsen sind.
Und schließlich: »In Zukunft wird die Frage nicht mehr
sein, was der Deutsche sei und was er mit sich anfangen
solle… Was der Mensch sei und was der Mensch mit sich
anfangen solle: Das ist die Frage der Zukunft.«
Diese Bemerkung stammt von einem bedeutenden
Geschichtsschreiber unserer Tage, von Golo Mann, und
mit diesem Satze möchte ich es halten.

Anmerkungen

1 Trotzki, *Mein Leben*, S. 222.
2 Trotzki, *Geschichte der russischen Revolution*, S. 611.
3 Marx, *Politische Schriften*, Ed. Lieber, Bd. 1, S. 490 und S. 505.

Leopold Sonnemann, Bürger und Gründer

Eine Jubiläumsrede

(1974)

Wir wissen von Leopold Sonnemann jedenfalls und wenigstens zwei Dinge: daß er ein namhafter Frankfurter Bürger und daß er der Gründer der *Frankfurter Zeitung* gewesen ist. Darum sind diese beiden Hauptkennzeichen seiner Existenz oder diese beiden Hauptrollen, die er in seinem Leben gespielt hat, im Titel dieses Vortrags angegeben: Leopold Sonnemann, Bürger und Gründer. Das sind lapidare und scheinen simple Angaben. Was für eine schwierige, mehrdeutige und auch riskante Bewandtnis es mit der Bürgereigenschaft, der Bürgerlichkeit und dem Bürgertum dieses Mannes in Wahrheit hatte, und welche vielfältige, auch abermals gefährliche Rolle diejenige eines Gründers zumal in der Epoche war, die wir die Gründerzeit zu nennen pflegen, das ist mir erst beim Studium dieser Biographie aufgegangen, und ich will versuchen, davon einiges zu vermitteln.

Unter den zahlreichen Gründungen, die Sonnemann angeregt, in die Wege geleitet oder durch seine persönliche oder finanzielle Mitwirkung gestärkt hat, war auch dieser Ihr »Städelscher Museums-Verein«, der dieser Tage 75 Jahre alt geworden ist. Diese Tatsache habe ich – und hat vielleicht auch mancher andere in diesem Saal – erst erfahren, als das Jubiläum vorbereitet wurde, und ich gestehe, daß ich überrascht war, es zu lesen und in den Akten verbürgt zu finden: Sonnemann hat in der Tat den Anstoß gegeben, Sonnemann war sieben Jahre lang der Erste Vorsitzende dieses Bürgervereins, Sonnemann hat ein intensives, energisches und respektvolles Verhältnis zu dem damaligen Galeriedirektor Weizsäcker unterhalten, Sonnemann hat die erste bedeutende Erwerbung des Vereins, das Amsterdamer Waisenhausbild von Max Liebermann, dieses Zeugnis eines Daseins in vollkommener Helligkeit, ganz persönlich im Gespräch mit dem Maler zu kaufen entschieden; er hat Ehrgeiz, Findigkeit und Generosität an dieses Amt gewendet und an diese Gründung, die wohl seine letzte gewesen ist. Es muß überraschen, den Geschäftsmann, den Verleger, den Parteimann, den Parlamentarier, in seinen späten Tagen als Mäzen, als Kunstförderer wiederzufinden.

Denn nicht am Schaumainquai bin ich zuerst seiner Lebensspur begegnet, sondern in der Eschenheimer Gasse. Sein Porträt hing im Konferenzzimmer der Redaktion der alten *Frankfurter Zeitung*. (Als man es nicht mehr so öffentlich zu zeigen wagen konnte, nach 1933, hat man es sehr sinnreich durch eine Landkarte von Deutschland ersetzt.) Man sah auf dem Bilde einen würdigen Herrn mit gepflegtem Spitzbart, mehr einen Typus als ein Individuum, so undurchdringlich oder unkenntlich, wie repräsentative Porträts, auch bescheidenerer Herkunft, so oft den Dargestellten erscheinen lassen. Es ist gleichsam nur die gesellschaftliche Hülse oder Schale einer Person, nicht die Person selber, nicht der Blick, den einer selber aussendet, sondern nur der Anblick, den er bietet, weil es sich so gehört, und das war, in Sonnemanns Fall, in der Tat der Anblick eines Bürgers, eines Bürgers der bürgerlichen Epoche. Man konnte sich wohl fragen, was er nun wirklich und eigentlich für ein Mann gewesen sei, man hätte sich diese Frage stellen können, aber man wußte, es war halt Leopold Sonnemann, Frankfurter Bürger und Gründer der *Frankfurter Zeitung*, und mit dieser Wissenschaft gab man sich zufrieden. Was er nun wirklich und eigentlich für ein Mann gewesen sei: Heute wollen wir die Frage nachholen, das Porträt zu erschließen versuchen.

Seine Lebensgeschichte zeigt einen weiten Weg. Von der gedrückten Existenz fränkischer Dorfjuden zum Honoratior der großen Stadt, in der er antrat als ein Neuling, doch ohne Gier und ohne Hoffart. Und indem wir in diese Lebensgeschichte eindringen, müssen auch wir einen weiten Weg, wenn auch nur in Sprüngen, zurücklegen durch die Bereiche seiner Betätigung – vom Tuchhandel zu Bank und Börse, zur Zeitung, zur deutschen National- und Sozialpolitik zwischen Bismarck und Lassalle und schließlich zurück zur Kunstfreundschaft und zur Städelschen Galerie. Was heißt das: ein Bürger? Ein Stadtbürger? Ein Bourgeois? Ein Exponent der bürgerlichen Gesellschaft? Ein Staatsbürger? Sehen wir zu!

Ein Frankfurter Stadtbürger ist Sonnemann als Sohn seines Vaters geworden, aber es war ihm durchaus nicht in der Wiege gesungen worden, daß er es werden würde und werden könne. Er war kein Frankfurter. Er stammt aus dem Dorfe Höchberg bei Würzburg. Dort war er im Jahre 1831 geboren, als Sohn eines Webers, einer jüdischen Gemeinde zugehörig. Ein Rabbiner erteilte ihm den ersten Unterricht, und das geschah sogar in einem Seitenflügel des großelterlichen Hauses. Aber sein Vater, Meyer Sonnemann, strebte weg vom Lande, und vor allem weg aus Bayern, um der schikanösen Handhabung der Gewerbekonzession durch die Verwaltung zu entgehen, die ihm und vielen seinesgleichen das Leben sauer machte. Er wollte nicht nach Amerika, er wollte nach Frankfurt. Aber das war nicht so einfach, er mußte das Frankfurter Bürgerrecht erwerben. Und man muß sich klarmachen, daß das ein Privileg war. Nicht viel mehr als der zehnte Teil der Frankfurter Bevölkerung besaß damals das volle Bürgerrecht – in diesem Punkt unterschied sich das Frankfurt des frühen 19. Jahrhunderts kaum erheblich von einer antiken Stadt wie Athen, zweitausend Jahre früher.[1] Die Freie Stadt Frankfurt, seit dem Wiener Kongreß ein souveränes Mitglied des Deutschen Bundes nach der Art der Hansestädte, eine patrizische Republik, von einem Senat regiert, gab ihr Bürgerrecht mit gewissen Einschränkungen zwar auch an Juden, aber sie gab es nicht billig und sie gab es nicht von heute auf morgen.[2] Beiläufig will ich einflechten, daß die Rechtsstellung eines »israelitischen Bürgers« – das war die förmliche Bezeichnung –, daß also die Aufnahme von Juden in die Bürgerschaft nicht der eigenen freien Entschließung der Freien Stadt Frankfurt verdankt wurde, sondern der Wiener Bundesakte und sogar ganz speziell dem Drängen des Staatskanzlers Metternich.[3] Dieser Fortschritt wurde von dem Protagonisten der Reaktion betrieben und besorgt, so paradox geht es zuweilen in der Geschichte zu. Meyer Sonnemann also kam im Jahre 1840 um das Frankfurter Bürgerrecht ein, und im Jahre 1849, nach bald einem Jahrzehnt, wurde es endlich gewährt.

Inzwischen hatte sich die Familie in Offenbach niedergelassen, in Hessen ging es augenscheinlich freier und bequemer zu. Dort besuchte der kleine Leopold auch die Realschule bis zu seinem vierzehnten Lebensjahr, dann wurde er im Geschäft gebraucht. Aus der Weberei war ein Tuchhandel geworden. Und beim Umzug von Offenbach nach Frankfurt – in die Fahrgasse – scheint der nur Achtzehnjährige die ersten selbständigen Dispositionen getroffen zu haben: die Vermietung der dortigen und die Anmietung der hiesigen Wohnung. Fünf Jahre danach starb der Vater. Leopold übernahm die Führung des Geschäfts im Alter von 23 Jahren, die Firma hieß »M. S. Sonnemann Nachfolger«. Nun war er selber Stadtbürger. Und gerade in diesem selben Jahr hatte Frankfurt sich auch die Grundrechte der Paulskirchenverfassung zu eigen gemacht einschließlich der prinzipiellen Gleichstellung der Israeliten, wogegen sich der Senat fast bis zum letzten Augenblick gesträubt hatte: Abermals kam der Schritt, wie wir uns nicht verhehlen können, mehr von außen als von innen, und das, obwohl – und weil – die Stadt Frankfurt die Gastgeberin dieser Reichs- und Nationalversammlung der Paulskirche gewesen ist, dieser so unglücklichen und doch so denkwürdigen Zusammenkunft, die die erste moderne und das heißt menschenrechtliche, bürgerrechtliche, staatsbürgerrechtliche Verfassung für Deutschland ausgearbeitet hat.[4]

Der spätere, der ältere Sonnemann, der Mann der ›Demokratie‹, wie man seine Parteigesinnung nannte, der zudem selber eine Partei mitgegründet und geführt hat, die »Deutsche Volkspartei«[5], ist von seinen Zeitgenossen wie auch von den Späteren immer als ein Nachfahr und ein getreuer, ein hartnäckiger, ja starrsinniger Verfechter der Ideen von 1848 angesehen worden – nicht nur hinsichtlich der Grundrechte, sondern auch hinsichtlich der Reichsidee, nämlich der großdeutschen, also nicht nur hinsichtlich der inneren Freiheit, sondern auch hinsichtlich der deutschen Einheit. Und das war zu Zeiten Bismarcks und im Bismarckschen Reichstage, dem Sonnemann in den siebziger und achtziger Jahren des Jahrhunderts als Repräsentant Frankfurts angehört hat, ein Gefecht auf ziemlich verlorenem Posten. Und es ist auch ganz richtig, er gehörte in der Tat zu der kleinen liberalen Minderheit, die sich dem »großpreußischen«, dem Bismarckschen Reiche niemals angepaßt und eingefügt hat. Er blieb ein »Achtundvierziger«. Aber im Jahre 1848 selbst, als junger Mann, da war er eigentlich gar kein Achtundvierziger, er ist es erst später geworden. Der Jüngling, der da von Offenbach täglich zu Fuß nach Frankfurt hereinkam, der hielt es allenfalls mit der äußersten Linken, mit den Demokraten und Republikanern. Der Jüngling hielt es nicht so sehr mit dem Parlament als vielmehr mit der Revolution, und nicht allein mit der Märzrevolution von 1848, aus der die Nationalversammlung hervorgegangen war, sondern auch mit den Aufständischen von 1849, die in dem Gefecht von Rastatt untergegangen sind, ja er hielt es mit der Revolution überhaupt. Es ist erstaunlich, in dem Tagebuch zu lesen, das er damals geführt hat, die Art und Richtung der Bildung zu erkennen, die dieser fleißige Handlungsgehilfe, angehende Stadtbürger, Handelsmann und Unternehmer, sich autodidaktisch angeeignet hat. Diese Bekenntnisse sind zum Teil französisch abgefaßt, das war natürlich die Frucht seiner Lektüre. Und da liest man: »Le peuple seul sera heureux, je le dis avec la plus grande conviction, qui n'a pas besoin d'un régime, qui n'a pas besoin ni de président ni de roi ni de parlement ni de députés ni de ministres, je parle d'un peuple qui se gouverne lui-même et qui est tellement civilisé que chacun peut se suffire lui-même.« (»Einzig das Volk wird glücklich sein – ich sage es aus tiefster Überzeugung –, das keinerlei Regierung nötig hat, das weder Präsident noch König noch Parlament noch Abgeordnete noch Minister braucht, ich meine ein Volk, das sich selbst regiert und das so zivilisiert ist, daß jedermann sich selbst genügen kann.«)[6] Sie sehen, das ist die Utopie der absoluten Selbstregierung des Volkes, uns Heutigen aus allerjüngster, erneuerter Erfahrung sehr vertraut, wenngleich unsere gegenwärtigen radikalen Demokraten ihre plus grande conviction nicht so gradezu, nicht mit so unverhüllter Naivität auszudrücken pflegen, auszudrücken wagen oder auszudrücken vermögen. Das kehrt in dieser oder jener Version in der Geschichte immer wieder wie die stärkeren oder schwächeren Eruptionsstöße eines alten Vulkans. Es hat wenig oder nichts mit eigentlicher Politik zu tun, kann aber mächtig in Politik und Verfassungsleben eingreifen, kann sich freilich auch zu einer produktiven politischen Kraft läutern und schärfen. Eben dies war oder wurde der Fall Sonnemanns. Denn etwas von dieser Jünglings-Utopie ist in seiner nachmaligen politischen und publizistischen Tätigkeit immer wirksam geblieben, rationalisiert, spezifiziert, auch tragisch gebrochen – wie ich gleich noch zeigen will.

Diese Überzeugungen, sagte ich, waren die Frucht seiner Lektüre. Aber es war nicht das Kommunistische Manifest, was er gelesen hatte (es ist ja in demselben Jahre 1848 erschienen, im Jahre der sogenannten bürgerlichen Revolution!), sondern es waren Schriften des französischen

Kommunisten Etienne Cabet, vielleicht dessen *Voyage en Icarie*, die schon im Titel ihren echt utopischen Charakter kundgibt, noch wahrscheinlicher die kleine katechismusartige Schrift *Credo communiste*, worin das System der Gemeinschaft, der Communauté, ohne Umschweife, auch ohne alle Analyse und Kritik der geltenden Verhältnisse, in einfachen Glaubenssätzen ausgesprochen war. Dieser Mann hat zweimal sein Ikarien, seine ideale autonome Gütergemeinschaft zu verwirklichen unternommen, auf dem Boden, den so manche Schwärmer betreten und bearbeitet haben, in Amerika, und ist gescheitert.[7] Für solche »Communauté« begeisterte sich auch der junge Kommis, und dazu stimmt das gesellschaftliche Vokabular seiner Eintragungen. »Noch ist unter der sogenannten Bourgeoisie«, so lesen wir da, »der Hang nach Besitz und Eigentum und noch nicht der geringste Sinn für das segensreiche System der Gemeinschaft vorherrschend; man lebt lieber besitzend, indem man des Tages wie des Nachts keine Ruhe hat, als in dem herrlichen Gemeinschaftssystem... man will nicht glücklich sein.«[8] Da haben wir's: Ein Bourgeois will der angehende Bürger Sonnemann in keinem Fall sein noch werden. Eher solidarisiert er sich mit dem »Vierten Stand«, dem der Arbeiter, und beklagt die soziale Unvollkommenheit und Unvollständigkeit der Revolution von 1848, der neue Revolutionen würden folgen müssen, bis dereinst endlich alles erfüllt sein werde. »Attendre et espérer«, ruft er sich selber zu. Es ist ganz handgreiflich, daß hier – wie in gewissen anderen, namhafteren Fällen – der frisch erweckte, geistig mächtig auf die deutsche und europäische Szene tretende Emanzipationstrieb der Juden sich sogleich mit jenen anderen Bedrückten solidarisiert, die man seit Saint-Simon die prolétaires, die Proletarier nannte.

Aber freilich, Sonnemann war nun einmal kein Arbeiter und kein Proletarier. Er war im Gegenteil auf dem Wege,

wenn nicht ein Bourgeois, so jedenfalls ein Geschäftsmann, ein Börsenkenner, ein Bankier, ein Zeitungsverleger, ein Gründer und ein Kapitalist zu werden, kein
Finanzgewaltiger zwar, kein Rothschild, eher ein mittlerer
Unternehmer und Verdiener, aber ein »Besitzender«
jedenfalls. Trotzdem hat der Inhaber von »M. S. Sonnemann Nachfolger«, der Mitgründer des »Frankfurter
Geschäftsberichts« – so hieß die noch unscheinbare Vorgängerin oder Vorform der nachmaligen *Frankfurter Zeitung*, und er war ganze 25 Jahre alt, als er dieses börsen-
und handelskritische Blatt ins Leben rief, es war 1856[9] –,
der nachmalige alleinige Eigentümer und Herausgeber des
berühmten Organs mit dem Namen *Frankfurter Zeitung
und Handelsblatt*, das in dieser Gestalt von 1866 bis 1943
gelebt hat, also 87 Jahre alt war, als es von Hitler verboten
wurde, – trotzdem hat dieser offenbar geschickt operie-
rende Rentier, der zuletzt mit einem Jahreseinkommen
von mehr als 300 000 Goldmark und einem Vermögen von
nahezu fünf Millionen Goldmark veranlagt war und der
im besten Viertel von Frankfurt wohnte[10], Taunusanlage 5,
trotzdem hat er niemals aufgehört, an die umfassende
Allgemeinheit einer freien bürgerlichen Gesellschaft zu
glauben, die er und seine Gesinnungsgenossen »die Demokratie« nannten, darum auch niemals aufgehört, eine
aktive Sympathie mit der Arbeiterschaft und ihren Organisationen zu üben und zu bewähren. Von dem Begriff
und Wesen der Klasse hat er ernstlich zeitlebens keine
Notiz genommen. Weder wollte er sich selber in die
Klasse der Bourgeoisie einsperren lassen, noch mochte er
es hinnehmen, daß jener andere, der Vierte Stand, die
Leute Lassalles, Bebels und des älteren Liebknecht, sich
ihrerseits als Klasse und Klassenpartei formierten, um ihre
autonome Emanzipation, ihre Selbstbefreiung ohne bürgerliche Hilfe und wider die bürgerliche Vorherrschaft
und das kapitalistische Interesse zu betreiben.

Sonnemann hat persönlich, parteilich, parlamentarisch und publizistisch gegen die leichtfertigen wie die skrupellosen Unternehmensgründungen der Gründerzeit gewirkt; er ist für die Ausbreitung, für die Popularisierung des Aktienbesitzes und darum für kleine Stückelung eingetreten; er hat private Monopole bekämpft, hat in bestimmten Fällen für Verstaatlichung plädiert; er hat im Reichstag die Lobby der Großindustrie scharf kritisiert; er hat in den Arbeiterbildungsvereinen eine führende Rolle gespielt; er ist von Anfang an und bei jeder Verlängerung von neuem energisch gegen Bismarcks Sozialistengesetz aufgetreten; er hat sich, wenngleich auch vergeblich, für die Entlassung der Abgeordneten Bebel und Liebknecht aus der Haft stark gemacht; er hat trotz der jahrzehntelangen Fehde mit Bismarck an dessen Vorlage für die Sozialversicherung, zumal für die genossenschaftliche Unfallversicherung der Arbeiter, mitgearbeitet, auch eine stärkere Mitbestimmung der Arbeiter selber in den Organen der Versicherung befürwortet: das sind einige der Motive und Exempel der wirtschafts-, sozial- und allgemein innenpolitischen Konsequenzen seiner Auffassung von Demokratie.[11] Und er hat sich auf diese Weise das Urteil zu Recht verdient, das ihm der Berliner Professor Heinrich Herkner nach der Jahrhundertwende in seinem klassischen Buch über die *Arbeiterfrage* ausgestellt hat: Am frühesten habe, schreibt Herkner, die kleine süddeutsche Volkspartei »die Gedanken des Sozial-Liberalismus zum Ausdruck gebracht«, und das sei ganz wesentlich »die Folge der persönlichen Stellung, welche das einflußreichste Mitglied dieser Richtung, L. Sonnemann, von jeher eingenommen« habe, denn »als Herausgeber der vorzüglich redigierten ›Frankfurter Zeitung‹« habe er »eines der größten Tageblätter Deutschlands in den Dienst der sozial-liberalen Sache« (man sieht: das ist kein neues Wort!) »gestellt und diese insofern nicht nur in der eigenen kleinen Partei, sondern in der öffentlichen Meinung überhaupt mächtig gefördert«.[12] Was sollen wir sagen: War Sonnemann nun ein Bourgeois, ein »Besitzbürger«, oder war er es nicht?

Es war wohl die tiefste Krise, ja – ich habe dieses Wort schon gebraucht: – ein tragischer Moment in der Lebensgeschichte Sonnemanns, als er und andere seinesgleichen durch die Aussonderung einer selbständigen Arbeiterbewegung aus der allgemeinen demokratischen ganz gegen seinen Willen, seine Absichten, seine Gesinnungen und seine ganze gesellschaftliche Lebensauffassung in diese Rolle abgedrängt und hineingestoßen wurde: Exponent einer Klasse zu sein. Diese Entscheidung, dieser Schock fällt in das Jahr 1863, überhaupt ein Schicksalsjahr der deutschen politischen Sozialgeschichte. Es ist das Jahr der Gründung des Allgemeinen Deutschen Arbeitervereins, dem Ferdinand Lassalle die Richtung gegeben hat. Dieser hochfliegende und auch hochfahrende Geist, dieser gelehrte Demagoge und politische Phantast machte seinen großen Auftritt in Frankfurt am 17. Mai 1863, eingeladen vom Arbeiterbildungs-Verein, dessen Geschäftsstelle in der Eschenheimer Gasse im Büro Sonnemanns lokalisiert war. Er sprach im Saalbau, mehr als vier Stunden lang an einem Stück, und hätte noch länger gesprochen, wäre nicht die Versammlung wegen der zunehmenden Störungen und der überkochenden Erregung vom Präsidenten abgebrochen worden. Zwei Tage später brachte er den Vortrag seines Mammut-Manuskripts in dem überfüllten Saale der »Harmonie« zu Ende, und wie sehr er auch versicherte, selber – ich zitiere wörtlich – »durch Wissenschaft wie durch Besitz den besten Schichten der besitzenden Klassen« anzugehören, mit welcher zugleich schwärmerischen und heuchlerischen Beredsamkeit er auch leugnete, »einen unglücklichen Zwiespalt zwischen die besitzenden und arbeitenden Klassen geworfen« zu haben, und seine

Zuhörer davor warnte, die Bourgeoisie im allgemeinen, die Unternehmer und Meister im besonderen etwa zu hassen: der Kern seines Programms war und blieb doch, daß die Demokratie an das Klasseninteresse geknüpft werde. »Die bloß politische Freiheit«, rief Lassalle, »kann heute nicht siegreich erkämpft werden, weil kein materielles Interesse, weil kein Klasseninteresse und somit keine Klasse hinter ihr steht.« Der Gedanke hat große Ähnlichkeit mit dem, was zwanzig Jahre zuvor der junge Marx geschrieben hatte, und es ist wohl zu begreifen, daß unter diesen Umständen alle Appelle an die Wissenschaft und an die Liebe, an die Philanthropie, an das Herz der bürgerlichen Demokraten nur Schaum und Wolke bleiben mußten: die demokratischen Bestrebungen, wie Sonnemann sie vertrat und wie sie sein Arbeiterbildungsverein, ein Sproß des allgemein politischen »Nationalvereins«, verfolgten, waren auf diese Weise zur fruchtlosen Ideologie gestempelt, die Politik überhaupt, die Politik der bürgerlichen Freiheit, die Politik der Integration im liberalen Sinne, war zum bloßen Anhängsel, das soziale Interesse aber, das Klasseninteresse, zum Kern und zur Triebkraft der Veränderung erklärt. Lassalle war weit entfernt, sich gemein zu machen und sich als Proletarier zu maskieren, er nannte sich »einen der besten Freunde« der notleidenden Arbeiterklasse, aber er wollte sie bei ihrer Selbstorganisation und zu ihrer Selbstbefreiung führen, er wollte die Männer des Fortschritts, die Liberalen, die bürgerlichen Demokraten und Genossenschaftstheoretiker überflügeln und ausstechen. Er hat sie förmlich an den Rand gedrängt, ja er hat sie eigentlich geradezu ausgestoßen.[13]
Und auf diese Weise wurde auch Leopold Sonnemann, der dies alles aus nächster Nähe und am eigenen Leibe erfuhr, gleichsam in die Bourgeoisie verbannt. Er hat nicht sogleich aufgegeben. Das Konzept Lassalles, Produktionsgenossenschaften auf Staatskredit, lehnte er entschieden

ab, doch blieb er mit Bebel und dem älteren Liebknecht in der Führung der Arbeiterbildung noch für eine Weile verbunden. Er ist sogar noch nach Eisenach gereist – im Jahre 1869 – zu jener Versammlung, bei der die sogenannten Internationalen gegen die Reste der Lassalleaner, deren Führer inzwischen einen romantischen Tod im Duell gefunden hatte, sich vereinigten zu einer neuen Partei. Aber er reiste ab, als die Entscheidung über den Namen dieser Partei gefallen war: er lautete »Sozialdemokratische Arbeiterpartei Deutschlands«. Ein Arbeiter war er nicht, so hatte er hier nichts mehr zu suchen. Diese Abreise besiegelte die Lostrennung.[14]

Wie die ursprünglichen, Deutsch-Österreich mitumfassenden Einheitsbestrebungen des liberalen Nationalvereins durch Bismarcks Kriege und die preußische Reichsgründung, so sind die sozialpolitischen Hoffnungen der liberalen Arbeitervereine durch die Formierung einer abgesonderten Arbeiterpartei zunichte gemacht worden. In beiden Bereichen aber war Sonnemann zu Hause und tätig, in Süddeutschland führend gewesen. Er blieb gleichwohl fest bei seinen Grundsätzen. Er ließ sich ruhig von links einen Fortschrittsphilister und Börsenjobber heißen, weniger ruhig von Bismarck in giftiger Andeutung vaterlandsverräterischer Verbindungen bezichtigen. Nach beiden Seiten wußte er sich zu wehren. Der Kanzler mußte vor Gericht eine Niederlage hinnehmen. Von links wurde er unredlicher Benützung der Zeitung für Gründungsgeschäfte beschuldigt, aber aus dem Gerichtsverfahren ist er als Sieger hervorgegangen, der Verleumder mußte die Kosten tragen.[15] Ich denke mir, von jener Lassalleschen Operation, der Zerschneidung der demokratischen Gesamtbewegung, muß, wenn nicht eine Wunde, so gewiß eine Narbe zurückgeblieben sein.

Eine so wegwerfende Bemerkung, wie sie Franz Mehring, der sozialdemokratische Historiker der Sozialdemokratie,

Sonnemann gewidmet hat – »In Frankfurt machte Sonnemann in Volksbildung, ein Bankier und Besitzer einer Zeitung« – würde wohl heutigen Tages nicht wiederholt werden können, auch nicht von Sozialdemokraten, gar in dem bildungseifrigen Hessen.

Überhaupt sieht sich das alles, sieht sich die ganze Geschichte der Spaltung der liberalen Demokraten und der Sozialdemokraten vom heutigen historischen Standpunkt sehr viel anders an. In der ›Frankfurter Zeitung‹ stand im Jahre 1868 der Satz: »Über Deutschland soll keine Diktatur kommen, weder die Bismarcks noch die Diktatur von Marx.«[16] Wir haben eine weit fürchterlichere Diktatur erfahren als diejenige Bismarcks gewesen ist oder gewesen sein mag, und die Diktatur der Nachfahren Marxens steht uns dicht vor Augen. Sie ist nicht *über* Deutschland gekommen, sie ist aber *nach* Deutschland hereingekommen. Bei uns hat die autonome Emanzipation der Arbeiter in den Gewerkschaften, im kollektiven Arbeitsvertrag und in der Tarifautonomie der Sozialpartner Werkzeuge und Einrichtungen hervorgebracht, die Lassalles »ehernes Lohngesetz« als ein nicht bloß historisches, sondern geradezu prähistorisches Dogma erscheinen lassen. Die Sozialdemokratie hat – unerachtet gewisser Wiederbelebungsversuche – insgesamt aufgehört, jedenfalls es aufgegeben, eine Klassenpartei sein zu wollen. Im Grunde hat die Gesinnung solcher Männer wie Sonnemann auf weiten und bitteren Umwegen am Ende doch historisch gewonnen. Ich meine nicht eine Erscheinung wie die gegenwärtige »sozialliberale« Koalitionsregierung. Ich meine vielmehr das System, das wir die soziale Marktwirtschaft nennen, und ich meine vor allem die Wiederversöhnung der vormaligen bürgerlichen und der vormaligen proletarischen Demokraten im Widerspiel und Zusammenspiel der Parteien des gemeinsamen Verfassungsstaates. Das Getrennte hat sich wieder gefunden. Gewiß hat die Erfah-

rung der beiden Diktaturen diesen Prozeß erheblich gefördert.

Aber ich habe hier nicht über Deutschland und die deutsche Gesellschaftsordnung von 1974 zu reden, sondern
über Leopold Sonnemann, den Bürger und den Gründer.
Als er am 29. Oktober 1901 seinen siebzigsten Geburtstag
feierte, traten alle die Vereine und Körperschaften mit
Glückwünschen, Urkunden und Ehrungen hervor, die er
gegründet oder mitgegründet oder in denen er gewirkt
hatte. Die Reihe geht vom Arbeiterbildungsverein über
den Kunstgewerbeverein, die Frankfurter Gewerbekasse,
die Palmengartengesellschaft bis zum Frankfurter Demokratischen Verein und zur Volkspartei, von den Abge-
sandten der ›Frankfurter Zeitung‹ und denjenigen der
Stadtverwaltung zu schweigen. Das Städelsche Kunstinstitut nicht zu vergessen, dessen damaliger Direktor, Professor Weizsäcker, eine bemerkenswerte Rede hielt, worin
er das Postulat einer »ästhetischen Kulturpolitik« formu-
lierte, als einer amtlichen Verpflichtung, aber auch als
einer gemeinsamen bürgerlichen Betätigung im freien
Wetteifer.[17]

Diese Art von Gründungen sind bedeutender, reiner,
zuträglicher und bleibender als jene flüchtigen und freilich
auch ruinösen Aktienunternehmungen, die der »Gründerzeit« ihren fatalen Namen gegeben haben, und von denen
es in den Hexametern des »Kladderadatsch« zu Pfingsten
1871 hieß:

»Banken und Bänkchen, sie schießen empor, so wie in
der Mainacht
Morcheln auf waldigem Grunde, die noch am Abend
nicht da sind.«[18]

Der Gründer der ›Frankfurter Zeitung‹, wenngleich er ein
Bänkchen betrieben hatte und sein Vermögen gewiß zum
guten Teil aus Börsengeschäften angesammelt hat – die
Zeitung scheint jedenfalls in den ersten zwanzig Jahren

ihres Bestehens kaum Gewinn erbracht zu haben –, dieser Gründer also gibt dem Gründen seinen guten Namen zurück. Denn das vornehmste Motiv der von ihm eingeleiteten journalistischen Arbeit war von Anfang an gerade die kritische Prüfung und unbestechliche Durchleuchtung der Gesellschaftsgründungen, ihrer Finanzen und ihrer Bilanzen, ihres Wertes. Und eben dies ist immer ein Ruhmestitel gerade dieser Zeitung geblieben. Manche unter uns werden sich noch der Gestalt des Handelsredakteurs Albert Oeser erinnern, der ein Inbild von Integrität war, ein geradezu puritanisch-asketisches Ethos verkörperte und mit leiser Autorität Generationen von Wirtschaftsjournalisten gebildet hat. Er war noch zu Lebzeiten Sonnemanns eingetreten und hat der Zeitung bis zu ihrem Ende angehört.[19] Nein, Sonnemanns bedeutendstes Werk, die Frankfurter Zeitung, war eine echte Gründung gegen die falschen Gründer.

Der junge Leopold Sonnemann hat in seinem Tagebuch die folgende seufzende Selbstbetrachtung angestellt: »Von der Natur mit geringen geistigen, aber mit noch weniger körperlichen Vorzügen ausgestattet, und noch dazu durch eine wahrhaft schlechte und inkonsequente Erziehung… vernachlässigt, möchte ich jetzt schon gern Schriftsteller, Kaufmann, Künstler, Poet, Redner, Wüstling und wer weiß, was noch mehr, sein – das alles in einem Alter von siebzehn Jahren.«[20] Man spürt das etwas verwackelte Vorbild seines Lieblingsautors Heinrich Heine heraus, ein Schatten des Vaters Meyer Sonnemann scheint hineinkopiert.

Wenn wir an seiner Statt ein Fazit ziehen dürfen, so ist von diesen Wunschvorstellungen oder Rollenphantasien das Wenigste wahr geworden. Der Kaufmann jedenfalls. Der Redner mit Maßen – dafür wurde er ein unverdrossener politischer Patriot auf fast verlorenem Posten. Der Poet überhaupt nicht. Der Schriftsteller? Was ihn selbst betrifft, nur in dem abgeleiteten, auch nicht sehr lange geübten Fache des wirtschaftskritischen Tagesschriftstellers; was seine Nachwirkung betrifft, so ist die Redaktion der Frankfurter Zeitung, zumal unter der Leitung seines Enkels Heinrich Simon, eine wahre Pflanzschule von Schriftstellern und zu Zeiten fast eine Art von literarischer Akademie geworden. Hinsichtlich des Wüstlings ist in den Quellen nichts verzeichnet.[21] Der Künstler hat in seinen späten Tagen wenigstens in der unscheinbaren Gewandung und Verwandlung des Kunstförderers und Mehrers der Frankfurter Kunstschätze noch ein gleichsam verschobenes Zeugnis geliefert – das ist ja der Grund, weswegen wir heute hier im Städel seiner gedenken.[22]

Anstatt davon und vor allem aber ist er etwas geworden und hat er eine Bestimmung erfüllt, die in jenem jugendlich-träumerischen Verzeichnis der künftigen Möglichkeiten nicht vorkommt: ein Bürger. Und dies in einem Sinn, der den bloßen Rechtsbegriff wie den bloßen Klassenbegriff weit hinter sich läßt: in dem uralten klassischen Sinne dessen, der sich in der Gemeinschaft der Freien und Gleichen dadurch hervortut, daß er ihr dient. Das 19. Jahrhundert ist das Jahrhundert der Emanzipation. Dieses Jahrhundert hat ihn selber, das Landkind, aus seiner Sphäre heraus- und auf den öffentlichen Plan gerufen. Es hat ihn heraufgebracht, aber er hat sich nicht wie ein Parvenü in der errungenen gesellschaftlichen Position verschanzt, er hat sich nicht zufrieden assimiliert. Sein Jahrhundert forderte und seine eigene Herkunft trieb ihn, diese frische bürgerliche Freiheit in allen politischen und gesellschaftlichen Widrigkeiten zu behaupten, diese bürgerliche Gleichheit nach Recht und nach Lebens-Chance auszubreiten, den Kreis der Gleichen zu erweitern. Er hat diesen Forderungen Genüge getan.

Anmerkungen und Glossen

1 *Frankfurter Bevölkerung.* Richard Schwemer macht in seiner »*Geschichte der Freien Stadt Frankfurt a. M.*«, im zweiten Bande (Frankfurt 1912) folgende Angaben: Die Bevölkerung des Staates Frankfurt betrug 1823 ungefähr 51 600, die der Stadt 43 372 Seelen. Die knappe Hälfte von diesen waren »Schutzbefohlene«, nämlich entweder unselbständige Haushalts- und Gewerbegehilfen oder »Beisassen« eingeschränkten Bürgerrechts oder Juden (3242 an der Zahl) oder Fremde mit Aufenthaltsberechtigung. Unter den verbleibenden 23 464 Frankfurtern sind natürlich nur die erwachsenen Männer, zur Hauptsache also die Hausväter, im genauen Sinn als Bürger und, wie Schwemer sagt, »als die eigentlichen Träger der Hoheitsrechte« anzusehen: das waren 5416 Personen, in der Tat etwas mehr als der zehnte Teil der Staatsbevölkerung. (Schwemer II, S. 141.)

2 Das *Bürgerrecht*, soweit man es nicht von Geburt wegen besaß, konnte entweder durch Verheiratung erworben werden oder durch Erteilung von seiten des Senats »im Wege der Gnade«. Dafür war ein Vermögen von mindestens 5000 Gulden erforderlich, und die Kosten der Prozedur betrugen 1200 bis 1500 Gulden. Der ausscheidende Bürger hatte ein »Abzugsgeld« zu entrichten, er mußte einen Teil seines Vermögens zurücklassen. (Schwemer II, S. 142/3.)

3 »*Israelitische Bürger*«. Die Deutsche Bundes-Akte vom 8. Juni 1815 bestimmte in ihrem Artikel 16 folgendes: »Die Bundesversammlung wird in Berathung ziehen, wie auf eine möglichst übereinstimmende Weise die bürgerliche Verbesserung der Bekenner des jüdischen Glaubens in Deutschland zu bewirken sey, und wie insonderheit denselben der Genuß der bürgerlichen Rechte gegen die Übernahme aller Bürgerpflichten in den Bundesstaaten verschafft und gesichert werden könne; jedoch werden den Bekennern dieses Glaubens bis dahin die denselben von den einzelnen Bundesstaaten bereits eingeräumten Rechte erhalten.« (*Quellen zum Staatsrecht der Neuzeit I*, 1949, S. 28.) Im Entwurf war im letzten Satz von den »in« den Staaten eingeräumten Rechten die Rede gewesen, die Änderung der Präposition war gerade von den Vertretern der Freien Städte bewirkt worden; sie bedeutete für Frankfurt, daß die neuen Behörden sich dort nicht mehr an den Rechtszustand des Großherzogtums gebunden wissen wollten, während die jüdische Gemeinde ganz im Gegenteil gerade auf der Fortgeltung der bürgerrechtlichen Errungenschaften von 1811 bestand. So auch legte es Metternich aus, in einem Brief an den Frankfurter Bevollmächtigten vom 9. Juni 1815 drang er »auf Erhal-

tung aller wohlerworbenen Rechte jeder Klasse von Einwohnern«, und das hieß vor allem der Juden. (Schwemer I, S. 141.) Senat und Gesetzgebende Versammlung von Frankfurt hingegen pochten auf ihre neuerreichte Souveränität und widersetzten sich allen Demarchen Österreichs und Preußens, sogar Englands und Rußlands, später noch lange den Empfehlungen des Bundestages, wobei besonders die Bezeichnung »israelitische Bürger« den Stein des Anstoßes bildete. Die Verhandlungen zogen sich Jahr um Jahr hin, bis endlich am 1. September 1824, also neun Jahre nach der Bundesakte, Frankfurt ein Gesetz veröffentlichte, das in dem Punkte der »Bürger«-Bezeichnung und in anderen bedeutsamen Hinsichten den jüdischen und österreichischen Wünschen nachgab, wenn es auch noch Beschränkungen in der Zahl der erlaubten Eheschließungen, im Grunderwerb und in der Gewerbeausübung enthielt.

Metternichs Aktivität hängt gewiß mit dem Bankhaus Rothschild und seinen Anleihen eng zusammen, und ohne Rothschilds eigene Bemühungen wäre vielleicht nicht einmal so viel erreicht worden; doch kann die Einsicht in diese Interessenlage die Würdigung des Ergebnisses nicht trüben, Veränderungen werden selten durch abstrakte Gesinnungen allein bewirkt. Bezeichnend ist der erregte Ausruf des Bundestagsgesandten Grafen Münch-Bellinghausen gegenüber dem Frankfurter Bürgermeister von Guaita: »Wie kann die Stadt Personen, welche der Kaiser in den Freiherrnstand erhoben hat, des Bürgertitels nicht für würdig erachten!« (Schwemer II, S. 156.) In der Sache der Juden-Emanzipation hat paradoxerweise Metternich fortgeführt oder doch einigermaßen wiederhergestellt, was Napoleon in raschem und mächtigem Zuge nach Deutschland hereingebracht hatte.

4 *Frankfurt und die Grundrechte von 1848.* Der Frankfurter Senat nahm schon am 4. März 1848 die von einer Deputation der sogenannten Reitbahnversammlung aufgestellten Forderungen der Preßfreiheit, der Amnestie, der Volksbewaffnung an und versprach in anderen Punkten, hinsichtlich der Einführung der Schwurgerichte und der Gewährung der Vereins- und Versammlungsfreiheit, das Nötige einzuleiten; nur in einem einzigen Punkt verweigerte er gesetzgeberische Maßnahmen, das war der Punkt 6 der Petition, und er betraf die rechtliche Gleichheit der Nicht-Christen, also der »israelitischen Bürger«. (Schwemer III, 1. Teil, S. 114.) Zwei Monate später wurde in einer Versammlung in der Katharinenkirche die Urwahl einer Konstituante gefordert, und zwar nach dem Muster der Wahl des Frankfurter Abgeordneten für die Nationalversammlung in der Paulskirche, das heißt *nach allgemeinem und gleichem Wahlrecht.* Diese Wahl

kam nach einem hinhaltenden Manöver des Senats in der Tat am 25. Oktober auch zustande. Inzwischen hatte die Paulskirche längst begonnen, ihren Katalog von Grundrechten zu beraten, und der Eindruck dieses großen liberalen Unternehmens erwies sich als unwiderstehlich.

Interessant ist ein Vergleich der Frankfurter Wählerschaften alten und neuen Rechts: Bei der letzten Abstimmung nach dem überlieferten Stimmrecht, das nur Vollbürgern zustand, wurden 2859 Stimmen abgegeben; an der Wahl des Abgeordneten zur Paulskirche beteiligten sich 7031 Wähler, also etwa die zweieinhalbfache Zahl; bei der Wahl zur Frankfurter Konstituante war die Beteiligung geringer, sie betrug 5239, doch läßt auch diese Zahl den Zuwachs an Berechtigten, die keine Vollbürger waren, noch deutlich erkennen. (Schwemer III, 1. Teil, S. 249.)

Zum ersten Mal saßen in einer staatlichen Körperschaft Frankfurts auch Juden: Unter den hundert städtischen Mitgliedern der Konstituante waren es ihrer acht.

Am 27. Dezember 1848 wurden von der Paulskirchenversammlung die »Grundrechte des deutschen Volkes« verkündet, ihr fünfter Artikel handelte von der Glaubens- und Gewissensfreiheit. Der im gegenwärtigen Zusammenhang wichtigste Paragraph (in der späteren Reichsverfassung ist es § 146) lautete folgendermaßen: »Durch das religiöse Bekenntniß wird der Genuß der bürgerlichen und staatsbürgerlichen Rechte weder bedingt noch beschränkt. Den staatsbürgerlichen Pflichten darf dasselbe keinen Abbruch tun.« (*Quellen zum Staatsrecht der Neuzeit*, S. 259. Dies war zwar als unmittelbar geltendes Reichsrecht gedacht, doch war eine zusätzliche landesrechtliche Publikation erwünscht (so E. R. Huber, *Deutsche Verfassungsgeschichte* Bd. II, Stuttgart 1960, S. 783). Frankfurt war nach Württemberg und Kurhessen der dritte Staat, der die Grundrechte veröffentlichte und so ausdrücklich als verbindlich annahm. Der Senat mochte zögern, »allein er mußte aufs neue erfahren«, schreibt Schwemer (III, 1, S. 261), »daß er nicht mehr Herr seiner Entschließungen sei«. Es war denn auch eine Kommission der Konstituante – nicht der Senat –, die in einem Gesetzentwurf die Konsequenz zog und alle bisherigen Unterschiede zwischen Bürgern, israelitischen Bürgern, Beisassen und Landbewohnern aufhob. Das Gesetz wurde am 22. Februar 1849 im Amtsblatt veröffentlicht.

5 *Die »Deutsche Volkspartei«.* Nach Ludwig Bergsträßers Darstellung – in seiner *Geschichte der politischen Parteien in Deutschland* (7. A., München 1952, S. 134 f.) – war und blieb die »Deutsche Volkspartei« als in vieler Hinsicht radikaler Flügel des Liberalismus« selbständig

neben der »Fortschrittspartei« lokalisiert, aber auf Süddeutschland, im wesentlichen Württemberg und Frankfurt beschränkt. Unter einer Partei ist in dieser Epoche noch keine massenhafte Mitgliederorganisation zu verstehen, sondern ein lockerer Wahlverein. Die Gründung geht – nach Bergsträßer – wesentlich auf die Wirksamkeit des Stuttgarter Liberalen Karl Mayer zurück, der ebenso wie Sonnemann eine Zeitung besaß und nutzte, den »Beobachter«; doch scheint eine Versammlung, die 1865 in Darmstadt Delegierte aus mehreren deutschen Ländern, Preußen ausgenommen, vereinigte, eine gewisse programmatische Klärung gebracht und eine weitere regionale Ausdehnung immerhin versprochen zu haben. (So in der Dissertation von Klaus Gerteis: *Leopold Sonnemann, Ein Beitrag zur Geschichte des demokratischen Nationalstaatsgedankens in Deutschland*, Frankfurt 1970, S. 46 ff.; die Darstellung fußt auf der Berichterstattung von Sonnemanns *Neuer Frankfurter Zeitung*.) Die förmliche Gründung fand im September 1868 in Stuttgart statt. – Die »Deutsche Volkspartei« der Weimarer Reichstage hat mit dieser Gründung zwar den Namen gemein, doch gibt es keinen historischen Zusammenhang.

6 Auszüge aus diesem Tagebuch des Sechzehn- und Siebzehnjährigen, das vom Mai 1847 bis zum September 1848 reicht, finden sich in der leider fragmentarischen Biographie, die Sonnemanns Enkel Heinrich Simon zum hundertsten Geburtstag des Großvaters 1931 hat erscheinen lassen: *Leopold Sonnemann, Seine Jugendgeschichte bis zur Entstehung der ›Frankfurter Zeitung‹.* Die zitierte Stelle dort S. 76.

7 Etienne Cabets *Voyage en Icarie, Roman philosophique et social* erschien zuerst 1840 in Paris. (1848 kam übrigens auch eine deutsche Übersetzung heraus.) Die erste ›ikarische‹ Unternehmung führte ihn mit 44 Gefährten – nach der Niederschlagung des Pariser Juni-Aufstandes von 1848 – nach Texas; sie brachte ihm eine Anklage wegen Betrugs ein, er stellte sich 1851 der heimischen Gerichtsbarkeit und wurde noch im selben Jahr in einem Appellationsverfahren freigesprochen. Nach dem Staatsstreich Louis Bonapartes ging er von neuem nach Amerika und siedelte sich mit Anhängern in Nauvoo, Illinois, an; auch dieser Versuch endete für ihn unglücklich, er mußte 1856 vor einem Aufstand fliehen und starb im November dieses Jahres, sechsundsechzigjährig, in St. Louis, Missouri.
Das *Credo communiste* ist wohl zuerst 1841 erschienen, wurde unter den Pariser Arbeitern rasch verbreitet und erlebte mehrere Auflagen. Eine deutsche Übersetzung gab Lorenz von Stein im Anhang zum zweiten Band seiner klassischen *Geschichte der socialen Bewegung in Frankreich*, der 1850 in Leipzig erschien. Stein ordnet den »icarischen Communismus« mit gutem Grund unter die Spielarten des »religiö-

sen Communismus« ein, den er dem »materiellen« von Babeuf gegenüberstellt. Seine Darstellung des Mannes und seiner Lehre (S. 427-441 scheint mir noch immer treffend und lebensvoll, sie beruht auf persönlicher Kenntnis. Die erste amerikanische Unternehmung berührt er freilich nur flüchtig, die zweite war noch nicht begonnen, als Stein schrieb. Sein historisches Urteil hebt diese entschieden gewaltlose Richtung stark aus den übrigen hervor: »Durch Cabet ist der Communismus … aus den geheimen Verbindungen wie aus den dunklen religiösen Theoremen ins öffentliche Leben hineingetreten, und hat sich an die Seite der socialistischen Schulen hingestellt als eine selbständige Macht. Erst mit Cabet beginnt daher die öffentliche Laufbahn des Communismus …« (S. 440).

8 Heinrich Simon, *Leopold Sonnemann*, S. 82.

9 Der *Frankfurter Geschäftsbericht* knüpfte an ein bestehendes Börsen-Informations-Blatt des Bankiers H. B. Rosenthal an, das dieser an seine Kunden versandte. Als Zeitung erschien der *Frankfurter Geschäftsbericht*, nun von Rosenthal und Sonnemann gemeinsam herausgegeben, zum ersten Mal am 21. Juli 1856, freilich nur im Umfang von vier Seiten und in dem bescheidenen Format von etwa 20 mal 30 cm. Das Datum gilt als der Geburtstag der *Frankfurter Zeitung*. Als erste deutsche Zeitung überhaupt brachte das Blatt von Ende Juli an telegraphische Börsenkurse, von Berlin. Die Absicht ging aber nun nicht mehr bloß auf Unterrichtung und erweiterte »Kundenberatung«, sondern auf Kritik. Sonnemann sagte später, im Rückblick: »Die erste industrielle Gründungsepoche war damals in vollem Zuge … Da galt es, dem deutschen Publikum die großen Gefahren des Aktienwesens nahezulegen und die Unhaltbarkeit mancher neuen Schöpfung nachzuweisen.«
Bereits Ende August desselben Jahres wurde der Name geändert in *Frankfurter Handelszeitung*, und es zeichneten verantwortlich für den geschäftlichen Teil H. B. Rosenthal, für den volkswirtschaftlichen Teil Dr. Max Wirth, ein Sohn jenes Johann Georg August Wirth, der beim Hambacher Fest eine führende Rolle gespielt hatte. Sonnemann lieferte selbst Beiträge, betrieb aber zugleich weiter sein Bankgeschäft. Der erste rein politische Leitartikel datiert vom 12. Oktober 1858, er betraf einen Konflikt zwischen Frankreich und Portugal. Im Jahr darauf trat ein politischer Redakteur ein, Georg Friedrich Kolb, ehemals Bürgermeister von Speyer, 1848 Abgeordneter dieser Stadt in der Nationalversammlung, der seither auch wissenschaftlich durch ein Handbuch der Statistik hervorgetreten war. Vom 1. September 1859 an bis zur Eroberung Frankfurts durch die Preußen hieß das Blatt *Neue Frankfurter Zeitung, Frankfurter Han-*

delszeitung, nach der Rückkehr aus dem kurzen Stuttgarter Exil führte es, seit dem 16. November 1866, den endgültigen, zu Ruhm gelangten Namen *Frankfurter Zeitung und Handelsblatt*, Sonnemann war nun alleiniger Eigentümer und Herausgeber. Die Zeitung erschien schon seit 1859 dreimal täglich, hatte seitdem auch ein tägliches Feuilleton. Von 1873 bis zu Hitlers Schriftleitergesetz wurde die Redaktion kollegial geführt, einen Chefredakteur gab es nicht.

Diese wenigen, vorwiegend chronologischen Angaben müssen hier genügen. Sie entstammen der monumentalen und gehaltvollen *Geschichte der Frankfurter Zeitung von 1856 bis 1906*, die eine Gruppe von Redakteuren unter der Leitung von Theodor Curti verfaßt und der Verlag der ›Frankfurter Zeitung‹ (Frankfurt 1906) herausgegeben hat. Sie stellt für die Epoche in mehreren Hinsichten ein Quellenwerk hohen Ranges dar.

10 Sonnemanns gesellschaftliche Geltung in Frankfurt läßt sich auch aus dem Umstand erkennen, daß sein Bildnis mit denjenigen von fünfzehn anderen »Frankfurter Persönlichkeiten« in einer kunstvoll gedruckten und hergestellten Sammlung mit dem Titel *Frankfurter Bildnisse* figuriert, die kurz nach seinem Tode, 1910, im Verlag von Hermann Jinjon in Frankfurt herauskam. (Die Publikation scheint wider die Absicht über diesen ersten Band nicht hinausgelangt zu sein.) Man findet ihn dort in der Gesellschaft von Oberbürgermeister Adickes, Professor Paul Ehrlich, der Maler Steinhausen und Thoma, des Freiherrn Georg von Holzhausen, des Städel-Direktors Georg Swarzenski und anderer. Sein Name ist übrigens einer von nur zweien oder dreien, die nicht von einem Titel begleitet und geziert sind. Der Begleittext kehrt, gemäß dem lokalen Charakter des Bandes, als wichtigste öffentliche Wirksamkeit die kommunalpolitische hervor: Sonnemann gehörte von 1869 an bis ins hohe Alter der Frankfurter Stadtverordnetenversammlung, die meiste Zeit auch ihrem Finanzausschuß an. Als seine bedeutendste Leistung gilt hier die Anregung und Planung der großen Elektrizitäts-Ausstellung von 1901, welche die Entwicklung der technischen Industrie in Deutschland auf diesem neuen Gebiet wesentlich befördert hat.

11 Dem *Reichstag* gehörte Sonnemann von 1871 bis 76 und von 1878 bis 84 an, immer als Abgeordneter von Frankfurt, immer auch als Haupt der kleinen Fraktion seiner »Deutschen Volkspartei«. Die zweijährige Unterbrechung erklärt sich daraus, daß er 1876 nicht kandidieren mochte. In der Wahl von 1884 hingegen unterlag er gegen den Sozialdemokraten Adolf Sabor. Der Frankfurter Reichstagssitz blieb bis 1907 den Sozialdemokraten. Die Gesinnungen und Voten Sonnemanns, wie sie oben im Text knapp aufgeführt sind, lassen sich aus

seinen Reichstagsreden erkennen, die 1901, zu seinem siebzigsten
Geburtstag, gesammelt von Alexander Giesen herausgegeben worden sind (*Zwölf Jahre im Reichstag*, Frankfurt 1901). Eine Nachzeich-
nung aus den Quellen gibt die schon erwähnte Dissertation von Klaus
Gerteis, übrigens dem Sohn eines ehemaligen Redakteurs der ›Frankfurter Zeitung‹.

12 *»Die Arbeiterfrage. Eine Einführung.* Von Dr. Heinrich Herkner,
Professor der Staatswissenschaften an der Universität zu Berlin«, 6.
Auflage, 1916, 2. Bd., S. 160. In der ersten Auflage, von 1894
(damals lehrte Herkner noch an der Technischen Hochschule in
Karlsruhe), war Sonnemann noch nicht namentlich erwähnt, doch
erhielt seine »Volkspartei« ein womöglich noch entschiedeneres Lob.
Sie allein, heißt es (S. 110), sei von den Vorwürfen auszunehmen, die
man dem liberalen Bürgertum in Deutschland machen müsse, daß es
nämlich »für die volle wirtschaftliche Organisationsfreiheit, die den
Arbeitern wertvollste Forderung im Programme des ökonomischen
Liberalismus, niemals seine ganze Kraft eingesetzt« habe. Die süddeutsche »Volkspartei« hingegen habe sich von Anfang an »den
sozialreformatorischen Aufgaben der Zeit entgegenkommend erwiesen«. Obwohl diese Partei über »ein weitverbreitetes und trefflich
redigiertes Organ« verfüge, eben die ›Frankfurter Zeitung‹, habe sie
einen größeren politischen Einfluß bisher nicht zu äußern vermocht;
Herkner bedauert die geringe Zahl ihrer Reichstagsmandate.
Der Ausdruck »sozial-liberal« ist gewiß in Analogie und im Gegensatz zu der Parteibezeichnung »national-liberal« gebildet.

13 *Lassalles Frankfurter Rede* vom 17. und 19. Mai 1863 ist in der alten
Erich Blumschen Ausgabe der *Gesamtwerke*, die ich benutze, wie-
dergegeben im zweiten Band, S. 59 bis 144, unter dem Titel *Arbeiter-
Lesebuch*. Die Veranstaltung ging zurück auf den Beschluß eines
Arbeitertages (vom 19. April) in Rödelheim, den der Verband der
Arbeiterbildungsvereine des Maingaus einberufen hatte, und bei dem
Ludwig Büchner aus Darmstadt, der Verfasser von *Kraft und Stoff*,
jenes populären Grundbuchs des naturwissenschaftlichen Materialis-
mus, über Lassalles Ideen kritisch referiert hatte. Dort war beschlos-
sen worden, die beiden Hauptgegner in Sachen »Arbeiterfrage« und
ihrer Lösung, nämlich Schulze-Delitzsch und Lassalle, zum Vortrag
auf einem neuen Arbeitertag einzuladen. Lassalle allein sagte zu,
Schulze-Delitzsch entschuldigte sich mit Abhaltungen.
Am 17. Mai sprach (laut *Geschichte der Frankfurter Zeitung*, S. 80)
zuerst Sonnemann. Er wandte sich offenbar vor allem gegen die
Gründung einer besonderen Arbeiterpartei, die indessen seit Lassalles
»Offenem Antwortschreiben« und seinem Leipziger Auftritt – gerade

einen Monat zuvor – in vollem Gange war, und kündigte seinerseits einen großen Vereinstag der deutschen Arbeitervereine an, der am 7. Juni in Frankfurt abgehalten werden sollte. Lassalle nahm auf diesen Vorredner nicht Bezug, jedenfalls enthält die gedruckte Fassung, die auf seinem vollständigen Manuskript beruht, nichts dergleichen. Seine Polemik richtete sich vielmehr im ersten Teil der Rede, die sein »ehernes Lohngesetz« behandelt, vor allem gegen Max Wirth (den vormaligen Redakteur von Sonnemanns *Frankfurter Handelszeitung*), der die These vom Pendeln des Arbeitslohnes um die Höhe des notwendigen Existenzminimums in einem nationalökonomischen Buch als überholt bezeichnet hatte. Im zweiten Teil polemisierte er gegen Schulze-Delitzsch, den Theoretiker und Praktiker der genossenschaftlichen Selbsthilfe, und verteidigte sein eigenes, freilich gänzlich antiliberales Konzept der Staatskredite. »Hier, mit dieser Frage steht und fällt die Schlacht, die ich schlage« (Werke II, S. 100): dies ist eine Kernstelle, sie drückt seine entschiedene ›Staatsfreundschaft‹ aus, wie ich sie in einer anderen Studie, in Band IV der ›Schriften‹, zu charakterisieren versucht habe. Und ihr steht Schulze-Delitzschs Appell in der Tat diametral entgegen: »Die Existenz eingesetzt, die volle Verantwortlichkeit übernommen, nur so wird die Selbständigkeit auf dem Felde des Erwerbs gewonnen!«, hieß es in seinem *Arbeiterkatechismus.* (Ich zitiere dies nach Hermann Oncken, *Lassalle, Zwischen Marx und Bismarck*, 5. A., Stuttgart 1966, S. 248; dieses Meisterwerk der historischen Biographie, das zuerst 1904 erschien, behandelt auch die Frankfurter Vorgänge ausführlich.)

Schon vor Lassalle war Sonnemann in Frankfurt selbst und in seinem eigensten Kreise ein Gegner erwachsen in Gestalt des jungen Johann Baptist von Schweitzer-Allesina, der neben allerlei Tätigkeiten in den Turner- und Schützenvereinen 1861-62 Präsident des neu gegründeten Frankfurter Arbeiterbildungsvereins war und hier von Anfang an der Beschränkung auf gewerbliche Ausbildung mit entschieden politischen Argumenten und Zielen entgegentrat. Der Konflikt entzündete sich an der Offerte des liberalen »Nationalvereins«, auf seine Kosten zwölf ausgewählte Arbeiter zur Industrie-Ausstellung nach London zu entsenden. Schweitzer agitierte gegen die Annahme, die Offerte kennzeichnete er als eine Art von Korruptionsversuch des Kapitals. Von eigenen Geldsammlungen im Sinne der Werbung des Nationalvereins riet er ab. Er fand eine knappe Mehrheit, doch setzte die Minderheit an anderem Ort unter Sonnemanns Leitung ein Komitee ein, das die zu entsendenden Arbeiter auswählen sollte. Das war im Mai 1862, also ein Jahr vor der Lassalle-Versammlung. Wenige Wochen später fand Schweitzers Frankfurter Laufbahn einstweilen ein Ende, er wurde in Mannheim wegen eines vermutlichen Sittlichkeitsdeliktes verhaftet und verurteilt.

Sein Biograph, Gustav Mayer, möchte in jener Aktion wider die Nationalvereins-Initiative den Beginn der »modernen sozialdemokratischen Bewegung in der Frankfurter Gegend« erkennen. (*Johann Baptist von Schweitzer und die Sozialdemokratie, Ein Beitrag zur Geschichte der deutschen Arbeiterbewegung*, Jena 1909, S. 68.) Er hat insofern recht, als in der Tat schon hier ein eigenes Klassen-Interesse gegen das bürgerlich-kapitalistische geltend gemacht worden ist – oder, historisch genauer gesagt, als hier, wenigstens im lokalen Rahmen, die Aussonderung einer selbständigen organisatorischen Aktivität von Arbeitern aus dem größeren, bürgerlich geführten Verbande ›sozial-liberaler‹ Gruppierungen für einen Augenblick aufblitzt. Noch aber behauptete »der kluge Sonnemann« (wie Oncken ihn nennt) das Feld. Ein Jahr danach, mit Lassalles Erscheinen, wurde die Lage erst eigentlich kritisch.

14 Wenige Tage nach Lassalles Frankfurter Rede, am 23. Mai, konstituierte sich in Leipzig der »*Allgemeine Deutsche Arbeiterverein*«. Lassalles Statuten-Entwurf, der ganz auf ihn und seine Diktatur zugeschnitten war, wurde angenommen, er selbst auf fünf Jahre zum Präsidenten gewählt. Die Versammlung war sehr bescheiden, elf Städte waren durch Delegierte vertreten, von ihnen mehrere durch dieselben. Lassalle, urteilt Oncken (a. a. O., S. 277), »mußte sich selbst sagen, daß die Eroberung des Arbeiterstandes ihm keineswegs gelungen sei«. Im Vergleich dazu war der Frankfurter Vereinstag vom 7. Juni – ebender, den Sonnemann bei Gelegenheit jener Lassalle-Veranstaltung angekündigt hatte – eher imponierend, obwohl er hastig einberufen worden war; er war wohl der erste dieser Art und Reichweite: es waren hier, nach Bebels Angabe (*Aus meinem Leben*, 1. Bd., Stuttgart 1910, S. 83), 54 Vereine aus 48 Städten und die »freie Arbeiterversammlung« von Leipzig durch insgesamt 110 Delegierte repräsentiert. »In diesen Vereinen«, so kennzeichnet Bebel die hier herrschenden Gesinnungen, »waren alle Nuancen der bürgerlichen Parteien jener Zeit vertreten. Vom republikanischen Demokraten bis zum rechtsstehenden Nationalvereinler ...« (S. 80/81). Welche gemeinsame Linie unter dieser Umständen möglich war, erhellt aus der ersten Resolution, worin es der Vereinstag für seine »erste Pflicht« erklärt, »bei der Verfolgung seines Strebens nach geistiger, politischer, bürgerlicher und wirtschaftlicher Hebung des Arbeiterstandes einig unter sich, einig mit allen nach des deutschen Vaterlandes Freiheit und Größe Strebenden, einig und mithelfend zu sein mit allen, welche an der Veredelung der Menschheit arbeiten« (Bebel,

S. 84). Der Tenor ist patriotisch und philanthropisch, das Vokabular hat nichts eigentümlich ›Proletarisches‹; wo man etwa ›Befreiung‹ erwartete, ist von »Hebung« die Rede, das Wort ›Klasse‹ kommt nicht vor. Die Tendenz gegen die Lassalleanische »Spaltung« ist offenkundig. Gleichwohl schreibt Bebel im Rückblick: »Diese Spaltung war bereits vorhanden, und sie war, wie ich später erkannte, eine historische Notwendigkeit« (S. 82).

Bei dieser Zusammenkunft wurde eine dauernde Organisation und eine jährlich wiederkehrende Tagung vereinbart und ein »ständiger Ausschuß« gewählt, dem auch Leopold Sonnemann und Max Wirth angehörten. »Die Seele dieser neuen Organisation«, sagt Bebel, »wurde Sonnemann, der die Sekretärarbeiten und die eigentliche Leitung übernahm.« Der Ausschuß scheute sich durchaus nicht, zur Aufbesserung der Finanzen eine nicht unbeträchtliche Summe vom Nationalverein zu erbitten und anzunehmen, und Sonnemann wandte sich auch an eine Reihe von Unternehmern, dies allerdings mit geringerem Erfolg (S. 88). Die sächsischen Vereine gewannen alsbald Lassalles Antipoden, Schulze-Delitzsch, zu einem Vortrag, der im Januar 1864 in Leipzig stattfand, anscheinend aber keine große Wirkung tat.

Bei dem dritten Vereinstag, 1865 in Stuttgart, wurde Sonnemann zwar wiederum in den Ausschuß gewählt, lehnte aber den Vorsitz ab, an seine Stelle trat der Schneidermeister Staudinger aus Nürnberg, und beim vierten, 1867 in Gera, wurde die Satzung geändert, der Ausschuß abgeschafft, Präsident wurde Bebel. Frankfurt und Sonnemann waren nun weiter vom Schuß. Auch die Gesinnungen hatten sich gewandelt. Die genossenschaftliche Politik Schulze-Delitzschs geriet in den Hintergrund, man neigte jetzt auch hier – unerachtet des fortdauernden Zwistes mit den Lassalleanern – der Idee der Staatsintervention zu, das Postulat des allgemeinen Wahlrechts war ohnehin auch bei den Vereinen verbreitet, Bebel selber war zudem Ende 1866 der »Internationalen Arbeiterassoziation« beigetreten, die Marx und Engels ins Leben gerufen hatten. Es ist bedeutsam zu wissen, daß er 1865 zum ersten Mal eine Schrift von Marx gelesen hat, es war eben die »Inaugural-Adresse« zur Gründung der Internationale; selbst das Kommunistische Manifest, schreibt er, sei »der Partei erst gegen Ende der sechziger und Anfang der siebziger Jahre« bekannt geworden, zu einer Zeit also, da es schon mehr als zwanzig Jahre alt war. Dennoch konnte Sonnemann noch 1868 hoffen, seine ›Deutsche Volkspartei‹ mit dem Verband der Arbeitervereine zu einer Art von Aktionsgemeinschaft zu verknüpfen. Seine Partei hatte ein Programm angenommen, worin »die staatlichen und gesellschaftlichen Fragen« als

untrennbar bezeichnet, die »wirtschaftliche Befreiung der arbeitenden Klassen« und die »Verwirklichung der politischen Freiheit« in
den engsten Zusammenhang gebracht waren. »Kein bürgerlicher
Politiker Deutschlands«, urteilt einer der besten Kenner dieser Vorgänge, Gustav Mayer, »ging in dieser Richtung (nämlich der Sozialreform) damals weiter als Sonnemann.« Der Satz steht in seiner
Abhandlung über die »Trennung der proletarischen von der bürgerlichen Demokratie in Deutschland 1863-1870«, die 1912zuerst veröffentlicht wurde (jetzt in der edition suhrkamp, 1969, wiederabgedruckt, mit einer anderen Arbeit unter dem Gesamttitel *Radikalis-
mus, Sozialismus und bürgerliche Demokratie* herausgegeben von
dem Historiker Hans-Ulrich Wehler.) Erst der Eisenacher Kongreß
von 1869 und zumal die Prägung des Parteinamens brachte die Entscheidung, die Trennung. »Diesmal«, heißt es bei Gustav Mayer (der
übrigens selbst noch Redakteur und Korrespondent der ›Frankfurter
Zeitung‹ zu Sonnemanns Zeiten gewesen war), »diesmal ... unterlag
der kluge Rechner dem Feuergeist seines alten Feindes Lassalle«.
(a. a. O., S. 154.) Diejenigen Lassalleaner nämlich, die Bebel und
Liebknecht zu einem Einigungsversuch hatten für sich gewinnen
können, erzwangen, in Konsequenz ihrer Klassendoktrin, die Benen-
nung »Arbeiterpartei«.
Kaum eine neuere Darstellung führt diese historische Entscheidung so
präzis vor Augen wie die Mayersche Studie von 1912. Schon ihre
Überschrift bringt blitzartig Licht in einen Zusammenhang und einen
Vorgang, der für das allgemeine Bewußtsein auch heute noch oder
gerade heute wieder unter dem mächtigen Schatten Marx' und des
Marxismus verborgen liegt: Die Arbeiterbewegung war ein Teil der
liberalen Bewegung, bevor sie sich als Klassenpartei formierte und
die autonome soziale Emanzipation des industriellen Proletariats zu
erstreben begann. Leopold Sonnemann war zwar gewiß kein Arbei-
terführer, aber ein sozialpolitischer Stratege und Organisator von
ungewöhnlichem Rang und Blick. Die Vorstellung, daß er, der Bankier und Zeitungsverleger, die Leitung einer integrierten sozialdemokratischen Volkspartei angetreten hätte, mag phantastisch
anmuten wie jede solche Rückwärts-Hypothese; dennoch ist sie nötig
oder doch nützlich, denn wir erkennen nicht, was wirklich geworden
ist, ohne die Ahnung dessen, was möglich gewesen wäre.
Der Historiker Michael Freund hat eine ähnliche Überlegung angestellt, sogar die Trennung geradezu als ein Unglück bezeichnet, auch
für die Arbeiterbewegung (in dem glänzenden Beitrag über »Die
Zeitung und Lassalle«, den er zu dem Jahrhundert-Gedenkheft der
Gegenwart 1956 beigesteuert hat).

15 *Verdächtigungen von rechts und links.* Bei der zweiten Lesung des Sozialistengesetzes hielt, am 9. Oktober 1878, Sonnemann im Reichstag eine scharfe Rede gegen das Ausnahmegesetz und gegen Bismarck. Dieser antwortete sofort mit der kaum verhüllten Verdächtigung, das »Blatt des Herrn Vorredners« und dieser selbst unterhielten Beziehungen zur französischen Regierung und arbeiteten also in deren Interesse, wenn sie die »innere Festigkeit des Reiches« zu schwächen und die leitenden Personen zu diskreditieren suchten. (Wortlaut bei Gerteis, S. 69.) Kaiser Wilhelm bestärkte den Kanzler brieflich und regte sogar eine Geschäftsordnungsbestimmung an, »solchen Rednern das Wort auf Zeit ganz zu entziehen«. Die ›Frankfurter Zeitung‹ antwortete tags darauf im Leitartikel und bezeichnete Bismarcks halb andeutende Redeweise als »Basilio-Manier«; sie sprach von Verleumdung und wies auf die Beweispflicht des Anklägers hin. Am 15. Oktober folgte eine Erklärung der gesamten politischen Redaktion, mit fünf Namen unterzeichnet, sie wiederholte, »daß der Fürst Bismarck sich einer ehrenrührigen Verdächtigung ... schuldig gemacht habe« und daß er »beweisfällig« bleibe. Anstatt dessen antwortete der Reichskanzler mit einer Klage wegen Beleidigung gegen alle beteiligten Redakteure. Der Prozeß ging durch zwei Instanzen und endigte mit Freispruch; der Verfasser jenes Leitartikels hingegen wurde zu drei Monaten Gefängnis verurteilt. Damit nicht genug, stellte Bismarck erneut Strafantrag, als die Zeitung über den Prozeß ausführlich berichtete; in der Appellations-Instanz erhielt der Berichterstatter, Dr. Stern, fünf Monate Gefängnis. Von diesem Urteil heißt es in der *Geschichte der Frankfurter Zeitung* (S. 370), es sei »wohl das exorbitanteste Urteil dieses Gerichts, wenn man in Betracht zieht, daß niemand die Strafbarkeit objektiver Gerichtsberichte für möglich gehalten hätte«. (Das einschlägige Kapitel der *Geschichte der Frankfurter Zeitung* gehört übrigens zu denjenigen, die Gustav Mayer verfaßt hat, der nachmalige Berliner Professor und Biograph von Engels und Schweitzer, von dem in der vorigen Anmerkung die Rede war.)

Die Beschuldigung »von links« liegt zeitlich etwas früher. Franz Mehring, der nachmalige Historiker der Sozialdemokratie, der damals zeitweilig von Berlin aus für die ›Frankfurter Zeitung‹ gearbeitet hatte, behauptete in einem Artikel der Berliner *Staatsbürger-Zeitung* vom 21. Mai 1876, Sonnemann habe »seine öffentliche Vertrauensstellung als Besitzer und Leiter der Frankfurter Zeitung benutzt ... zu heimlichen Gewinnen aus Gründungen, über welche das Publikum in seinem Blatte ein unbestochenes und unparteiisches Urtheil zu erwarten berechtigt war«. Die Redaktion veröffentlichte auch hier eine ausführliche Erklärung, Mehring rief die Gerichte an, die umständliche Verhandlung, bei der viele Zeugen vernommen wurden, endigte mit Freisprechung Sonnemanns und mit der Verurteilung Mehrings zu den Kosten. Die Appellationsinstanz bestätigte das Urteil, fügte jedoch eine allgemein gehaltene Warnung vor der Verknüpfung von Kapitalisten-Interesse und Journalistenpflicht bei. (Der Fall ist ausführlich dargestellt in der *Geschichte der Frankfurter Zeitung*, S. 327-332.)

Der oben im Text an späterer Stelle erwähnte Albert Oeser, viele Jahre Chef des Handelsteils, hat während seiner langen Wirksamkeit daran festgehalten, daß ein Wirtschaftsjournalist keine Aktien besitzen solle.

16 Der Satz, der vor *Marx' und Bismarcks Diktatur* zugleich warnt, war aus dem gleichfalls volksparteilich gesinnten Stuttgarter *Beobachter* nachgedruckt. Der Anlaß war der Baseler Kongreß der ›Internationale‹ vom September 1868, bei dem – mit der Stimme Liebknechts – eine Resolution für Abschaffung des persönlichen Grundeigentums gefaßt worden war (Geschichte der Frankfurter Zeitung, S. 191).

17 Ich entnehme dies der Schrift *L. Sonnemanns Siebzigste Geburtstagsfeier am 29. Oktober 1901 in Frankfurt a. M.*, die im Verlag der ›Frankfurter Zeitung‹ erschienen ist und alle Ansprachen enthält, die bei den drei Feiern zu dieser Gelegenheit gehalten wurden.

18 *Die »Gründer«.* Den Hinweis auf den *Kladderadatsch* verdanke ich dem *Meyerschen Konversations-Lexikon* von 1875 ff. Dort ist im 8. Band im Artikel »Gründung« bemerkt, das Wort ›gründen‹ sei seit 1871 im Sinn von ›Aktiengesellschaften bilden‹ in den allgemeinen Sprachgebrauch eingegangen »und sehr bald mit dem Nebenbegriff des Unsoliden, ja Betrügerischen behaftet worden«. Der Pfingstnummer des *Kladderadatsch* wird in diesem noch frischen Zeugnis eine charakteristische Bedeutung für die Ausbildung dieses Sprachgebrauchs zugeschrieben. Sie enthält nicht allein den Hexameter-Dialog (zwischen Müller und Schultze, ständig wiederkehrenden Figuren des Blattes), aus dem oben zitiert ist, sondern auch noch eine satirische Darstellung eines imaginären Gründungsschwindels in Gestalt eines Miniatur-Theaterstücks mit Illustrationen: *»Sulfurosa, Dramatisches Sittengemälde in 5 Aufzügen«.* Dort begegnen Ausdrücke wie »die Gründer« und »Gründerwuth«. Es mag dies die früheste populäre literarische Fixierung des sarkastischen Wortgebrauches sein.

19 *Albert Oeser* war 1902 noch von Sonnemann für die ›Frankfurter Zeitung‹ engagiert worden, gehörte bis 1926 der Berliner Redaktion an und übernahm dann die Leitung des Handelsteils in Frankfurt, die er bis zu Hitlers Verbot 1943 innehatte. Zum 15. Juli 1942 gab die

Zeitung zwei kleine Jubiläumsbändchen als Privatdrucke heraus: *Albert Oeser, Proben aus vierzig Jahren Arbeit für die Frankfurter Zeitung* und eine Sammlung kollegialer Gratulationen, *Vierzig Jahre.* Unter den mehr als dreißig kleinen Beiträgen verdienen hier diejenigen seiner unmittelbaren Zöglinge besondere Aufmerksamkeit. Der Handelsredakteur Otto Hoffmann charakterisiert seine Moralität und fügt diese Bemerkung an: »So groß wurde das Ansehen, das er sich mit seiner Unbestechlichkeit erwarb, daß sich ihm Männer gerade auch der ›ersten Garnitur‹ nicht nur anvertrauten, sondern ihn auch, ohne ihm schmeicheln zu wollen, um Rat angingen.« (S. 34). In dem Beitrag des Handelsredakteurs Hans Ilau ist auch die Maxime bezeugt, die ich schon erwähnt habe: »Aktienbesitz und damit verbundenes Interesse an Aktienkursen verbieten sich ... für den Handelsjournalisten ... aus der Pflicht zur Neutralität«. (S. 39). In diesem Punkt ging Oeser über die Prinzipien Sonnemanns offenbar noch hinaus.

Nach dem zweiten Weltkrieg gehörte Albert Oeser zu dem Herausgeberkreis der *Gegenwart.*

20 Heinrich Simon, *Leopold Sonnemann,* S. 90/91.

21 Kleine ausgehaltene Theatermädchen sind ihm erst in der literarischen Karikatur zugesellt worden, die J. B. von Schweitzer in seinem Roman *Lucinde oder Capital und Arbeit* von ihm – unter dem Namen Itzinger – entworfen hat, aber das gehörte wohl zum unentbehrlichen Requisit und zum Klischee.

22 Über die *Anfänge des Städel-Vereins* geben Auskunft der *Bericht über die Thätigkeit des Staedelschen Museums-Vereins in Frankfurt am Main seit dessen Bestehen bis zum 31. März 1901* (1901) und der entsprechende Bericht über das erste Jahrzehnt seit der Gründung am 27. Juni 1899 (1909), beide mit Abbildungen der Ankäufe. 1901 hatte der Verein 77 Mitglieder, 1909 ihrer 96. Die Verzeichnisse sind sozialhistorisch von Interesse, sie bezeugen die Verschmelzung oder doch Zusammenfügung der alten Frankfurter Familien – wie Andreae-Passavant, de Bary, von Bethmann, von Grunelius, von Metzler – mit der neueren, vorwiegend jüdischen Finanz- und Handelsschicht – wie Flersheim, Gans, Hochschild, Schiff, Schuster, Speyer, Sulzbach, Wertheimer.

Außerdem konnte ich, dank der Freundlichkeit des gegenwärtigen Vorsitzenden, Herrn Carl von Mengden, Akten aus der Gründungszeit einsehen. Das älteste Stück, vom 11. Juni 1899, enthält eine Liste von Namen, die Sonnemann für das Gründungsgremium vorgeschlagen hat. Im übrigen spielt seine Korrespondenz mit dem Galeriedirektor, Professor H. Weizsäcker, die Hauptrolle, die zumeist von geplanten, erwogenen und vollzogenen Ankäufen handelt. Die bedeutendste Erwerbung des ersten Jahres, diejenige des »Amsterdamer Waisenhauses« von Liebermann, hatte eine dramatische Vorgeschichte. Sonnemann, der selbst mit Liebermann verhandelt hatte, erklärte wegen einer Differenz zwischen dem verlangten und von ihm akzeptierten und dem von seinen Vorstandskollegen bewilligten Preis (20 000 statt 25 000 Mark) seinen Austritt aus dem Vorstand, weil er sich »desavouiert« fühlte; der Streit wurde schließlich beigelegt.

Sonnemann leitete den Verein noch bis zum Anfang des Jahres 1906. Außer dem »Waisenhaus« wurden in dieser Frist der »Lesende Mohr« von Trübner, das Selbstporträt von Thoma und Bilder von Kaulbach, Steinhausen, Haider, Böhle, Stäbli und Meyerheim angekauft. Zu seinem siebzigsten Geburtstag schenkte er seinerseits dem Verein eine Reihe von Gemälden aus eignem Besitz, zumeist Landschaften zeitgenössischer Maler, darunter eine schöne »Fränkische Landschaft« von Toni Stadler, die er erworben hatte, weil sie ihn an seine Heimat erinnerte.

Hohe See und Schiffbruch

Zur Geschichte einer Allegorie

(*1935*)

Mit Bedauern wohl, das vielleicht mit einem gewissen Genusse gemischt ist, wird es ausgesprochen, daß jemand ›im Leben Schiffbruch erlitten‹ habe. Wenn aber ein Unterton von moralischem Hochmut mitklingt – in der Gesinnung: er hat es sich selber zuzuschreiben, er war zu waghalsig (oder ähnlich) –, so ist dies doch dem Bilde selber keineswegs wesentlich. Denn dieses ist vielmehr gänzlich außerhalb aller Moral belegen, verbietet von sich aus auch jede Art Urteil, jede kausale oder psychologische Untersuchung des Falles. Mag der ›Schiffbruch‹ sich dem empirischen Sinn im einzelnen als Folge wirtschaftlicher Verwicklungen, falscher Spekulationen, als Zerrüttung der Familie, Krankheit, Prestigeverlust oder was immer darstellen – die allegorische Wendung, einmal gebraucht, stempelt ihn sofort zum Naturereignis, dessen suggestive Bildkraft jede näher aufklärende Analyse überschattet. Jenseits von Gut und Böse, ja von Glaube und Unglaube, ohne Gott und ohne Teufel, jenseits überhaupt aller Verknüpfungen und Verpflichtungen menschlichen Zusammenlebens vollzieht sich der allegorische Schiffbruch und ist dennoch – höchst merkwürdigerweise – tauglich, Vorgänge zu bezeichnen, die sonst ganz festländisch, menschlich, gesellschaftlich und moralisch aufgefaßt zu werden pflegen. In demselben Augenblick, wo die Sache von diesem Bilde bedeckt – oder in dieses Bild gefaßt – wird, gibt es weder eine Schuldfrage, noch übernimmt jemand die Verantwortung für das Geschehene, ebensowenig wie es irgend weiterer Erklärung bedürftig ist. Er hat eben Schiffbruch erlitten.

Obwohl derart von der sprechenden Gesellschaft – der Übereinkunft gemäß, wonach ebendieses Sprachbild hier anwendbar und zuständig ist – preisgegeben und dem tiefen Ozean seines Schicksals oder seinem Schicksal als Ozean überlassen, ist doch der, der also Schiffbruch erlitten hat, darum nicht verlassen. Vielmehr nimmt ihn, indem man mit solchen Worten von ihm redet, das Bild in sich auf, und die bloß beiläufig aufgerufene Erhabenheit der Szenerie mit sturmgepeitschtem Meer und verfinstertem Horizont vermag dem Unglücklichen zwar weder aufzuhelfen noch Erlösung zu spenden von seinem Leiden, wohl aber verleiht sie ihm eine Art unheiliger Verklärung, die ihn vor der Nichtigkeit bewahrt. In dem Augenblick des Versinkens bei den Trümmern seines Wracks – so bleibt er, ohne individuelle Züge freilich, ins Bild gerettet. Das Bild der Havarie zieht also den jeweils gemeinten Vorgang aus allen Begriffen des bürgerlichen Lebens, aus allen Bewertungen mit gewöhnlichen moralischen Maßstäben für einen Augenblick heraus. Nicht nur das: es eröffnet selbst einen Bereich, welcher gänzlich inkommensurabel ist zu ausnahmslos allen Wertsystemen oder Denkstilen, in deren Konstruktion man die geistige Entwicklung der letztvergangenen Jahrzehnte zu fassen versucht hat. Umgekehrt aber ist die Faszination dieses Bildbereichs so außerordentlich, daß die unterschiedlichsten, ja gegensätzlichsten Bewegungen des Denkens – darin mit dem alltäglichen Sprachgebrauche übereinkommend – sich von ihr befangen zeigen, so daß das Schweifen der Ideen, genau und auf die Sprache hin angesehen, eingeholt wird von den – wenn auch fragmentarischen – Erinnerungen jenes Bildes.

Denn wo immer in dieser Zeit die Idee des ›gefährlichen Lebens‹ aufgebracht und verkündet ward, wo immer die Sicherungen des menschlichen Daseins, an welchen Jahrtausende gearbeitet haben, verkleinert, ja verhöhnt werden, wo immer man das Leben im Hause (im buchstäblichen wie im gleichnishaften Sinne), das Glück der Einzelnen wie der Massen herabsetzt, die Möglichkeit der endlichen Ruhe und Heimat verwirft und Wagnis, Kampf, Unsicherheit der Existenz preist – da ist auch das Bild von stürmischer See und Havarie im Spiele.[1]

Es gab eine große Zeit dieses Bildes, in der es geradezu Epoche machte: sie wird – nach den wirtschaftlichen Vorgängen, die durch die Einigung des Deutschen Reiches in Gang gebracht wurden – gemeinhin die Gründerzeit genannt.

Jedermann, der einmal Familienzeitschriften, auch illustrierte Erzählungen jener Jahre betrachtet hat, wird nicht wenige jener Szenen sich ins Gedächtnis rufen können, welche die erregt rollende See, dunkeln Horizont und den einsamen Mann im zerfetzten Hemde vereinen, der, an den splitternden Mast geklammert, das Gesicht in die Ferne – seltener zum Himmel – wendet und in seiner letzten, immer aber gebändigten Verzweiflung noch nach unverhoffter Rettung auszuspähen scheint. Noch heute findet man gelegentlich an Zimmerwänden oder in den Ladengeschäften, die den Bedarf an Zimmerkunst zu decken haben, die Kopien oder Nachfahren dieser in den siebziger und achtziger Jahren breit einsetzenden malerischen und graphischen Thematik: »In Sturm und Not« oder »Windstärke 11« oder »Stürmisch die Nacht, und die See geht hoch«.

Zur Ergründung des außerordentlichen und so merkwürdigen Interesses an derlei Motiven kann man diese wohl rein nach ihrem Inhalt betrachten und ohne Gewaltsamkeit in einige Gruppen ordnen. Die Darstellung der von Menschen wie Schiffen leeren, in sich aber und durch sich selbst mächtig bewegten Meeresfläche, der schaumgekrönten, bisweilen an felsigem oder steinern erbautem Ufer gischtend sich brechenden Wogenmassen bildet einen dieser Typen – die Natur des Bildes beruht hier darin, daß die Wasserlandschaft, weit entfernt, gerahmter Ausblick zu sein, vielmehr aus der Ferne gegen den Bildrand und weiter noch gegen den Betrachter hin hervordrängt. Im Innern des Bildes ist das Meer hier ohne alle Grenzen, aber nicht so, daß das Auge des Betrachters irgend verlockt wäre, schweifend das Unendliche in einem Augenblicke zu erfassen, sondern unmittelbar überall an den wirklichen Rand und Rahmen anstoßend und vorn als »Welle« oder »Brandung« zur Wand sich aufstauend, die illusionistisch überzukippen und den Beschauer selber noch überspülen zu wollen scheint. Das derart nur eben vor dem Äußersten bewahrte ›Dräuen‹ des Elements, das allesverschlingend doch nichts Einzelnes wirklich vernichtet, vielmehr prachtvoll im goldenen Rahmen gefaßt, aufgestaut, einbehalten ist, macht die eigentliche Bedeutung dieser Bilder aus und begründet den Reiz, den sie übten. Der Stillstand des drohenden Elements, die ästhetisch arretierte Wildheit des sichtlich ungebändigten, nicht einmal befahrenen Naturreichs jenseits aller Küsten brachte ein Moment sinnlich anschaubaren Tobens ins Bewohnte, ja in die Stube, als erstarrte Draperie von Macht und Freiheit, und lockte den, der dies besah und um sich hatte, all das Brausen, Drohen und Rauschen metaphorisch in seine Empfindung zu übersetzen. (Courbets »Welle« – wohl Vorbild für viele Nachfolger –, die den knappen schmalen Vordergrundstrand im nächsten Moment zu überschäumen scheint, wurde genau im Jahre 1870 zuerst ausgestellt.)

Die berauschende Gefährlichkeit dieses leeren Ozeans (welche allerdings bei Courbet selber von einer dunklen Schwermut durchdrungen scheint) konzentriert sich in der Anschauung des Schiffbrüchigen. Ohne Zweifel hat das Motiv eine lange und breite Vorgeschichte, gleichwohl aber eignete den zahllosen und weitverbreiteten Blättern, an die ich den Leser schon erinnert habe, in jenen Jahren des neuen Deutschen Reiches ein Charakter, der unverwechselbar von allen voraufgegangenen Wendungen des Themas sich abhebt, wenn er auch gewiß von den letzten Gründen solcher Tradition noch immer zehrte. Man würde versucht sein, wie vorher Courbet, so jetzt Géri-

cault und Delacroix als diejenigen zu nennen, die zuerst –
jener mit dem »Floß der Medusa«, dieser mit dem »Schiffbruch des Don Juan« – im neunzehnten Jahrhundert dem
Thema eine grandiose szenische Gestalt gaben – man
würde dazu versucht sein, wenn nicht diese beiden
berühmten Gemälde des Louvre so überraschend wenig
von der Natur des Ozeans enthielten: nicht diese, sondern
die »nature humaine« ist es, worauf beide abzielen. Die
Masse der nackten Leiber, die hangend, starr, verkrampft,
gekrümmt und vom Tode schon niedergestreckt, ineinan-
dergewunden und aufgetürmt sind – die Abwandlung der
Gebärden und Mienen von dumpf stierender zu tobender
Verzweiflung, vom bewegungslosen Leichnam zur hoch-
wirbelnden Hoffnung machen beide Bilder beinahe zu
Lehrstücken der Physiognomik und Mimik der Affekte –
die hohe See bildet den eher nur begrifflichen als bildmäßi-
gen Anlaß solcher gehäuften Demonstration. Diese Psychologie der äußersten Möglichkeiten (die in Frankreich
eine große Tradition hat) war schon in dem Bericht von
der Katastrophe der »Méduse« – im Juli 1816 – vorgebil-
det, den einer der Überlebenden gegeben, und der Géricault inspiriert hat:
»Alors la faim, la soif, le désespoir armèrent ces hommes
les uns contre les autres. Enfin, le douzième jour de ce sup-
plice surhumain, ›l'Argus‹ recueillit quinze mourants.«
(Hunger, Durst und Verzweiflung reizten diese Menschen
widereinander auf. Endlich, am zwölften Tage dieser
übermenschlichen Martern, nahm die ›Argus‹ fünfzehn
Sterbende auf.)
Die Fülle der teils erschlafften, teils gereckten athletischen
Leiber, auf engem Raum zusammengetrieben, scheint
zwar gegenüber der Unerschrockenheit dieser Maler vor
der Schilderung der verzerrten Larven der Agonie ein
Gegengewicht zu bilden – in Wahrheit aber sind dies nur
die immer gleich vollkommenen Modelle der klassizisti-

schen Anatomie, an welchen sowohl die erhabensten wie die dumpfsten Momente menschlicher Affekte eingezeichnet werden konnten und deren lange unangetastete Gültigkeit erst Daumier durch den Hohn plastischer Deformation ins Wanken gebracht hat.[2] Auch Goethe hat in der gleichen Epoche in Weimar, obwohl mitten unter den Abgüssen antiker Statuen wandelnd, einmal ein Gemälde preisgekrönt, das die Sintflut auf das grausigste an den Mienen und Gesten einer Gruppe von Menschen demonstrierte, welche auf einen noch eben aus den Fluten ragenden Gipfel zusammengedrängt ist.

All diesem verglichen, bieten die deutschen Blätter aus dem letzten Drittel des Jahrhunderts eine gänzlich veränderte Konfiguration des Themas. Die Wogen des Meeres, welche dort der Vollkommenheit der menschlichen Leiber keinen Abbruch taten, ja diese, die selber völlig trocken geblieben sind, nicht einmal berührten, füllen hier das Bild aus, lecken und rauschen an den Gestalten der Schiffbrüchigen empor, durchnässen sichtbar die Kleiderreste, die sie noch an sich tragen, und bilden auf diese Weise nicht nur eine umgebende landschaftlich-begriffliche Situation, sondern gleichsam ein Stück oder eine Hälfte der Figur des Schiffbrüchigen selber. Das Wrack, längst überspült und nur eben vor der gänzlichen Vernichtung ins Bild aufgefangen, läßt gerade noch etwa den gesplitterten Stumpf des Mastes, verwirrte Taue und einen Fetzen vom Segel sehen. Der Mann selbst hält sich inmitten solcher Requisiten aufrecht und kraftvoll, meist nur durch eine heftige Wendung des Kopfes und Oberkörpers zur Seite oder zum Hintergrund anzeigend, daß er noch an Rettung glaubt, ob er auch zum Untergange durchaus bereit scheint. Nichts verrät im Ausdruck seines Gesichtes irgendwelche Veränderungen seiner Seele, weder Verzweiflung noch Ergebenheit in sein Schicksal – noch aber auch triumphierenden Trotz. Bisweilen bewährt er sich selbst noch als Retter

– im Kontrast zu den Insassen des Floßes der »Méduse«, qui s'armèrent les uns contre les autres – und hält die erschlafften schönen Glieder einer ohnmächtigen Frauengestalt in den Armen, deren reiches Haar aufgelöst im Sturme flattert. Wie denn überhaupt die Figur des Schiffbrüchigen in jener Zeit von derjenigen des Retters ›aus Sturm und Not‹, des Mannes mit Wasserstiefeln, Öljacke und Südwester, nicht so weit entfernt ist, als es nach Lage der Dinge vermutet werden könnte.

Das Lotsen- oder Rettungskommando – ›wetterharte Männer‹, wie es in der Sprache der Zeit heißt –, auf der Mole oder am Strand der Ausfahrt des Rettungsbootes, das auf den Wellen tanzt, aufmerksam folgend (der dritte Bildtypus, der hier angeführt sei), gleichfalls umgeben von Gischt und Brandung, gleichfalls sich abhebend von dem Hintergrunde des verfinsterten Himmels und des grellen Lichtstreifens am Horizont – es ist im Grunde dieselbe Konstellation der Momente wie dort beim Bilde des Schiffbrüchigen. Es ist das heroische Genre des gefährlichen Lebens schlechthin, das diesen wie jenen Typ szenischer Erfindung festgelegt hat; die Variation vom einen zum andern erscheint gegenüber dem Verbindenden geringfügig, und es verschlägt nicht viel, daß es sich, literarisch ausgelegt, um wesentlich verschiedene illustrative Haltepunkte in der Erzählung des Vorganges »Schiffbruch und Rettung« handelt, daß auch die Akteure da und dort einander genau entgegengesetzt sind, daß dort die Ohnmacht, hier hingegen die Macht des Menschen, Natur zu bewältigen, den Sinn der Szene ausmacht. Der Schiffbrüchige wie der Lotse gelten gleich, sofern sie Männer in Wetter und Wogen darstellen.[3]

Unter anderem hat die Werbung der »Deutschen Gesellschaft zur Rettung Schiffbrüchiger«, die doch gerade die Erhöhung der Sicherheit in einem so lange ungesichert gebliebenen Bereiche anstrebte, gleichwohl in hohem Maße die Vorstellungen von einem jenseits allen Kalküls gelegenen Bezirk gefördert, worin kein Damm und keine Vorsicht der Ratio der plötzlich ausbrechenden Übermacht wilder Naturkräfte gewachsen sind. Gewisse Anzeichen lassen den Schluß zu, daß eben durch die Verbreitung des Gedankens, dem jener Verein dient, in der ganzen Nation die Phantasie auch der Maler und Zeichner wie übrigens diejenige der Schriftsteller, schließlich der Umgangssprache selber, entzündet worden ist. Die ganze Sphäre des gefährlichen Ozeans wird geradezu zur Gegenwelt der bürgerlichen Gesellschaft der Epoche – einer Gegenwelt, deren Anschauung die in der Sekurität Lebenden sich ständig präsent zu halten insgeheim getrieben sind. Indessen doch nicht nur eine Gegenwelt.

Schiller hat – in dem Aufsatz über die tragische Kunst – die Zwiespältigkeit untersucht, welche die Empfindungen eines selber in Sicherheit befindlichen Zuschauers gefährlicher Vorgänger so merkwürdig machen:

»Ein Meersturm, der eine ganze Flotte versenkt, vom Ufer aus gesehen, würde unsere Phantasie ebenso stark ergötzen, als er unser fühlendes Herz empört; es dürfte schwer sein, mit dem Lukrez zu glauben, daß diese natürliche Lust aus einer Vergleichung unserer Sicherheit mit der wahrgenommenen Gefahr entspringe.«

Ich möchte nicht unterlassen, auch die Stelle aus dem Gedichte des Lukrez »De natura rerum« hierherzusetzen, welche Schiller im Sinne hatte, weil sie in ihrer römischen Nüchternheit und fast vergnügten Abgeneigtheit gegenüber dem Abenteuer höchst prägnant ist und hier eine willkommene Folie für unseren Gegenstand abzugeben vermag:

»Süß ist's, anderer Not bei tobendem Kampfe der Winde
Auf hochwogigem Meer vom fernen Ufer zu schauen;

Nicht, als könnte man sich am Unfall andrer ergötzen,
Sondern dieweil man es sieht, von welcher Bedrängnis
man frei ist.«

Schillers eigene Auflösung dieses Rätsels ist so bekannt,
daß ich sie hier nur kurz anzudeuten brauche: er fand sie in
einer »ursprünglichen Anlage des menschlichen Gemüts«,
nämlich dem »Vergnügen des Mitleids«, welche ihm mit
dem Triumph der sittlichen Vernunft über die so heftig
durch das angeschaute Leid affizierte Sinnlichkeit identisch
war und zur psychologischen Grundlage seines Begriffes
der tragischen Kunst diente. Das Widerspiel der ange-
schauten Vernichtung und des anschauenden Mitleids,
welches die Vernichtung überdauert – dieses Widerspiel
und nicht die lukrezische einfache Selbstbestätigung der
Sicherheit macht für ihn das tragische Vergnügen und das
tragische Schauspiel aus. Die Empfindung des Zuschauers
bleibt so zwar das Umfassende und Triumphierende, aber
nicht im Sinne empirischer Sekurität. Deswegen nicht,
weil Schillers »Meersturm« gar nicht als ein reines Natur-
bild den Vorgängen der Geschichte und der menschlichen
Gesellschaft gegenübersteht, sondern im Gegenteil eine
Allegorie der verschlingenden und vernichtenden Geschichte selber darstellt (welche ja das Substrat und den
eigentlichen Gegenstand seiner Schauspiele bildet). Der
wohlhabende Bürger des späten neunzehnten Jahrhunderts
hingegen wußte sich im Innern seiner zivilisierten, durch
tausend Sicherungen und Versicherungen gegen alle
Unbilden der Natur abgeriegelten Gesellschaft, ihm
erschien wohl das Meer als das ganz und gar Andere der
Geschichte. Darum braucht er stärkere als idyllische
Naturbilder, und er läßt die Brandung, wenngleich
gerahmt, bis in seine Stube hereinschlagen, hört hingegeben auf ihr Brausen. Aus der Allegorie ist eine Art Genre
geworden. Schiffbruch als Allegorie meinte, in eins
gefaßt, die Vergänglichkeit der Welt überhaupt – Schiff-

bruch als Genre ist ein Guckloch ins gefährliche Leben, das nicht das eigene ist, aber doch gebraucht wird.

Aber dabei bleibt es nicht. Unterirdisch setzt sich die allegorische Bedeutung fort. Die Sicherheit des bürgerlichen Daseins, die Ordnung und der Wohlstand der alten, auf Kalkül und Vertrauen gegründeten bürgerlichen Wirtschaft überschlägt sich in der Zeit der ›Gründungen‹. Krisen und Fallissements rütteln an der Basis des kapitalistischen Gebäudes, das Abenteuer der großen Spekulationen bringt ein alles normale kaufmännische Risiko übersteigendes Element von Unberechenbarkeit, von realer Gefahr in das ökonomische Leben jener Jahre. Das Vertrauen wird fraglich, sowohl in den einzelnen Geschäftspartner als in das harmonische Funktionieren des ganzen Systems. Und so wird dem Einzelnen, der Ordnung und Sicherheit wünscht und der die vor sich gehenden Zusammenbrüche nicht mehr durchschaut, von seinem begrenzten Standpunkt nicht zu übersehen vermag, das ganze Reich der Werte zum chaotisch dräuenden, auf und nieder wogenden stürmischen Meere. Oder diese moderne ökonomische Wirklichkeit der Gründerzeit hat – eben noch zwar vielfältig, aber rational verknüpft – die Möglichkeit in sich, im nächsten Augenblick schon an tausend Stellen zugleich aufzuschäumen und, einmal in Bewegung gebracht, in einen alles zerstörenden Tumult zu geraten. »Gewitter und Sturm« oder »Sturmflut« wurden zum Sinnbild der Krise – von neuem also zur Allegorie der Geschichte, sofern sie in Krisen besteht oder sich bewegt.

Das Allegorische aber kann nicht übermächtig werden deswegen, weil die Geschichte nicht in Krisen bestehen, die wirtschaftliche Ordnung sich nicht selbst zerstören darf. Ein fester Punkt in solchem aufgewühlten Meere muß gefunden, ein Bild und Prinzip der Reorganisation, des Neuaufbaus muß errichtet werden. Und als dieser feste Punkt im Meere erscheint der herkulische Mann auf dem Wrack oder der mit Ölzeug und Wasserstiefeln angetane Lotse im Rettungsboot. In seiner Figur konzentriert sich Erwartung und Hoffnung sowohl auf die Wiederherstellung der wirtschaftlichen Ordnung als auch auf eine erneuerte Bindung der zerfallenden Gesellschaft, denn er ist keiner Klasse zugehörig, weder Arbeiter noch Unternehmer, weder Aristokrat noch Bürger. Vom Meere kommt er, aus der abenteuerlichen Gegenwelt, dem reinen Naturreich, vertraut mit seinen Tücken und Gefahren, noch gleichsam umstrahlt von der Gischt der Brandung wie von einer Aura: der ›Retter‹. So hat ihn Spielhagen geschildert in seinem großen dokumentarischen Roman *Sturmflut*, der im Jahre 1877 erschienen ist, den einfachen Schiffskapitän, nachmaligen Lotsenkommandeur und schließlichen Ministerialreferenten mit dem unscheinbaren Namen Reinhold Schmidt. Es ist genau jener Schiffbrüchige oder Lotse, dessen gemaltes Bild ich zitiert habe, mit denselben unbestimmten Zügen, demselben vagen, nie recht sichtbaren Gesichtsausdruck von »Schönheit und Kraft«, der »stattliche Seemann mit den helleuchtenden blauen Augen« oder auch »der Mann am Steuer«, der sich in einer abstrakten, fast unmenschlich zu nennenden Weise immer gleich bleibt, dessen Mienen niemals, nicht ein einziges Mal über achthundertsechsunddreißig Buchseiten, eine Spur weder von Angst noch Besorgnis, weder von der Anstrengung des Mutes noch von Ermüdung nach vollbrachter Rettungstat zeigen. Wiewohl er es ist, von dessen »kräftigen Armen« sich das schiffbrüchige schöne Mädchen plötzlich umschlungen fühlt, um so »ohne den Fuß zu netzen, sie wußte selbst nicht wie, auf das sichere Ufer zu gelangen« –, so ist doch diese seine Männlichkeit so unbeirrbar, weder durch Leidenschaft noch durch Ehrgeiz in Bewegung gebracht, daß sie besser geschlechtslos genannt würde. Selbst während er von Liebe ergriffen ist,

zeigt er sich nicht anders denn als Bild des einsamen Mannes auf der Düne, sturmumdroht und nahe dem heranlek-
kenden Meere. Und wie er unberührt, geschweige beschä-
digt oder erschöpft von der Rettungsaktion, aus der nun
wörtlich zu verstehenden »Sturmflut« zurückkehrt, nicht
anders, als er hineinging, so rinnen auch die Wasser derjenigen Sturmflut von ihm ab, welche hier das Festland der
Gesellschaft überspült, es zu unterhöhlen und zu zerreißen
begann. Diese Figur des unbekannten Seemannes wandelt
durch sämtliche ›Milieus‹, die der Roman vorführt, das
aristokratisch-militärische, das der Kaufleute und das der
Spekulanten, der ›Gründer‹ und der Arbeiter, hindurch in
vollkommener Integrität, als ein schemenhaftes Ferment
zur Bindung dieser zerrissenen Gesellschaft. Er versöhnt
neues Bürgertum und alten Militäradel, indem die Gene-
ralstochter seine Frau wird – immer aber als ein fast passi-
ves phantomatisches Wesen, nicht als Handelnder. Und
dasselbe Meer, dieselbe Sturmflut, die allegorisch für die
Verwirrung der sozialen und ökonomischen Ordnung
steht, die als apokalyptisches Losbrechen lang gestauter
dämonischer Kräfte von ihm geweissagt worden war –
dieselbe Sturmflut scheint dann als Naturgewalt auf eine
geheimnisvolle Weise mit dem Retter im Bunde: höchst
sinnreich verschlingt sie – ein schweigsames Strafgericht
ohne moralisches Räsonnement – die Frevler am Funda-
ment des Kredits, die ›Gründer‹ und Spekulanten, alle sit-
tenlosen Dunkelmänner und machtgierigen Financiers.
Ohne moralisches Räsonnement – da die Natur hier von
selber genau das Richtige tut: die Überlebenden, der Retter in ihrer Mitte, haben nur dem Schicksal zu danken,
»welches in seine dunkle Tiefe zurückschlingt, was nim-
mer das Licht des Tages hätte sehen sollen«.[4] Derart trägt
das Genre über die Allegorie den Sieg davon. Eine gerei-
nigte und geeinigte Welt steigt aus den Fluten – nein: die
anderen, dem Bilde des Lotsen unablöslich zugehörigen

Fluten scheiden sich ab von den dunkleren Wassern, deren zerstörende Macht zurücksinkt, nachdem sie ihr Werk vollbracht hat. Dieses heroische Genre bleibt das Zeichen, unter dem die Reorganisation und Versöhnung der Gesellschaft und die Wiederherstellung des Vertrauens beginnt. Das vordem als ferne Gegenwelt erblickte gefährliche Leben des Meeres wird eingeholt. Das Bild des Lotsen tritt aus seinem Rahmen, und in diesem neuen Dasein sind ihm die höchsten Aufgaben zugedacht, die zu lösen sind.

Aus anderen Quellen erhielt diese neu und kräftig umgehende Figur Zuzug. Die poetische Metaphorik der Freiheitskämpfer schlug herein, aus großdeutsch-nationaler Erinnerung im Reiche Bismarcks wiedererweckt. Der ›Gesang deutscher Männer‹ von 1812:

»Es heult der Sturm, es braust das Meer;
Heran, ihr Sorgen, groß und schwer,
Heran bei Wetter und Regen!
In unsern Adern jauchzt die Lust;
Wir deutschen Männer, wir werfen die Brust
Euch keck und kühn entgegen.«

Oder Ernst Moritz Arndts Naturreich der Freiheit, das schon die gleichen aufgeregten Elemente enthielt, in deren Mitte ›Der Mann‹ einherzieht:

»Brauset, Winde, schäume, Meer!
Mir im Herzen braust es mehr.
Schlage, Unglückswetter, ein!
Mut will trotzig oben sein.
Schwillt die Flut ins Himmelshaus,
Keine Anker wirft er aus;
Schmettern Blitze, höllentief,
Blickt sein freies Aug’ nicht schief.«

Und hier schon, im Zustande der metaphorischen Landschaft, hält sich in allem Untergange – wie später jener Schiffbrüchige des Genrebildes – der abstrakt auftretende ›Mut‹, ein gegenstandsloses Selbstbewußtsein, schwebend durch wie ein Geist über apokalyptischen Wassern, das christliche Zeichen des Ankers verschmähend:

»Will die Welt zu Scheitern gehn,
Mut allein bleibt ruhig stehn;
Ja, fällt selbst der Himmel ein –
Mut wird Gott mit Göttern sein!«

Derart umgaben sich die Träger der politischen Freiheit im Beginn des Jahrhunderts mit den Zeichen und Bildern vorgeschichtlicher, vormenschlicher Natur – Strömen, Meer, Sturm und Fels –, sie aktivierten und aktualisierten den romantischen Ausblick und Rückblick ins Frühe in dem Drange, das ganz und gar Ungebändigte aufzubieten gegen die geschichtlichen Mächte, die sie auszuheben strebten. Ihre Taten wären anarchisch geblieben, wie diese ihre Sprache es meinte, wenn nicht Richtung und Grenze ihres Handelns ihnen von den faktischen Leitern des Krieges gegen Napoleon vorgezeichnet worden wären. Darum auch verblaßt späterhin diese Bildwelt, wo sie im Dienste der Nationalidee wieder aufkommt oder prägend weiterlebt, zum bloßen poetischen Vergleich. »Es braust ein Ruf wie Donnerhall, wie Schwertgeklirr und Wogenprall« oder auch »Haltet aus im Sturmgebraus«.

Diese Tradition des burschenschaftlichen und vaterländischen Liedes, das nun im Kaiserreich nach 1871 allgemein und sozusagen offiziell geworden ist, tritt zu dem triumphierenden Genre des Schiffbrüchigen oder Lotsen hinzu und bildet ein Moment in der Figuration des legitimen ›gefährlichen Lebens‹, ein fortwirkendes Ingrediens des stolzen Reichsgefühls. Es ist die Paradoxie dieser Entwicklung, daß hier in der Tat das Meer ans Land gestiegen ist wie Spielhagens sturmgewohnter Lotse Schmidt ins Ministerium.

Wie nahe wir seiner Aufklärung aber auch kommen mögen, der Gedanke wird merkwürdig unheimlich bleiben: der Gedanke, daß diese heroischen Gemälde des gefährlichen Lebens, dieses Lob des tragischen Scheiterns, das Hoffnung wegzuwerfen, Glück zu verachten scheint, sich als Trostbilder enthüllen, in welchen wirkliche Konflikte aufgefangen und mit welchen wirkliche Gefahren beschworen werden. Vielleicht ist der umgekehrte Schluß erlaubt, daß dieser wirklichen Gefahren derjenige doch besser ansichtig wird, der auf dem Lande mit aller Kraft des Verstandes an seinem ›Schneckenhause‹ baut? Oder sollten wir zu mehr nicht fähig sein, daß wir in solcher erstarrten Szenerie uns bergen müßten?

Anmerkungen

1 Diese Studie ist zuerst im Augustheft 1935 der Fischerschen *Neuen Rundschau* erschienen (unter Suhrkamps Redaktion), zu einer Zeit also, da in Deutschland, insoweit nach dem Vorbild des italienischen Faschismus und des Nietzscheaners Mussolini, die Idee des ›gefährlichen Lebens‹, des ›vivere pericolosamente‹, die Herrschaft angetreten hatte und allgemein verordnet war. Der damalige Text enthielt an dieser Stelle noch Ausführungen über das Motiv des ›Scheiterns‹ in der Existenzphilosophie und in der Lebensphilosophie von Ludwig Klages; sie sind in der gegenwärtigen Fassung gestrichen, da sie von dem historischen Zusammenhang, der Charakteristik des 19. Jahrhunderts, ablenken würden. Es mag noch erwähnt sein, daß ich die Antithese von Glück und Wagnis, die hier angedeutet ist, in einem Vortrag von 1941 über »das glückliche und das gefährliche Leben« von neuem erörtert habe, diesmal nicht an Hand allegorischer Ikonographie, sondern von repräsentativen philosophischen Autoren, nämlich von Montesquieu und Nietzsche. (Der Vortrag ist in dem Essay-Band *Figuren der Fabel* wiederabgedruckt, der 1950 im Suhrkamp Verlag erschienen ist.)

2 Genauer gibt der Kunsthistoriker Eduard Hüttinger die Vorbilder Géricaults an. Er schreibt über das ›Floß der Medusa‹: »Géricault gibt eine gestufte Psychologie extremster Möglichkeiten und affektgeladener Mimik; er zeigt das heroische Erdulden eines entsetzlichen Schicksals, das anonyme menschliche Wesen trifft. Indem er sie aber einem an Michelangelos, auch Rubens' Körperwelt geschulten Modellstudium unterwirft, verleiht er dem Geschehen zündendes Pathos und unerhörte Leidenschaftlichkeit – scheinbar voraussetzungslos ›realistische‹ Sicht verbindet sich auf Schritt und Tritt mit klassischen Mustern.«

Die Abhandlung ›*Der Schiffbruch, Deutungen eines Bildmotivs im 19. Jahrhundert*‹ (in: *Beiträge zur Motivkunde des 19. Jahrhunderts*, München 1970), der dieses Zitat entnommen ist, berührt auch die antike und christliche Vorgeschichte der Allegorie der Seefahrt. Besonders erhellend scheint mir der Hinweis auf eschatologische Bedeutungen: »Das Meer ist Ort der Rettungstat des Messias im eschatologischen Meeressturm« (S. 218) – die Formulierung spielt auf eine Untersuchung des Theologen Erik Peterson an (*Das Schiff als Symbol der Kirche*, Theol. Zeitschrift 6, 1950). Hüttinger breitet dann aber vor allem ein reiches Material an nach- oder anti-christlichen, nämlich der Erlöserfigur entbehrenden, ja ihr widerstrebenden Bearbeitungen aus, von den idyllischen bis zu den nihilistischen Versionen. Delacroix erscheint als mächtigste Gestalt, von ihm sind neben dem ›Don Juan‹ noch drei weitere Schiffbruchs- oder Seenot-Darstellungen wiedergegeben und erörtert. Hinsichtlich der Trivialkunst der Gründerzeit bezieht sich Hüttinger ausdrücklich auf meinen Essay von 1935.

3 Merkwürdigerweise erscheint diese Figur des Mannes im Sturm vorgeprägt in einem Gedicht, das etwa hundert Jahre älter ist als die hier untersuchten Bilder: in Goethes ›Seefahrt‹ (von 1776). Die letzte Strophe lautet folgendermaßen:

> Doch er stehet männlich an dem Steuer.
> Mit dem Schiffe spielen Wind und Wellen,
> Wind und Wellen nicht mit seinem Herzen:
> Herrschend blickt er auf die grimme Tiefe,
> Und vertrauet, scheiternd oder landend,
> Seinen Göttern.«

(Propyläen-Ausgabe Bd. 3, S. 399)

Es ist die letzte Zeile, die diesen Charakter von den Genrefiguren unterscheidet, mit denen wir es hier zu tun haben, und die ihn als klassizistisch ausweist. Dennoch bleibt eine frappante Ähnlichkeit.

Auch diesen Hinweis gibt Hüttinger in dem zuvor zitierten Aufsatz, S. 226. Dort sind auch literarhistorische Arbeiten zur Motivgeschichte angegeben.

4 Indem also die Sturmflut zuguterletzt einen Teil der Arbeit des Jüngsten Gerichts übernimmt und insoweit gleichsam die Stelle des Höllenrachens vertritt, scheint doch auch in so spätem Zeugnis noch etwas von jener eschatologischen Bedeutung des ›Meersturms‹ nachzugeistern, die zuvor in der zweiten Anmerkung erwähnt wurde. Es ist in der Tat auch eine Art von ›neuer Erde‹ (wenn auch kein ›neuer Himmel‹), was hier, in Spielhagens Roman, aus den Fluten steigt.

Nachbemerkung 1981

Als eine »Daseinsmetapher« hat inzwischen der Philosoph Hans Blumenberg das Thema ›Schiffbruch mit Zuschauer‹ einläßlich erörtert (suhrkamp taschenbuch wissenschaft 289, 1979). Hier sind ihre Wege und Bedeutungen bis in die Antike zurückverfolgt.

Die Zeit der Gründer

Vortrag zu einem Firmenjubiläum

(1981)

Die Geschichte ist ein Labyrinth. Darum ist es gut, ja es ist sogar unumgänglich, einen Faden zu ergreifen, der uns hinein- und hindurchhilft und auch wieder heraus. Solch einen Leitfaden haben wir, denke ich, in der Hand, wenn wir ein historisches Subjekt, ein identisches Wesen – eine Person, eine Familie, eine Stadt, eine Nation –, ein Wesen, das uns gegenwärtig ist und vertraut scheint, in seiner Lebensdauer zurückverfolgen zu seinem Anfang. Oder auch eine Firma, zum Beispiel ein Unternehmen, das hundert Jahre alt ist.

Ein identisches Wesen, sage ich; aber das ist freilich gerade die Frage, die ewig wiederkehrende Frage aller geschichtlichen Nachforschung, welche es doch mit den Veränderungen und Verwandlungen der Menschenwelt zu tun hat, die Selbigkeit – der Person, der Nation, auch der Firma – aufzuspüren und auszudenken inmitten dieser Veränderungen und Verwandlungen. Denn auch dieses Unternehmen, das heute hundert Jahre alt geworden ist – jawohl, es führt denselben Namen, den die Gründer ihm gegeben haben, es hat seinen Sitz in dieser selben Stadt Frankfurt wie von Anfang an, wenn auch nicht am selben Fleck, und es hat auch noch denselben wirtschaftlichen Charakter eines Handels-Unternehmens bewahrt, zu einem gewissen Teil jedenfalls – auch dieses Unternehmen hat sich gleichwohl tief verwandelt, und das nicht allein hinsichtlich der Dimension seiner Tätigkeiten, des Umfangs und der Reichweite der Geschäfte, der Zahl seiner Angehörigen.

Identität ist nicht einfach gegeben. Vielmehr sind wir selbst es, die sie erst im Geiste herstellen: indem wir uns nämlich erinnern. Es ist erst die Treue der Erinnerung, welche geschichtliche Identität schafft oder – was fast dasselbe ist – Tradition begründet. Es ist keine leichte Sache, sich treulich zu erinnern, möglichst genau und möglichst aufrichtig. Es ist keine leichte Sache, hundert Jahre zurückzudenken – über die Abgründe hinweg, die Risse und Brüche, welche die deutsche, die europäische, die Weltgeschichte seither kennzeichnen, zumal in unserem zwanzigsten Jahrhundert. Aber ich möchte vorschlagen, daß wir einen solchen Versuch der Erinnerung unternehmen, daß wir jenem Leitfaden vertrauen, den uns das heutige Jubiläum an die Hand gibt, und daß wir dem Gebot der Pietät, dem Bedürfnis der Pietät folgen, daß wir zurück- und hinabgehen (oder hinauf?) in die Epoche der Gründung und der Gründer.

Ich möchte diese Epoche als die zweite Gründerzeit bezeichnen. Die achtziger Jahre des neunzehnten Jahrhunderts sind noch und wieder wirtschaftliche Gründerjahre gewesen. Es sind nicht mehr die Jahre, die wir in einem engeren Sinn die ›Gründerzeit‹ zu nennen pflegen. Das waren die ersten siebziger Jahre des Jahrhunderts, die Jahre, die auf die große militärische und politische Gründung folgten, die Gründung des deutschen Kaiserreichs, die Jahre der massenhaften, rauschhaften, fieberhaften Firmengründungen – an die tausend neue Aktiengesellschaften (im Deutschen Reich) hat man gezählt[1] – und dann des »Gründerkrachs« von 1873, jener Kette von Zusammenbrüchen oder »Fallissements«, wie der authentische Ausdruck lautet, welche uns Nachlebenden so lange als ein apokalyptisches Lehrstück vom bestraften Übermut und vom Sturz unseliger Gewinnsucht vor Augen gestanden hat. Inzwischen ist das Bild etwas verblaßt, da wir so viel tollere Hybris (wenn auch nicht primär wirtschaftliche) und so viel tiefere Stürze erfahren haben. Zudem hat sich bei ruhigerer Untersuchung herausgestellt, daß diese deutsche Wirtschaftsballade doch nur Teil einer weitreichenden weltwirtschaftlichen Krise war.[2] Diese Krise also war überwunden, als derjenige Gründungsakt vollzogen wurde, welcher uns jetzt interessiert; eine zweite Gründerzeit hatte begonnen, mit Eifer wohl, doch ohne Fieber dieses Mal. Das Deutsche Reich war gerade zehn Jahre alt, noch regierte der erste Kaiser, noch leitete der erste Kanzler die Geschicke dieses Reiches. Frankfurt war eine preußische Stadt – auch das übrigens erst seit fünfzehn Jahren. Man muß sich klarmachen, wie frisch diese Verhältnisse noch waren, die uns aus der historischen Ferne so festgefügt vorkommen wollen, wenn wir vom ›alten Kaiser‹ und vom Fürsten Bismarck hören. Oder auch, wenn wir vor den soliden Bauten stehen, die dieser Epoche zugehören, die ihre Signatur tragen, mag sie auch fern und wunderlich erscheinen oder sich unserem Wahrnehmungsvermögen überhaupt verschließen. Frankfurt bietet noch heute ein hervorragendes Anschauungsmaterial. Es ist staunenswert, was in den drei, vier, fünf letzten siebziger Jahren an öffentlichen Bauten hier entstanden ist: die Markthalle nahe der Zeil, ein städtischer Bau, musterhaft zweckmäßige Glas- und Eisenkonstruktion; die Börse mit ihrem Kuppelsaal und ihrer Marmorsäulenpracht, die von der Handelskammer, das Opernhaus, das von bürgerlichen Spenden, das Städelsche Kunstinstitut, das von der Stiftungs-Administration, und schließlich das festungsartige »Infanterie-Kasernement« an der Gutleutstraße, das von der preußischen Regierung errichtet worden ist. Sie alle sind noch zu sehen, sind noch oder wieder in Gebrauch, das Alte Opernhaus soll sich bald beleben, nur die Kaserne der Einundachtziger ist zur Zeit ohne Funktion. Hier haben wir also die Paläste der Handels- und Wirtschaftsmacht, der Militärmacht und der Verehrung – oder des Besitzes und Genusses – der höheren Güter des »Wahren, Guten, Schönen« in historisch-chronologischer Verdichtung unmittelbar beieinander. In den achtziger Jahren kommt noch der großartige Ingenieurbau des Hauptbahnhofs hinzu, diese Triumph-Pforte des Zeitalters der Dampfkraft und seines bedeutendsten Erzeugnisses, der Eisenbahn; sie war in Preußen jüngst verstaatlicht worden.[3] Insgesamt ist der Auftritt massig, fast mehr kaiserlich als bürgerlich, die Architektur hat einen Zug ins Pomphafte, das farbige Steinkostüm der Renaissance wird bevorzugt, schlichte Wände sind selten zu sehen, der biedermeierliche, weiße Klassizismus des frühen 19. Jahrhunderts, wie er uns in Resten noch am Mainquai und im inneren Straßenring diesseits der Wallanlagen mit seiner Helligkeit erfreut, diese Stil-Sphäre der Frankfurter Baugeschichte war nun ganz abgetan, taugte nicht mehr zur Selbstdarstellung.[4]

Doch nicht in solcher gründerzeitlichen Umwelt fand der Akt statt, dessen wir heute gedenken. Die Metallgesellschaft ist im östlichen Teil der Stadt gegründet worden, Allerheiligenstraße 51, im Geschäftslokal der Firma Philipp Abraham Cohen, einer älteren »Handlung«, die sich im Geschäft mit Metallen schon ein beträchtliches Ansehen erworben hatte; sie war die direkte Vorgängerin und ging in einigen wenigen Schritten alsbald ganz in der Neugründung auf. Die Gründer waren drei Personen: ein Enkel jenes Cohen, William Merton, 33 Jahre alt; sein Partner schon aus der Vorgeschichte Leo Ellinger, wie Merton Nachfolger seines Vaters in der alten Firma, zudem gleichfalls mit der Familie Cohen verwandt, 28 Jahre alt; und der Justitiar, Rechtsanwalt Dr. Carl Hamburger. Ich erwähne die genealogischen Umstände mit Nachdruck, weil der Familienzusammenhang für die Führung des Unternehmens auf lange hinaus charakteristisch geblieben ist, eigentlich für das erste halbe Jahrhundert seiner Existenz; da liegt eine Zäsur. Seither, in der zweiten Hälfte seiner Geschichte, ist es erst recht eigentlich zur »Société Anonyme« geworden. Rechtlich war sie es freilich vom ersten Tag an, paradoxerweise. Die »Metallgesellschaft« ist als Aktiengesellschaft ins Leben getreten, und auch die neue Firmen-Bezeichnung enthielt keinen Eigennamen mehr wie diejenige der Vorgängerin. Die Firma hätte ja auch »Merton & Co« heißen können oder

»Cohen Nachfolger«. Aber sie lautete »Metallgesellschaft«, und das war ein Griff, auch ein selbstbewußter
Anspruch. Es war eine sehr moderne Art der Bezeichnung, gerade der Anonymität wegen und wegen des deut-
lichen, aber sehr weitgefaßten, auf seriöse Art geheimnisvollen Hinweises auf den Gegenstand des Geschäfts, das
Metall oder die Metalle. Der Name ist prototypisch
geworden; von ähnlicher Prägung ist zum Beispiel die
spätere »Allgemeine Elektrizitäts-Gesellschaft«, vielleicht
auch der noch spätere »Stahlverein«.[5]
Die Personen verschwanden also vom Türschild, vom
Stempel und vom Briefkopf. Aber in der inneren Verfassung blieb diese Aktiengesellschaft bis herauf (oder herunter) ins 20. Jahrhundert ein Familien-Unternehmen par
excellence. Das Archiv der »Metallgesellschaft« verwahrt
ein stattliches Journal mit der Aufschrift »Protokolle«. Es
enthält die Niederschriften der Aufsichtsratssitzungen und
der Generalversammlungen aus jener Zeit der Gründer,
alle natürlich mit der Hand in gut leserlicher Kaufmanns-
schrift eingetragen, zumeist von William Merton selber.
Der Aufsichtsrat setzte sich aus denselben drei Personen
zusammen, welche auch die Gründung vollzogen hatten:
Merton, Ellinger und Dr. Hamburger. Im ersten Proto-
koll wird der Beschluß bekräftigt, »mit welchem den Herren Merton und Ellinger sämtliche Befugnisse des Aufsichtsrats übertragen« worden seien, der Anwalt war also,
wie es scheint, in die Rolle eines bloßen Ratgebers zurückgetreten. Die erste protokollierte Generalversammlung,
die am 17. Oktober 1882 stattfand, unterscheidet sich in
der Zusammensetzung in nichts von dem Aufsichtsrat;
nur stammt die Niederschrift diesmal von dem Buchhal-
ter, der zu diesem Zwecke zugezogen war. Den Vorsitz,
heißt es, übernahm Herr William Merton. Teilnehmer
waren – ich folge dem originalen Wortlaut – »Herr William Merton, 25 Actien, derselbe in Vertretung für Herrn

Ralph Merton, 25 Actien (das ist Williams Vater), derselbe in Vertretung für Philipp Abraham Cohen (das ist die Firma seines Großvaters mütterlicherseits), 3900 Actien, Herr Leo Ellinger, 25 Actien, Herr Justizrath Dr. Carl Hamburger, 25 Actien«. (Die Aktie lautete auf 500 Mark, das gesamte Kapital betrug zwei Millionen.) Man sieht, wie hier die Gewichte und auch die Funktionen verteilt – besser sollte ich sagen: konzentriert – waren. Einen Vorstand hatte die Familien-Aktiengesellschaft freilich auch. Er bestand aus einer einzigen Person. Zachary Hochschild, der gleichfalls von der Firma Cohen kam und mit Ellinger verschwägert war. Der Aufsichtsrat hatte in seiner ersten Sitzung das Gehalt dieses ›leitenden Angestellten‹ festgesetzt, und zwar einstweilen auf zehntausend Mark jährlich, eine Gratifikation sollte hinzukommen.[6] Die damalige Verfassung dieses Gebildes läßt sich wohl am ehesten als monarchisch definieren; das Verhältnis zwischen dem Vorsitzenden des Aufsichtsrats und ›dem‹ Vorstandsmitglied ließe sich indessen kaum mit dem zwischen Kaiser Wilhelm und dem Reichskanzler Bismarck, eher vielleicht mit der Konstellation vergleichen, die nach de Gaulles Verfassung für den Präsidenten der Republik und den Ministerpräsidenten vorgezeichnet ist. Man könnte aber in der neuartigen rechtlichen Verkleidung auch ganz einfach den althergebrachten ›Prinzipal‹ und seinen ›Prokuristen‹ wiedererkennen. (Daß der Generaldirektor zur Hauptfigur eines Unternehmens wird, diese Erscheinung fängt – anderwärts – erst um die Jahrhundertwende an, sich abzuzeichnen.[7])

Da ich gerade – um den Familien-Charakter zu illustrieren – von der personellen Beschaffenheit des jungen Unternehmens spreche, will ich noch erwähnen, daß dem Haus damals nur fünfundzwanzig oder dreißig ›Mitarbeiter‹ oder, in der Sprache der Zeit, ›Beamte‹ und ›Gehilfen‹ zugehörten. Die ›Angestellten‹ als eigene Klasse gab es

noch nicht eigentlich; die Statistik begann eben erst wahrzunehmen, welche soziale Veränderung sich da vor ihren
Augen vollzog. Es fiel auf, daß es so viel mehr dreißig-
und vierzigjährige, obendrein verheiratete ›Gehilfen‹ gab,
zumal in den Banken, und man beunruhigte sich noch
darüber, daß sie offenbar keine Aussicht mehr hätten, sich
selbständig zu machen, wie es doch das herkömmliche
Lebensmuster des Handlungsgehilfen erfordert hätte. Aus
dem lebenslänglichen Gehilfen ist der Angestellte geworden. Es hat, wie bekannt, noch Jahrzehnte gebraucht, bis
die Wissenschaft (und die Literatur) den ganzen Umfang
und die ganze Bedeutung des Phänomens aufgefaßt hat.[8]
Mertons Biograph, Professor Achinger, hat sich redlich
den Kopf darüber zerbrochen, warum in aller Welt der
Gründer die Rechtsform der Aktiengesellschaft gewählt
habe, er fand keine rational zwingenden Motive. Wilhelm
Merton hat sich darüber auch selbst ausgesprochen, in der
einzigen Druckschrift übrigens, die er je herausgebracht
hat – es war eine Streitschrift und sie war wider einen
angesehenen Nationalökonomen gerichtet: er sagt dort
ganz rund und nett, man stelle leichter einen Direktor an,
als man sich einen Teilhaber zuselle, und überhaupt
vollziehe sich »die Ausdehnung der Geschäfte« leichter in
der Aktiengesellschaft als in der offenen Handelsgesell-
schaft. Aber das ist dreißig Jahre nach der Gründung
geschrieben, ich habe die Vermutung, daß er dort als Plan
und Absicht ausgibt, was ihn die Erfahrung inzwischen
gelehrt hatte.[9] Vielleicht hat ein durchaus irrationales
Motiv mitgewirkt, nämlich das Bestreben, es dem vorherrschenden Gebrauch gleichzutun, der Trieb der
Modernität. Die Zeit der Gründer ist die Zeit der Aktiengesellschaften. Der Sog der Mode, auch der wirtschaftlichen und wirtschaftsrechtlichen, ist sehr mächtig. Fürs
erste war das im Falle der Metallgesellschaft, wie mir
scheint, kaum viel mehr als eine Verkleidung. Sie ist in

dieses Kleid allerdings füllig hineingewachsen, nachmals und seither.

Die Schrift Mertons vom Jahre 1913, die ich erwähnt habe, war durch eine Abhandlung des Freiburger Nationalökonomen Robert Liefmann provoziert worden; er hatte nämlich die Metallgesellschaft als Exempel einer Entwicklungs-Tendenz analysiert, die er mit dem Terminus ›Effektenkapitalismus‹ kennzeichnete. Dieser Ausdruck, der gar nicht bös gemeint war, brachte Merton in Rage. Ihn verletzte offenbar schon der Anflug des Argwohns, die in- und ausländischen Beteiligungen, welche die Gesellschaft inzwischen erworben oder aufgebaut hatte, hätten ihren Sinn in der finanziellen Manipulation oder gar Spekulation. Und er setzte zu einer Darstellung seines »Konzerns« an – »Konzern« ist sein eigener Ausdruck, und er hat ihn schon ziemlich früh und gern gebraucht –, die den Ton auf die eigenen Gründungen legt und darauf, daß sie als Ausgliederungen aufzufassen seien, und daß sie nach ihrem eigenen Sachverstand selbständig handelten. Es ist dieses Gründungs-Pathos, worauf ich aufmerksam machen möchte: »Als Begründer der Metallgesellschaft«, schreibt er, »sowie als Großaktionär und Vertreter der sonstigen stärksten Interessen der Metallgesellschaft und dann auch als Begründer fast aller in Verbindung mit der Metallgesellschaft ins Leben getretenen kaufmännischen und industriellen Unternehmungen im In- und Ausland« und so fort... habe er sich auch mit den Finanzen des Konzerns befassen müssen, wolle aber jetzt ein eigenes Organ dafür schaffen in Gestalt der Berg- und Metallbank, also abermals einer neuen Gründung. Man sieht, die Zeit der Gründer dauert an, aber dieser Gründer, William, jetzt Wilhelm Merton, versteht darunter wesentlich eine organisatorisch-konstruktive Wirksamkeit. Vielleicht liegt darin überhaupt eine bedeutende Antriebskraft des großen Unternehmers.

Dem Schreiber unbewußt, klafft da freilich ein schmerzlicher Widerspruch zwischen der stolzen Genugtuung des Gründers und Konzern-Organisators und der vernünftigen Entlassung der Konzern-Glieder in die jeweilige Selbständigkeit. Wie übrigens auch ein historischer Widerspruch sich auftut zwischen der modernen Weiträumigkeit dieser Unternehmungen und dem altertümlichen Eigensinn, mit dem der Unternehmer auf ihrem ›privatwirtschaftlichen‹ Charakter beharrt, und zwar im buchstäblichsten Sinne des Wortes: Es ist »viel angenehmer«, schreibt Merton dort frei heraus, »seine Geschäfte unabhängig von Börse, Publikum und Presse betreiben zu können«.

Ich habe dreißig Jahre übersprungen, die dreißig Jahre, in denen aus der Metallhandlung eben der ›Konzern‹ geworden war, der auf ungewöhnliche, aber doch historisch charakteristische Weise ausgriff einerseits in die Metallgewinnung, also das Bergbau- und Hüttenwesen, andererseits in die Metallverarbeitung und die Entwicklung technischer Verfahren auf diesen Gebieten, und der mit Niederlassungen, Gesellschaftsgründungen und Beteiligungen in einer ganzen Reihe von Rohstoff-Ländern einschließlich Amerika und Australien tätig war. Das reichte industriell von Heddernheim bis Hoboken und organisatorisch bis London, New York, Mexico und Melbourne. Nicht alles, was man angefaßt hat, ist geglückt und hat gedauert. Der vorerwähnte Professor Liefmann rechnete in seiner Schrift die Metall-Gesellschaft oder den »Merton-Konzern« zu den drei »internationalsten Unternehmenskomplexen« in Deutschland (die anderen waren Siemens & Halske und die Allgemeine Elektrizitäts-Gesellschaft).

Dieser enorme Ausbau fällt in diejenige Epoche, die von den Wirtschaftshistorikern gelegentlich als die »zweite industrielle Revolution« bezeichnet wird, ja er bildet selber ein Stück davon, hat an diesem Prozeß teil. Erst in dieser Epoche und gerade in den dreißig Jahren, von denen ich eben sprach, ging der gewaltige Strukturwandel vor sich, der Deutschland aus einer vorwiegend agrarischen in eine vorwiegend industrielle Gesellschaft umprägte, auch aus einer ländlichen in eine städtische. Das Verhältnis von Stadt und Land hat sich in dieser Frist genau umgekehrt. Die Erzeugung von Roheisen wuchs auf das Zehnfache, die von Stahl auf das Fünfzehnfache an.[10] »Wir leben jetzt in der Stahlzeit«, der Satz stammt freilich schon von 1871, Alfred Krupp hat ihn geprägt in einem enthusiastischen Ton, in einem Brief an den ersten Kaiser, der es gerade eben geworden war.[11] Aber die Geschichte der Schwerindustrie ist kein Erbauungsbuch: die Stahlzeit, nach einem siegreichen Kriege verkündet, explodierte in den ›Stahlgewittern‹ von Verdun, in den Vernichtungsschlachten des Ersten Weltkriegs.

Spezifischer noch wird die fragliche Epoche, zumal seit den neunziger Jahren, durch eine ganz neue Industrie markiert, nämlich die elektrische. In den Achtzigern handelte es sich – von der Telegraphie und Telephonie abgesehen – noch wesentlich um Beleuchtung. Aus einem Buch über Frankfurt vom Jahre 1886 ersehe ich, daß dabei der Illuminations-Effekt noch eine große Rolle spielte: Unter den elektrischen Licht-Anlagen dieser Stadt ist an erster Stelle angeführt diejenige des Café Bauer, die mit 170 Glüh- und zwei Bogenlampen offenbar eine sehenswürdige Zauberpracht entfaltete; angetrieben war sie durch Gasmotoren.[12] In den Straßen standen hingegen Gaslaternen, die vom Laternenanzünder entflammt wurden. Noch fünf Jahre später, 1891, diente elektrischer Strom in Deutschland zu 96% für die Beleuchtung, nur der kleine Rest für gewerbliche Zwecke. Aber in diesem selben Jahr 1891 gelang es zum ersten Mal, Starkstrom über eine bedeutendere Entfernung zu übertragen, über die berühmten 175 Kilometer von Lauffen am Neckar bis nach Frankfurt, und das war der Erfolg der ›Allgemeinen Elektrizitäts-Gesellschaft‹, vormals ›Deutsche Edison-Gesellschaft‹, und von da an setzte eine fulminante Entwicklung ein, der Umsatz der Elektrizitäts-Industrie stieg bis zum Ersten Weltkrieg auf das Dreißigfache.[13] Man hat diese Industrie als die eigentlich fortwirkende Triebkraft der ›zweiten Industrialisierung‹ bezeichnet. Ich nehme an, daß davon das Kupfergeschäft des Mertonschen Metall-Konzerns beträchtlich mitgerissen worden ist. Es wird auch die Sprache in gewissem Maß verständlich, die der jüngere Rathenau, Walther, der zweite Leiter der AEG, in einem Brief von 1907 führt: Die Elektrizität tritt da als ein eigenes Wesen auf, einer mythologischen Gestalt nicht unähnlich, und es wird in einem geradezu dithyrambischen Tone berichtet, wie sie die Herrschaft antrat und was sie alles hat leisten müssen, um sie zu sichern. Und seltsamerweise hat dieses Wesen, die Elektrizität, eine Nationalität, es ist deutsch, und es kam ihm darauf an – ich zitiere wörtlich – »das allmählich erstarkte Ausland immer wieder in erneute Abhängigkeit« zu bringen.[14] Das ist nicht mehr bloß nationaler, sondern imperialer Ehrgeiz; es ist die Denkweise des industriellen Imperialismus, und sie gehört zur Signatur der wilhelminischen Ära, der Ära des zweiten Wilhelm. Auch das deutsche Kolonialreich, noch unter Bismarck begründet mit den afrikanischen ›Schutzgebieten‹, später vermehrt um Besitzungen in der Südsee und in China, war ganz wesentlich aus einem wirtschaftlichen Expansions- und Geltungsdrang erwachsen. »Der Nationalstaatsgedanke«, sagt sehr treffend Ernst Rudolf Huber in seiner monumentalen ›Deutschen Verfassungsgeschichte‹ – »Der Nationalstaatsgedanke schlug, kaum daß seine Verwirklichung gelungen war« (nämlich: mit der Reichsgründung), »in den nationalen Imperialismus um.«[15]

Der nüchtern kaufmännische Internationalismus des Frankfurter Metall-Konzerns war allerdings, soweit ich das erkennen und beurteilen kann, von anderem Schlage, und die Sprache Mertons in seinen Memoranden (wie übrigens auch seines jahrzehntelangen Mitarbeiters Julius Sommer, der die treffliche Firmengeschichte zum Jubiläum von 1931 geliefert hat – 1935 mußte er ausscheiden, 1938 auswandern, er starb in Amerika) –, diese Sprache also ist ganz frei von der macht-schwelgerischen Renommier-Rhetorik, wie man sie von Krupp und leider auch von Rathenau gehört hat. Mertons persönliche Geschichte – um auf sie zurückzukommen – zeigt gleichsam nur einen Widerschein des Wilhelminismus. Gewiß, er war nun Christ geworden (mit fünfzig Jahren) und deutscher Staatsbürger, dies im Jahre 1900, nachdem er, seit dem Untergang der Freien Stadt Frankfurt und einem kurzen Intermezzo mit dem preußischen Paß, also mehr als dreißig Jahre lang, als British Subject in dieser Stadt gelebt hatte – und auch das Frankfurter Bürgerrecht, das seinem Vater, Raphael Moses, dann Ralph Merton, nach langer Wartezeit und gegen erhebliche Gebührenzahlung 1855 verliehen worden war, hatte – man kann es sich ausrechnen – nur knapp ein Dutzend Jahre gehalten. Wilhelm Merton also war nun eingebürgert oder schien doch eingebürgert – sein Sohn und Nachfolger Richard ist dann wieder ausgebürgert worden, er war sogar ein emphatischer Patriot geworden, das hat nichts gefruchtet –, sieben Jahre danach ging das Deutsche Reich zugrunde: die Geschichte dieses Bürgerrechts durch drei Generationen einer im Ursprung jüdischen Familie ist eine höchst verwirrende Geschichte, und sie hat nichts von Identität an sich, mehr schon von Identitätsverlusten. Wilhelm Merton hatte auch mit seinem Domizil wie mit dem Firmensitz den weiten Weg vom Frankfurter Ostend zum Frankfurter Westend zurückgelegt. Und er hat sogar von Kaiser Wilhelm (dem Zweiten) einen Orden erhalten, kurioserweise war es obendrein der Wilhelmsorden, aber er hat sich vor der

Verleihung absentiert, und auch das zeugt nicht von ausgeprägt ›wilhelminischen‹ Gesinnungen. Das Haus Merton hatte sich freilich selber tief verwandelt in dieser Zeit der Gründungen, verwandelt durch Angleichung an die vorherrschende Gesellschaft. Solche ›Assimilation‹ ist möglich geworden nur durch jenen Befreiungsprozeß, jene Kette von menschenrechtlichen Emanzipationen – der Sklaven, der hörigen Bauern und so auch der Juden –, dieser Befreiungen, die die Größe des 19. Jahrhunderts insgesamt ausmachen. Aber Assimilation ist nicht eine notwendige Folge von Emanzipation, es ist nur der Weg und die Bestrebung, so zu werden wie die andern. Aber auch das hat am Ende der Unmensch nicht dulden wollen.

Der Orden kam im Jahre 1901 bei Gelegenheit der Eröffnung der ›Akademie für Social- und Handelswissenschaften‹, die er, Merton, zusammen mit dem bedeutenden Oberbürgermeister Adickes ins Leben gerufen hat, und die nachmals zu einem Kernstück der Frankfurter Universität geworden ist. Den Wilhelmsorden hat der letzte Kaiser gestiftet für Verdienste in der Sozialpolitik. Der Leitfaden, der uns durch das Labyrinth der Geschichte helfen soll, führt uns schließlich in diese Tätigkeiten, die wiederum nicht allein die Geschichte Mertons und der Metallgesellschaft und der Stadt Frankfurt kennzeichnen, sondern die ganze Epoche, und auch hier ist Wilhelm Merton allerdings ein großer Gründer gewesen. Es ist nicht nur die Epoche des Stahls, wie Krupp meinte, und nicht nur der Elektrizität und des Kupfers, auch nicht allein des Nationalstaats mit imperialen Ansprüchen, es ist auch »die Zeit der Sozialpolitik«, wie der Freiherr von Hertling gesagt hat, der selber ein Sozialpolitiker gewesen ist, ein kirchlich-katholischer.[16] Das Wort war ziemlich neu, es war mit Nachdruck und Bedeutung wohl zuerst 1872 öffentlich vernehmlich geworden, als nämlich zu Eisenach der ›Verein für Sozialpolitik‹ ins Leben trat[17]; das war vor

allem jene Gruppe von Professoren der Volkswirtschafts-
lehre, die man mit dem Spottwort der ›Kathedersozialisten‹ bedacht hatte: es waren die größten Namen des
Faches, die sich hier gesammelt haben – ich nenne nur
Lujo Brentano, Gustav Schmoller, Werner Sombart und
Max Weber, die übrigens allesamt auch da und dort in
Mertonschen Zusammenhängen auftauchen, zumal als
erwünschte Berater seiner Akademie –, und ich glaube
nicht zu übertreiben, wenn ich sage, daß in diesem Kreise
diejenige komplexe Wissenschaft recht eigentlich sich ausgebildet hat, die man als moderne Sozialwissenschaft –
Social Science – bezeichnet. Auch sie ist ein Erzeugnis der
›Gründerzeit‹, so seltsam es klingen mag.

Aber jedermann weiß, daß die ›Sozialpolitik‹ der Epoche
nicht eine akademische Angelegenheit war: der Staat ist
handelnd auf den Plan getreten, das neue Deutsche Reich,
der erste Kanzler. Bismarck hat das System der Sozialversicherung geschaffen, die Arbeit des Reichstags an den drei
Komplexen der Unfall-, der Kranken- und der Alters- und
Invalidenversicherung erfüllt die achtziger Jahre, genau die
Zeitspanne, in der er mit Hilfe des »Sozialistengesetzes« die sozialdemokratische Bewegung niederzuhalten
strebte.[18] Sie war der Stachel im Fleisch der wilhemini-
schen Gesellschaft, ihr wollte der Staat selber gleichsam
zuvorkommen und den Wind aus den Segeln nehmen,
indem er wie ein gigantischer patriarchalischer Gutsherr
die Arbeiterschaft in ihren typischen Not-Bedürfnissen zu
versorgen unternahm. Diese Strategie ist zwar gescheitert,
aber die Sozialversicherung ist geblieben – und es ist
gerade die Partei, die auszumanövrieren sie gedacht war,
welche sie heute bei uns verwaltet. Ich meine mich nicht
zu täuschen: Die Sozialversicherung ist die einzige von
Bismarcks ›Gründungen‹, die bis heute dauert, die auch
die Zerstörung seines Reiches durch seinen letzten Nachfolger überlebt hat.

Die erste Ankündigung des Sozialversicherungs-Planes übrigens ist in der Kaiserlichen Botschaft vom November 1881 enthalten, sie fällt in dasselbe Jahr wie die Gründung der Metallgesellschaft; der Zufall will es, daß zum Gedächtnis ebendieses Datums auch jener Wilhelmsorden (für sozialpolitische Verdienste) gestiftet war.

Neben jene »Kathedersozialisten« und diesen »Staatssozialisten« tritt nun der »Privatsozialismus« (auch dieses Spottwort stammt aus der Zeit), also die sozialpolitische Bemühung der bürgerlichen, der unternehmerischen, der kapitalistischen Individuen. Wilhelm Merton hat aus seiner persönlichen Entschließung und Phantasie um die Jahrhundertwende ein ganzes System von Institutionen geschaffen, welche der Koordinierung der Fürsorgetätigkeiten, der Anregung aller möglichen einschlägigen wissenschaftlichen Untersuchungen und der Ausbildung von wohlinformiertem Personal zu dienen bestimmt waren, gipfelnd in jener Akademiegründung, die ich erwähnt habe, oder, wenn man noch weiter hinausblicken will, in der Gründung der Universität mit ihrer sehr modernen wirtschafts- und sozialwissenschaftlichen Fakultät, das war 1914. (Ein Schatten fällt darauf, wenn wir die Jahreszahl hören, der Schatten des wilhelminischen Krieges.) Mertons Motive sind denjenigen Bismarcks nicht verwandt, so sehr die Wirkungen konvergieren. Ich habe nicht recht herausfinden können, was er politisch dachte, in dieser Hinsicht bleiben die Lebenszeugnisse fast stumm. Aber er hat die Einsicht formuliert – ich zitiere ihn –, daß »die gewaltige Verkehrs- und Betriebsentwicklung, welche den wunderbaren Erfindungen unseres Jahrhunderts folgte, tief eingreifende Verschiebungen in den Beschäftigungen, Wohnsitzen und Lebensgewohnheiten hervorgebracht haben, die von vielem Elend begleitet waren«. Und wir hören eine strenge Stimme, wenn es weiter heißt: »Die vermögenden Klassen sind sich noch zu wenig dessen bewußt, daß ihnen neue Verpflichtungen erwachsen sind, zur Erleichterung des Drucks, unter welchem heute große Volksteile zu eigenem Schaden und dem der Gesamtheit leiden, nach Kräften mitzuwirken ...« Das ist nicht mehr die Sprache der Mildtätigkeit aus jüdischer oder christlicher Wurzel, das ist ein Ethos des Gemeinsinns, ein Bewußtsein harter gesellschaftlicher Verantwortlichkeit.[19] Selbstverständlich auch ökonomischer Verantwortlichkeit: es ist ja keine bloße Addition unterschiedlicher, es ist eine Verknüpfung zusammengehöriger Interessen, wenn im Titel der Akademie die »Sozial«- und die »Handels«-Wissenschaften vereint erscheinen. Schließlich aber ist auch hier wieder der lebhafte, fast heftige Organisationstrieb dieses Gründers, Mertons, fühlbar am Werk. Er erzürnt sich über die »Regellosigkeit und Stümperhaftigkeit«, die in der caritativen Tätigkeit herrsche, und er will Ordnung schaffen, möglichst dauerhafte Ordnung. Die Einrichtungen, die da in zehn, zwölf Jahren Gestalt annahmen und zu arbeiten anfingen, bilden insgesamt auch ihrerseits so etwas wie einen Konzern. Es war dies ein Konzern nicht zum Geldverdienen, sondern zum Geldausgeben.[20]

Die Sozialpolitik der Epoche in ihrer Gesamtheit, die akademische, die kirchliche, die staatliche und die bürgerliche zusammengenommen, versuchte eine Antwort – oder mehrere Antworten – zu geben auf das, was man die »sociale Frage« nannte. Sie wollte das Proletariat, die neue Klasse und Masse der Lohnarbeiter, auffangen, binden, integrieren, auch die soziale Revolution verhüten. Die soziale Revolution ist – im Westen – in der Tat unterblieben, die Arbeiterschaft ist zu einer gesellschaftlichen Macht geworden und in die allgemeine Bürgerschaft eingegangen, das Proletariat ist verschwunden. Zu diesem Resultat hat, wie es scheint, die Sozialpolitik des wilhelminischen Zeitalters eine bedeutende, gleichsam entgegenkommende Hilfe geleistet. Die Hauptarbeit konnten nur die Arbeiter mit ihren Organisationen selber tun. Wie es das Gothaer Programm der vereinigten Sozialdemokraten im Jahre 1875 ausgesprochen hatte: »Die Befreiung der Arbeit muß das Werk der Arbeiterklasse sein.« Selbstverständlich gehören diese Organisationen in jedes Bild der ›Zeit der Gründer‹, wie flüchtig es auch entworfen sein mag. Wir müssen das erkennen, wenn wir aufrichtig sind. Und wir wollten ja aufrichtig zu Werke gehen bei unserer historischen Erinnerung.

Wohin hat sie uns nun geführt, diese Erinnerung, dieser Gang in das Labyrinth der Geschichte? Gewiß in eine ferne und entrückte Welt, wenn auch dann und wann ein vertrauter Ton vernehmlich wird, ein Vergleich mit der eigenen, jetzigen Erfahrung sich nahelegen mag, und wenn auch unsere Teilnahme oder auch unsere Abneigung, unser Gefühl jedenfalls, sich ins Abgelebte einzumischen kaum unterlassen kann. Aber die Geschichte können wir nicht ändern.

Wo ist unser Leitfaden geblieben? Wie steht es mit der Identität, auf die ein Jubiläum wie das heutige doch vertrauen muß? Auffälliger als die Dauer scheint der Wandel. Ungeheuerlich sind die Veränderungen und Verwandlungen, die sich seither begeben haben, selbst wenn wir die Katastrophen gleichsam überspringen, die unsere nationale Geschichte zerrissen haben: die *politische* Verwandlung – vom Kaisertum zur Republik, vom Reich zum Teilstaat, von der Beamtenregierung zur parlamentarischen Parteiregierung; der rapide *technologische* Wandel, der Übergang aus dem Zeitalter der Dampfkraft, dann der Elektrizität, in dasjenige des Benzinmotors, ja der Atomkraft, von der Eisenbahn zum Flugzeug, ja zur Raumfahrt; in sozialer Hinsicht die Umschmelzung der alten Klassengesellschaft in eine – soll ich sagen: Massengesellschaft? soll ich sagen: eine allgemein bürgerliche Gesellschaft?

sagen wir: eine bürgerliche Massengesellschaft; und was die Mark betrifft (später Reichsmark, schließlich Deutsche Mark): der Sprung von der gleichsam absoluten Goldwährung in ein frei aufgehängtes System beweglicher Relativitäten; man denke auch an die phantastische Verwandlung des kaufmännischen Büros: vom Comptoir zum Computer; der Gestalt der Stadt: von jenen Gründerpalästen zu den Hochhäusern; der Eigentumsstruktur eines solchen Unternehmens wie des Ihrigen: vom persönlichen Besitz zum überwiegenden anonymen Kollektivbesitz; daher auch der Unternehmensführung: von der Hausvater-Monarchie zur konstitutionellen Direktion im Auftrag; des innerbetrieblichen Sozialverhältnisses: vom individuellen zum kollektiven Arbeitsvertrag, von der Hierarchie des Prinzipals und seiner Gehilfen zur Partnerschaft zwischen (organisierten) Arbeitgebern und (organisierten) Arbeitnehmern! Und auch in der Sphäre der Wohlfahrt hat sich eine solche Veränderung vollzogen, die private Fürsorge, auch die systematische, ist vollends hinter die öffentliche und kollektive Existenz-Sicherung zurückgetreten. Und das sind nur ein paar wenige Stichworte, sie beziehen sich auf Phänomene, denen wir bei dem Umblick in die ›Zeit der Gründer‹ begegnet sind. Sie lassen sich unschwer vermehren.

Wo bleibt im Wechsel das Wesen, das sich selber gleiche, die Identität? Ich glaube, ich habe die Frage schon beantwortet, ganz zu Anfang – soweit wir dieses Geheimnis überhaupt aufzulösen imstande sind: Identität ist nicht vorgegeben, sondern es ist unsere eigene Aufgabe und auch unsere große Möglichkeit, sie geistig herzustellen, indem wir uns treulich und redlich erinnern, indem wir Tradition ausbilden.

Anmerkungen

1 »Während es Mitte 1870 ... in Deutschland rund 200 Aktiengesellschaften gegeben haben mag, entstanden in der Gründerperiode (Mitte 1870 bis Mitte 1873) im Reichsgebiet 958 neue Aktiengesellschaften mit einem Grundkapital von 3,6 Milliarden Mark. Unter diesen Gründungen gab es eine erhebliche Zahl unzureichend fundierter, in manchen Fällen auch schwindelhafter Unternehmen.« (E. R. Huber, Deutsche Verfassungsgeschichte seit 1789, Bd. IV, Struktur und Krisen des Kaiserreichs, Stuttgart 1969, S. 1040.) Die Rechtsform der Aktiengesellschaft war »erst seit kurzem in großem Stil entwickelt« worden, die Gründung bedurfte seit dem Norddeutschen Bundesgesetz vom 11. Juni 1870 nicht mehr der staatlichen Konzession.

2 »Gründerboom und Gründerkrise ... waren eine exzeptionelle Erscheinung der deutschen und europäischen Wirtschaftsgeschichte des 19. Jahrhunderts, die stark von äußerst wirkungsmächtigen exogenen Einflüssen mitbestimmt wurde.« (Volker Hentschel, Wirtschaft und Wirtschaftspolitik im wilhelminischen Deutschland, Heidelberger Habilitationsschrift, Stuttgart 1978, S. 206). Von einer Weltwirtschaftskrise spricht E. R. Huber (a. a. O., S. 1041). Er fügt hinzu: »Die besonderen deutschen Gegebenheiten der Gründerzeit führten nur dazu, daß die Krise sich hier erheblich verschärfte«.

3 Die Einzelheiten über diese und andere architektonischen Erzeugnisse der Epoche entnahm ich dem höchst aufschlußreichen Band ›Frankfurt am Main und seine Bauten‹, den der Architekten- und Ingenieur-Verein 1886 im Selbstverlag hat erscheinen lassen. Der »Centralbahnhof« ist darin noch nicht enthalten.

4 Die Frankfurter Baukunst der ersten Hälfte des 19. Jahrhunderts ist dargestellt in dem Band ›Frankfurter Bürgerhäuser des neunzehnten Jahrhunderts, Ein Stadtbild des Klassizismus‹, dessen Haupttext von Günther Vogt stammt (Societäts-Verlag Frankfurt, ohne Jahresangabe; er ist wohl um 1970 erschienen). Die zahlreichen Photographien wurden, wie in den Nachworten von Dolf Sternberger und Benno Reifenberg berichtet, in den Jahren 1942 und 1943, eben vor den großen Bombenangriffen, von Dr. Paul Wolff aufgenommen. – Der letzte der hier behandelten klassizistischen Architekten, Heinrich Burnitz, greift in die ›Zeit der Gründer‹ über, er ist einer der beiden Baumeister der Neuen Börse.

5 Die Geschichte der Metallgesellschaft wird im zweiten Teil von Hans Achingers Buch ›Wilhelm Merton in seiner Zeit‹ dargestellt (Frank-

furt 1965), der dritte Teil handelt von Mertons sozialen Unternehmungen, der vierte von der Person des Gründers. Außerdem habe ich die faktenreiche Firmengeschichte benutzt, die Julius Sommer 1931, aus Anlaß des fünfzigjährigen Bestehens, »für die Concern-Angehörigen« verfaßt hat, und die nur als Manuskript gedruckt worden ist unter dem Titel ›Die Metallgesellschaft‹. Aus demselben Anlaß erschien auch eine »Denkschrift« von Dr. Walther Däbritz: ›Fünfzig Jahre Metallgesellschaft 1881–1931‹.

6 Die Bezüge der übrigen Angehörigen des Hauses konnte ich nicht mit Sicherheit ermitteln. Das Archiv der Firma verwahrt eine Aufstellung von Gehältern, die der hauseigenen Pensionskasse als Unterlage gedient hat. Doch scheinen die Angaben in der Rubrik »Maßgebender Gehalt« zumeist Durchschnittssätze, die aus einem längeren Zeitraum abgeleitet sind, zum Teil auch fiktive Beträge zu enthalten, da man offenbar für die Pensionsansprüche eine oberste Grenze festgelegt hatte. Die Skala reicht hier von 600 Mark bis zu 6000 Mark pro Jahr. Der erstere Betrag scheint ein Anfangsgehalt darzustellen, der letztere bildet augenscheinlich die Höchstgrenze für die Berechnung der Renten. Die Kasse ist nach Sommers Angabe 1895 gegründet worden »für die Beamten der Metallgesellschaft auf der Grundlage eines von der Firma gestifteten Fonds von 250 000 Mark und der zukünftigen Leistung gleichmäßiger Beiträge von Firma und Angestellten«, sie sei aber erst mit dem 1. Januar 1899 ins Leben getreten. Der »Kassenvorstand« sei aus Firmen- und Angestelltenvertretern zusammengesetzt gewesen.

Eine zeitgenössische statistische Untersuchung über die ›Handlungsgehilfen‹ enthält über Frankfurter Verhältnisse folgende Angaben: »In Frankfurt am Main kommt der Jahresbezug von 700 Mark, anderwärts sogar 600 Mark, ohne freie Station vor« und »in Frankfurt a. M. sind 2400 Mark für ältere Gehülfen ein hohes Gehalt«. (Oldenberg, Die heutige Lage der Commis nach neuerer Literatur, in Schmollers Jahrbuch von 1892; einen Auszug davon haben G. A. Ritter und J. Kocka im II. Band ihrer ›Deutschen Sozialgeschichte, Dokumente und Skizzen‹ abgedruckt, München 1974; die Zitate dort S. 311.) Der Satz von 2400 Mark kommt in der Liste der Pensionskasse nicht selten vor, doch sind auch Steigerungen zu erkennen, die sich mit dem Aufstieg der betreffenden ›Beamten‹ ergeben haben.

7 Karl Erich Born rechnet in einer groß angelegten Abhandlung von 1963 den Auftritt der Generaldirektoren zu den Merkmalen des »Strukturwandels«, der seit den neunziger Jahren eingetreten sei. »Durch die Entwicklung zum Großbetrieb entstand ein neuer Unternehmertyp. Neben die Fabrikbesitzer, neben die Krupp, Thyssen,

Stumm traten in den Großbetrieben die leitenden Angestellten, die Direktoren und Generaldirektoren wie Jencke, Klüpfel, Melcher.« Wiewohl statistisch als Angestellte registriert, gehörten diese Männer nach Funktion und Bedeutung zu den Unternehmern, »denn in ihren Händen lag die kontinuierliche Geschäftsführung der Betriebe«. (Karl Erich Born, Tübingen, Der soziale und wirtschaftliche Strukturwandel Deutschlands am Ende des 19. Jahrhunderts, Vierteljahrschrift für Sozial- und Wirtschaftsgeschichte, 50. Bd., 1963, S. 372.) Die drei Namen, die hier als symptomatisch genannt sind, haben sich indessen einem breiteren Publikum und einem längeren Gedächtnis nicht eingeprägt; es ist offenbar eine noch wesentlich jüngere Erscheinung, daß solche Namen (wie übrigens diejenigen der Verbandspräsidenten) Popularität gewannen.

8 ›Die Lage der deutschen Handelsgehilfen und ihre gesetzliche Reform‹ hat Josef Silbermann, damals Generalsekretär des ›Hilfsvereins für weibliche Angestellte in Berlin‹, instruktiv dargestellt im Braun'schen ›Archiv für soziale Gesetzgebung und Statistik‹, 9. Bd., 1896. Die oben erwähnten Tatsachen ergaben sich aus der Berufszählung von 1882, entstammen also gerade unserer ›zweiten Gründerzeit‹. Silbermann folgert: »Da das Selbständigwerden in früherer Zeit vor dem dreißigsten Jahr zu geschehen pflegte, so ergiebt sich daraus die Verschlechterung in der Lage der Handelsangestellten mit Klarheit« (S. 351). Er weist aber auch darauf hin, daß die Sozialversicherungs-Gesetzgebung inzwischen die Handlungsgehilfen in gewissem Maße (hinsichtlich der Invalidenrente bei weniger als 2000 Mark Jahresgehalt) »als abhängige Arbeiter« betrachte und »des dauernden Schutzes durch das Gesetz für bedürftig« halte.

Noch in Max Webers gewaltigem Fragment ›Wirtschaft und Gesellschaft‹, das 1921 aus dem Nachlaß publiziert wurde, kommen die ›Angestellten‹ nur beiläufig vor, während, wie bekannt, die Beamten das Interesse des Soziologen im höchsten Mßß gefesselt haben. Die erste systematische wissenschaftliche Erörterung hat meines Wissens der Heidelberger Nationalökonom und langjährige Redakteur des ›Archivs für Sozialwissenschaft und Sozialpolitik‹, Emil Lederer, angestellt: ›Zum sozialpsychischen Habitus der Gegenwart‹ im Archiv, Bd. 46. Berühmter noch wurde die große Reportage von Siegfried Kracauer, die zuerst in Fortsetzungen im Feuilleton der alten ›Frankfurter Zeitung‹ erschienen ist, dann als Broschüre unter dem Titel ›Die Angestellten, Aus dem neuesten Deutschland‹, Frankfurt 1930.

9 Die fragliche Abhandlung von Robert Liefmann, Professor in Freiburg, war unter dem Titel ›Die internationale Organisation des

Frankfurter Metallhandels‹ im ersten Heft des ersten Jahrgangs des ›Weltwirtschaftlichen Archivs‹ erschienen, Januar 1913. Mertons Erwiderung ist vom April 1913 datiert, es ist ihr aber noch ein Anhang beigefügt, der seinen Briefwechsel mit Professor Liefmann vom Juli desselben Jahres enthält. Die ganze Schrift umfaßt 41 Seiten. Sie ist nur als Privatdruck für die Mitglieder seiner ›Gesellschaft für wirtschaftliche Ausbildung‹ vervielfältigt worden.

10 Die Zahlen über die Entwicklung der Roheisen- und der Stahlerzeugung entnehme ich der ›Deutschen Sozialgeschichte‹ von G. A. Ritter und J. Kocka, Bd. II, S. 114. Ausführlichere Angaben findet man bei W. G. Hoffmann, ›Das Wachstum der deutschen Wirtschaft seit der Mitte des 19. Jahrhunderts‹, 1965. Dort sind natürlich auch die Nicht-Eisen-Metalle berücksichtigt. Es ergibt sich, daß die Produktion von Kupfer – wenn der Stand von 1913 mit der Ziffer 100 bezeichnet wird – zwischen 1880 und 1910 von 28,9 auf 75,9 angestiegen ist. Der Import der ›unedlen Metalle‹ insgesamt (die nicht aufgegliedert sind) hatte im Jahre 1880 einen Wert von 45,6 Millionen, im Jahre 1910 von 369,6 Millionen Mark.

11 »Wir leben jetzt in der Stahlzeit. Das Eisenbahnwesen, Deutschlands Größe, Frankreichs Sturz, fällt in die Stahlzeit, die Bronzezeit ist dahin...«. Aus ›Alfred Krupps Briefe 1826-1887‹, hrsg. von Berdrow, auszugsweise wiedergegeben in dem schon angeführten II. Bd. der ›Deutschen Sozialgeschichte‹, S. 118.

12 Angaben über die elektrische Beleuchtung in Frankfurt enthält das Buch des Architekten- und Ingenieur-Vereins von 1886 über ›Frankfurt und seine Bauten‹ auf S. 567/8. Außer zwei Cafés hatten die Königliche Eisenbahn-Direction, das Kaiserliche Hauptpostamt, die Frankfurter Gasgesellschaft, die Frankfurter Societäts-Druckerei, ein elektrotechnisches Geschäft und eine Metzgerei elektrische Beleuchtung.

Der Straßenbeleuchtung dienten etwa 4000 Gaslaternen, die von zwei privaten Unternehmungen, der ›Englischen‹ und der ›Frankfurter Gasgesellschaft‹ betrieben wurden. Doch entfielen von der Gasproduktion dieser Firmen nur 11,3% auf die öffentliche, mehr als drei Viertel hingegen auf die private Beleuchtung.

13 Die Zahlen über das Wachstum der Elektrizitätsindustrie entnehme ich dem schon zuvor erwähnten Werk von Volker Hentschel über ›Wirtschaft und Wirtschaftspolitik im wilhelminischen Deutschland‹, dort S. 205. Die Fernleitung von Lauffen nach Frankfurt wurde zum ersten Mal betrieben am 24. August 1891. Sie war offenbar eine Folge der großen Elektrizitäts-Ausstellung, die im selben Jahr zuvor in Frankfurt veranstaltet worden war. Ihr technischer Leiter war Oskar

von Miller, noch wenige Jahre zuvor Mitdirektor in der Deutschen Edison-Gesellschaft Emil Rathenaus.

14 Walther Rathenau, Briefe. Bd. 1, S. 52 ff. Der Brief ist zitiert bei Ritter und Kocka, S. 124-126.

15 ›Deutsche Verfassungsgeschichte‹, Bd. IV, S. 606. Die Bemerkung fällt dort im Zusammenhang der Darstellung der deutschen ›Kolonialverfassung‹, welche das IX. Kapitel des Bandes behandelt. Huber macht auch deutlich, daß »die Bismarcksche Kolonialpolitik vorwiegend wirtschaftspolitisch, nicht machtpolitisch motiviert« war (S. 608), und daß der Kanzler im Grunde das Programm der Nationalliberalen ausgeführt hat, die »an der Spitze der Kolonialbewegung« standen.

16 »Sozialpolitik ist die Losung unserer Zeit«, heißt es in Hertlings Buch ›Naturrecht und Sozialpolitik‹, Freiburg 1892, S. 5. Georg Freiherr, später Graf von Hertling war Professor der Philosophie in Bonn, später in München. Als aktives Mitglied der Zentrumspartei und Parlamentarier verfolgte er zudem eine politische Laufbahn, er wurde bayrischer Ministerpräsident und im Jahre 1917 Nachfolger Bethmann-Hollwegs im Amte des Reichskanzlers. Die Sozialpolitik der beiden christlichen Kirchen kann hier nicht dargestellt werden. Die katholische hat die stärkeren organisatorischen Spuren hinterlassen.

17 Nach dem Deutschen Wörterbuch von Hermann Paul in der Bearbeitung von Werner Betz (Tübingen 1966) erscheint das Wort ›Sozialpolitik‹ zuerst bei Lorenz von Stein, wie in der ›Zeitschrift für deutsche Wortforschung‹, Bd. 5, S. 121, näher nachgewiesen sei.

18 »Es wird stets der Ruhm der Bismarckschen Epoche bleiben, daß die Reichsleitung und die mit ihr verbundene Reichs- und preußische Bürokratie ... den Gedanken der sozialen Reform festgehalten und ihn gegenüber allen Widerständen durchgesetzt hat.« (E. R. Huber, a. a. O., S. 1130.) Bismarck selber hat, wie Lothar Gall bemerkt, dieses »bedeutendste Gesetzgebungswerk des letzten Jahrzehnts seiner Amtszeit« in seinen Lebenserinnerungen mit keinem Wort erwähnt, offenbar in dem Gefühl, daß es »politisch« – das will heißen: unter dem Gesichtspunkt der unmittelbaren innenpolitischen Strategie gegenüber der Sozialdemokratie – »ein völliger Schlag ins Wasser« war. (Lothar Gall, Bismarck, der weiße Revolutionär, Berlin 1980, S. 648.)

19 Die Zitate entstammen dem Vorwort zu einer kompendiösen Darstellung von Dr. Nathanael Brückner, ›Die öffentliche und private Fürsorge, Gemeinnützige Thätigkeit und Armenwesen mit besonderer Beziehung auf Frankfurt am Main‹, welche unter der Ägide von

Mertons ›Institut für Gemeinwohl‹ zur historisch-organisatorischen Grundlegung neuer Tätigkeiten unternommen worden war. Das Vorwort ist nicht gekennzeichnet, doch bringt Achinger gute Zeugnisse für seine Zuschreibung bei. Auch mir scheint zudem der Tenor durchaus für Mertons Autorschaft zu sprechen. Die Niederschrift fällt in die Jahre 1891/92. (Achinger, Wilhelm Merton in seiner Zeit, S. 109-113.)

20 »Wilhelm Mertons soziale Unternehmen« sind in Achingers Biographie ausführlich dargestellt, dieser Autor war mit ihrer Entwicklung persönlich verbunden und vertraut. Die bedeutendste anfängliche Gründung war wohl das ›Institut für Gemeinwohl‹, das augenscheinlich schon von etwa 1890 an tätig geworden war, ehe es 1896 förmlich bei Gericht registriert wurde, übrigens als G. m. b. H. Unter seinem Dache oder mit seiner finanziellen, wissenschaftlichen oder administrativen Beteiligung entstanden in den neunziger Jahren eine ›Auskunftsstelle für Arbeiterfragen‹, ein ›Referat für Wohnungswesen‹, das ›Institut für Gewerbehygiene‹ (das später in das Kaiser-Wilhelm-Institut für Arbeitsphysiologie eingegangen ist), eine ›Zentrale für das Bergwesen‹, eine ›Gesellschaft für Wohlfahrtseinrichtungen‹, die wiederum ihrerseits eine beträchtliche Anzahl von Volksküchen, Kaffeehallen und Kantinen, auch Laubenkolonien ins Leben rief und verwaltete, ferner das ›Soziale Museum‹ (das ich als Student noch unter seinem damaligen Leiter Heinz Marr an der Frankfurter Universität besucht habe, in welche es inzwischen eingegliedert worden war), und die weitberühmte ›Centrale für private Fürsorge‹. Die pädagogisch-wissenschaftlichen Gründungen sind schon erwähnt worden: die ›Gesellschaft für wirtschaftliche Ausbildung‹, die ›Akademie für Sozial- und Handelswissenschaften‹ und schließlich die Universität, zu welcher Merton – abgesehen von der Integration der ›Akademie‹ – einen Millionenbeitrag gestiftet hat.

Panorama des Jugendstils
(1976)

Gewiß ist jeder Stil einzigartig, aber der Jugendstil ist einzigartig unter den Stilen. Alle anderen Stile sind Ordnungsbegriffe der Geschichtsschreibung, der romanische, der gotische, der barockem, der klassizistische Stil – diese Vorstellungen werden der historischen Betrachtung und Analyse verdankt, ihrem Bedürfnis der Gliederung, Periodisierung, des Wiedererkennens nach Merkmalen, das nicht viel anders vorgeht als die wissenschaftliche Bestimmung von Pflanzen und Tieren. Der Jugendstil hingegen war als Stil gewollt, erstrebt, ja erfunden. Aber das ist noch nicht das ganze Geheimnis seiner Einzigartigkeit. Auch die historischen Wiederbelebungen, die einen bedeutenden Teil der Kunstgeschichte des neunzehnten Jahrhunderts kennzeichnen, die Neugotik, die deutsche Neu-Renaissance, waren als Stile entdeckt, ergriffen und nachahmend in Bauten, Mobiliar, Lebensgesinnung in die jeweilige Gegenwart übertragen worden, und eben der Überdruß an solchen Repetitionen, der Ärger über die ›Kostümierungen‹ war ja eine der Triebkräfte, die den Jugendstil hervorgebracht haben. Er sollte und wollte ein Stil ohne Muster und Vorlage sein oder werden, ein ganz und gar neuer, eigener, zeitgenössischer, gegenwärtiger Stil. »Hier ist das Neue, das wir endlich, endlich dem erdrückenden Erbe entgegenstellen können!« schrieb später der Maler Ahlers-Hestermann aus der Erinnerung an die Hochgefühle solchen Anfangs.[1] Er erwuchs aus der Abkehr von den historisch rekapitulierenden Stilen, doch nicht von Stil überhaupt. Auch das Neue sollte und wollte nicht allein Stil haben, sondern ein Stil sein, und das hieß – ganz im Sinne jener Ordnungsbegriffe der geschichtlichen Betrachtung – ein System von Formen, Gehäusen und Geräten, Zeichen und Gestalten, eine Kunstwelt, die sich ebenderselben gegenwärtigen Lebenswelt aufprägen würde, welche sie doch zugleich auszudrücken bestimmt war.[2] So hat der Jugendstil, indem er die Traditionen beiseite warf, von ihnen doch die Bestrebung geerbt, das ›Leben‹ mit Kunstformen zu durchdringen und zu überziehen, die aus ein und demselben Geiste erwachsen, an spezifischen Merkmalen zu erkennen sein würden. Ein Formenvorrat würde es abermals sein wie ehedem der gotische oder derjenige der Deutschen Renaissance, nun aber ein neu und frei erzeugter. Daher auch rührt der ausgreifende Unversalismus, der so viele jener Neuerer auszeichnet, Mackintosh und die Seinigen, Henry van de Velde vor allem, auch Olbrich und Peter Behrens, die Maler, Kunsthandwerker und Architekten zugleich waren oder wurden, weil es sie trieb, nicht in einem Beruf und Bereich, sondern überall den Stil auszubreiten, den sie erst schufen. Ebendarum und nur darum war es ›Stil‹. Andernfalls wäre es entweder Malerei oder Baukunst oder Tischlerei oder Weberei oder was immer gewesen und geblieben, nicht aber leben-umfassender, leben-erneuernder, leben-erhöhender ›Stil‹.

Van de Velde erzählt die Anekdote von einem Museumsdirektor, der ihm sagte, nachdem es ihm ein erstes Mal gelungen sei, einen Stil zu schaffen, könne er seinen Ruhm bald noch steigern, wenn er einen zweiten Stil schüfe.[3] Der Erzähler fand die Geschichte offenbar gar nicht komisch; mit dem ersten Teil der Bemerkung scheint er ganz einverstanden, nur die Zumutung des zweiten weist er ärgerlich ab. Hier ist mit harmloser Pointierung ausgesprochen, was die Einzigartigkeit des Jugendstils ausmacht. Dieses Unternehmen war in der Tat, wie Ahlers-Hestermann sagte, »in der Geschichte ohne Beispiel«.[4]

Die große Befreiung führte auf diese Weise gleichsam vom ersten Tag an auch ein Verhängnis mit sich. Die alten Stil->Kostüme< waren abgeworfen, aber man stand nicht nackt, sondern zog sogleich ein neues über. Die Emanzipation verfing sich im Netzwerk ihrer eigenen Hervorbringungen. Die den neuen Stil schufen, verwickelten sich buchstäblich im Gespinst ihrer Erfindungen. Das beispiellose Unternehmen der Stilschöpfung lief auf eine Selbstverwandlung, die Befreiung auf eine Verzauberung hinaus. Denn worin man auch immer das Hauptmerkmal des Jugendstils erblicken mag, soweit er sich in der bildenden Kunst einschließlich der Architektur und der verschiedenen handwerklichen Disziplinen zu erkennen gibt – in der Belebung der Fläche, in der Kultivierung der dynamischen Linie, in der Herrschaft des Ornaments[5] oder in alledem zugleich: diese Füllungen und Aussparungen, diese Schwarz-Weiß-Vertauschungen, diese rahmenden Umschlingungen, diese Wellen, Locken und Wurzeln, diese Erweichung der Tektonik, diese Asymmetrien, diese Kurvaturen, diese fliehenden und sich vereinigenden Seelenleiber, diese plastisch-blasigen Räume, diese Leere und dieser sparsame Prunk, diese Verquickung des Organischen und des Funktionellen, diese Verdrängung der Horizonte und diese Fesselung der Gestalt in ihrem Kontur – das alles ist wie ein einziger Zauberbann, der um sich greift, dem nichts zu entgehen scheint, vom Buch und Bild bis zum Haus und Garten, vom Pflaster bis zum Turm, von den Möbeln bis zum Geschirr und Besteck, zu den Gewändern und zur Buchstabenschrift. Ein sanfter, süchtiger Taumel, eine frohe Besessenheit. Der Trieb der Stilisierung läßt die menschliche Person, Erscheinung, Gebärde, Sprache nicht aus, die neue Autonomie schafft sich ein artifizielles Gefängnis. Wie in einem Kokon von

Kunst bewegt sie sich. Die Produktivität dieser Jahre um die Jahrhundertwende ist hinreißend, die Epoche leuchtet und glitzert vor Zuversicht und Selbstgefühl, und doch rührt uns inmitten solcher Schönheit, die überall regieren soll, die Ahnung des Verfalls an, die ihr mitgegeben scheint. »Denn das Schöne ist nichts als des Schrecklichen Anfang«, in manchem Sinne, auch hier.

III

Freilich fällt kein Stil, kein Formenschatz vom Himmel, auch nicht vom Himmel des Genies. Auch das überraschend Neue führt ältere und alte Spuren mit sich, saugt Vorbilder an, verarbeitet Traditionen, entdeckt mit frischem Blick, was verschollen war oder von ferne herkam. Die große japanische Anregung ist offenkundig in der Graphik Aubrey Beardsleys, des Wunderkindes, in den Plakaten von Toulouse-Lautrec, des Kenners der Cafés und der Kabaretts, ja in Gemälden Vincent van Goghs, (den Julius Meier-Graefe einen Christus-Menschen genannt hat[6]). Die erste Wahrnehmung des japanischen Farbholzschnitts ist genau datiert worden, ein französischer Stecher war der früheste Bewunderer, das war schon 1856, und auch der Weg, den diese Begeisterung genommen hat, die Ansteckung der Augen ist erforscht, der Maler Whistler trug das Virus von Paris nach London. Nicht weniger deutlich tritt diese Spur zutage, wenn wir erfahren, daß der Kunsthändler Samuel Bing aus Hamburg, dessen Pariser Geschäft den Namen »Art Nouveau« trug und zum Kennwort machte, als Japanhändler angefangen hat und – seit 1888 – einen »japanischen Formenschatz« herausgegeben hat, den er den Künstlern empfahl.[7] Von daher stammt die Zuwendung zur reinen Fläche, das gleichsam schreibende Zeichnen, das die Tiefenperspektive, die Kulissenordnung, die Illusion der Körperlichkeit, Licht und Schatten und den Erd- und Himmelshorizont, all diese abendländischen Errungenschaften verwirft. Auch der Geschmack am leergelassenen Zentrum, der »amor vacui« (wie ein geistreicher Historiker es genannt hat[8]), und das Wegrücken der festeren Elemente – sowohl der graphischen Arbeit als auch des möblierten Raumes – an die Ränder. Der bedeutendste Holzschnittmeister der Epoche, Félix Valloton, weit derber in Sujet und Manier als Beardsley, dem ich ihn gleichwohl an die Seite rücken möchte, läßt die japanische Imprägnierung nicht minder deutlich wiedererkennen als dieser. Man könnte sogar vermuten, daß der hohe Wert und der entschiedene Klang, der dem Worte ›Dekoration‹ in jenen Jahren zukam – während es nachmals und bis heute beinahe ein Todesurteil ausspricht – von der Anschauung japanischer Erzeugnisse mitbestimmt war.

IV

Dekoration, das ist ›angewandte‹ Kunst, und sie sollte mit der ›reinen‹ gleichen Rang und gleiche Würde gewinnen. Wie viele führende Männer des Jugendstils haben als Maler, also als Adepten der ›reinen‹ Kunst, begonnen, haben die Ateliers verlassen und den missionarischen Gang in die ›dekorativen‹ Künste oder Handwerke, schließlich in die Architektur angetreten! So Otto Eckmann, der Entwerfer des berühmtesten deutschen Bildteppichs der Epoche, der die gleitenden Schwäne zu heraldischen Symbolen des Jugendstils gemacht hat, so Peter Behrens, dessen Haus an der Darmstädter Mathildenhöhe auch die Heutigen entzücken kann, und der Fabriken gebaut hat, so Bruno Paul, der Simplicissimus-Zeichner, der zum Innenarchitekten wurde, ja Henry van de Velde selbst, der mächtigste Synthetiker aller praktischen Künste. In diesem Auszug der Künstler in die Sphäre des Brauchbaren, das doch vom »Stil« ergriffen und umgebildet oder zum Stil erhoben werden sollte, läßt sich eine zweite und bedeutende Überlieferungsspur erkennen, die des Mediävismus, der neugotischen Handwerksveredelung, wie sie Ruskin und Morris in England seit der Mitte des 19. Jahrhunderts gelehrt und betrieben hatten und wie sie in den »Arts and Crafts«-Ausstellungen dort seit den achtziger Jahren prägend wurde. Was die namenlosen Meister der Gilden und Bauhütten des Mittelalters vollbracht hatten, sollten nach dieser Lehre die Künstler und Kunsthandwerker der Moderne wiederbringen, und diese umwälzende Bestrebung, gleichsam eine angewandte Romantik, fand ihre Fortsetzung oder Wiederaufnahme im ›Dekorations‹-Eifer des Jugendstils, wenngleich mit verwandelten formalen Mitteln, mit einer veränderten Physiognomie.[9]

Doch scheint sie wiederum nicht so ganz verwandelt. Auch der Gotizismus der englischen Präraffaeliten, der Burne-Jones und Dante Gabriel Rosetti, den man mit jener praktizierten Neugotik der Arts-and-Crafts-Leute zusammen sehen muß, geistert vielfältig im Jugendstil nach. Zumal die hochgedehnten schmächtigen Leiber von Gestalten Beardsleys und seiner Nachahmer wie auch der hölzernen Stühle des Schotten Mackintosh scheinen diese seltsame produktive Nachempfindung noch zu bewahren, und selbst in einer jener hoch-erotisierten Ikonen, die Gustav Klimt hergestellt hat – ich denke an das Bild mit dem Titel »Der Kuß« –, zittert dieser innige Geschmack: prunkvoll verhüllte Körper, nur Hände und Gesichter sind nackt, der weibliche Kopf ist in preziöser Madonnen-Demut fast waagerecht abgeknickt.

Zu schweigen vom jungen Rilke, und nicht einmal nur vom jungen. »Werkleute sind wir: Knappen, Jünger, Meister, und bauen dich, du hohes Mittelschiff«, heißt es im

›Stundenbuch‹, im ersten Teil, der überschrieben ist »Das Buch vom mönchischen Leben« und der die Jahreszahl 1899 trägt. Es ist das gleichsam die zweite Stufe der Reflexion des Gotischen, und ihre innerste Tendenz geht auf eine Geburt – oder Wiedergeburt – der Religion aus dem Geiste der Dekoration, das Wort ohne alle Schnödigkeit, vielmehr in dem starken Ton und naiven Sinn der Zeit verstanden. Der Mönch und Pilger, der da spricht, ist nicht der »kunstliebende Klosterbruder« der Romantik[10], eher – wenn das Wortspiel erlaubt ist – ein klosterliebender Kunstbruder, und er arbeitet an Gott wie an einem Teppich oder einem Bau, an einem Kunstwerk.

V

Eine methodische Zwischenbemerkung scheint angebracht. Der Name Rilke bezeichnet einen Zusammenhang zwischen Literatur und Dekoration, und es gibt viele andere Zeugnisse ähnlicher Art bis in die philosophische Literatur hinein. Das bedeutet indessen nicht, daß solche Autoren insgesamt unter die Rubrik ›Jugendstil‹ zu subsumieren, daß ihre Œuvres durch solche Zuordnung erschöpfend beschrieben wären. Kein Autor, kein Œuvre, keine Werkbiographie kann in einer derartigen Stil-Kategorie völlig auf- oder untergehen; übrigens gilt das ganz ebenso von den Zeichnern, Entwerfern, Architekten, von den Meistern der Dekoration im authentischen Sinne des Wortes. Sie alle – oder doch die originalen unter ihnen – sind ja nicht bloße Exponenten, sondern immer zugleich Präger, sind dem Zauber nicht allein unterworfen, sondern haben ihn auch formuliert. Der Begriff ›Jugendstil‹ kann daher nur als physiognomischer Begriff verstanden werden, als ein Hinweis auf gewisse Gesichtszüge der Epoche, die wir in vielen Zeugnissen und

Erzeugnissen vieler Bereiche der Kunstübung wiederfinden, und als ein Instrument solchen Wiederfindens, solcher physiognomischen Erkenntnis des Bildens, Dichtens und Denkens. Die Intention, das ganze Leben mit ›Stil‹ zu umfangen, von der ich eingangs gesprochen habe, ist selber auch nicht mehr als ein Merkmal, wenn auch ein fundamentales. Das Ziel ist nicht erreicht worden, ganze Gebiete blieben brach liegen, Konventionen anderer Herkunft wirkten fort, die Kraft der Stilgründer erlahmte, die Wege gingen auseinander und in andere Richtungen, die gemeinsame Prägung verlor sich, und am Ende sollten wir bei dergleichen historischen Schilderungen und Erörterungen auch nie die Rechnung ohne den Tod machen.

›Jugendstil‹ ist also auch kein Epochenbegriff, aber er bezeichnet doch ein epochales Phänomen. Geographisch greift er so ziemlich in den ganzen Okzident aus – nach England, Belgien, Holland, Frankreich, Deutschland, Österreich, der Schweiz, Skandinavien, den Vereinigten Staaten, in einzelnen Motiven und Gestalten auch nach Spanien, Italien, ja nach Rußland. Überall gab es zur gleichen Zeit auch ganz andere Bestrebungen, vielfach weit mächtigere; ›Jugendstil‹ aber war das Signum des Neuen, die Neuheit, Neuerung und Erneuerung auch das Signum des Jugendstils. (Seither ist die Neuheit ein Kennzeichen, ja ein Erfordernis aller Kunstleistung geworden und geblieben, die Anspruch auf Schätzung, Ruhm, Markt und historische Registrierung erhebt.) Diese Eigentümlichkeit drückt der andere Name ganz direkt und deutlich aus, der im Westen außerhalb Deutschlands herrschend wurde: Art Nouveau. Natürlich muß man wie die Schulen, Gruppen und Individuen, so auch die Zentren unterscheiden – London, Glasgow, Brüssel, Paris, Nancy, München, Darmstadt zum Beispiel und Wien, wo abermals ein anderes Kennwort gängig wurde, ›Sezession‹. Der Mehrzahl dieser Namen haben manche späteren Darstellungen durch umfassendere Ausdrücke auszuweichen gesucht: Ahlers-Hestermann nannte sein Buch (von 1941) »Stilwende«, die große Zürcher Ausstellung von 1952 führte den einfachen, freilich auch trocknen Titel »Um 1900«, und ähnlich haben sich Richard Hamann und Jost Hermand bei ihrer gewichtigen Gesamtdarstellung (von 1967) mit dem Titel »Stilkunst um 1900« beholfen. Demgegenüber möchte ich an dem authentischen deutschen Wort ›Jugendstil‹ festhalten, weil es mehr Anschauung mitführt, mehr Erinnerung aufruft. Wir müssen uns nur bewußt bleiben, daß wir ›Jugendstil‹ als pars pro toto sagen. Manche neueren Forscher haben feinere Periodisierungen eingeführt. Robert Schmutzler möchte zwischen Früh-, Hoch- und Spät-Art Nouveau unterscheiden, ja er hat sogar in der Zeit um 1800, ein ganzes Jahrhundert vor dem Jugendstil, in Bildern und dekorativen Zeugnissen einen »Proto-Art Nouveau« entdeckt. Das mag gute historische Gründe haben, soll uns aber hier nicht beschweren, wo es auf einen kurzen Begriff und Umriß ankommt.

Auch zwischen ›Symbolismus‹ und ›Jugendstil‹ möchte ich keine scharfe Linie ziehen, sie hätte etwas Künstliches und Gewaltsames. Ich ziehe es vor, die Gegensätze in den Werken und Figuren aufzusuchen. Eine einzige zusammenhängende, verschlungene Formenwelt ist es, die in sich ihre Tag- und ihre Nachtseite hat. Den Motiven von Jugend, Frühling, Licht und Gesundheit korrespondieren Verfangenheit, Traum, Sucht, Märchendunkel und Perversion; das eine und selbe Prinzip des organischen Ornaments bedeutet zugleich Vermenschlichung der Natur und Denaturierung des Menschen. Nimmt man die Widersprüche auseinander und verteilt sie an unterschiedliche Richtungen oder Entwicklungsphasen, so verliert man die tiefe und fruchtbare Zweideutigkeit aus den Augen, die uns am ›Jugendstil‹ berückt und beunruhigt. Sie ist ihm wesentlich. Welche Gegensätze in der Architektur zwischen der ›Vernunft‹ eines van de Velde und der Phantastik eines Antonio Gaudi (in Barcelona), zwischen der Keuschheit eines Mackintosh in Glasgow und der Üppigkeit eines Hector Guimard (in Paris)! Welcher Kontrast in der Dichtung zwischen den eleganten Verruchtheiten von Oscar Wilde und dem idealischen Paarungspathos des deutschen Richard Dehmel, zwischen der ahnungsvollen Versponnenheit Maurice Maeterlincks und dem schneidenden Frohsinn Frank Wedekinds! Welche Welten trennen in der Malerei den lüsternen Prunk von Gustav Klimt und die satte Hoffnungslosigkeit in den Bildern von Edvard Munch! (Von den Differenzen des Niveaus, des Formats, der Energie will ich jetzt nicht reden.) Und doch eint sie etwas, sind die Hervorbringungen dieser Maler, Dichter, Baumeister und Entwerfer in gewissen Zügen physiognomisch untereinander ähnlich, und diese Signatur ist es, die wir mit dem Namen ›Jugendstil‹ benennen.

VI

Das Neue, jenseits oder diesseits aller Anregungen und Aneignungen, ist – im ganzen und weiten Bereich der Dekoration – die Entdeckung des organischen Ornaments, die Entdeckung der Organismen, vorab der pflanzlichen, für das Ornament und als Ornament. Die eisernen Stengel, Binsen und Lianen in dem Treppenhaus des Hauses Tassel in Brüssel von Victor Horta (von 1892/93) und die tropischen Blütenpfeiler der berühmten Pariser Metro-Eingänge von Hector Guimard (um 1900), der unendlich variierte Frauenschuh in Otto Eckmanns Randleisten auf den Seiten der Münchner »Jugend«, die strenger stilisierten hoch- und dünnstämmigen Bäumchen in Charles Rennie Mackintosh's Wanddekorationen, wovon auch Olbrichs sparsamer Dekor an den Darmstädter Bauten sich herzuleiten scheint, wenngleich filtriert, abstrahiert, nicht mehr wuchernd: das sind nur einige markante Beispiele. Nicht alles davon ist bloßer Schmuck. Vielmehr geht die struktive Funktion häufig mit der vegetabilischen oder auch anatomischen Analogie eine enge Verbindung ein. Wir sehen Säulen in schilfige Schäfte sich verwandeln, Stuhl- und Tischbeine aus dem Wurzelboden wachsen, sich knicken und verzweigen, sodaß wir zuweilen – in glücklich gelungenen Fällen – uns verwirrt eingestehen, daß am Ende zwischen den Baugesetzen der Pflanze oder des tierischen, auch menschlichen Leibes und denen der künstlichen Geräte und Gehäuse doch eine Verwandt-schaft herrschen müsse. Das konstruierte Gebilde wird im Jugendstil dem lebendigen Gewächs assimiliert, und das ist es, was seine neue Formenwelt von aller älteren Verar-beitung natürlicher Muster in gemaltem, geschnitztem oder gemetztem Schmuckwerk unterscheidet.

Von solchen Formen aber geht eine Verführung aus. Der Betrachter, Benutzer, Bewohner muß und will sich ein-fühlen in dieses Wachsen, Sprießen, Dehnen und Sehnen, in Bau und Leben des organisch-körperhaften Zauberrei-ches, das ihn umgibt, einschließt und auch ausdrückt. Unzweifelhaft macht sich hier ein Trieb geltend, ins unbe-wußte pflanzliche Wesen einzusinken, eine Art von irra-tionaler Glücks-Utopie der Stille, des schweigenden Blü-hens. Es ist, als wolle auch der Mensch selber sich zum Gewächs verwandeln, in die Unschuld der vegetabilischen Existenz einkehren. Abermals ist es Rilke, der dies mit aller poetischen Bestimmtheit in Metaphern ausspricht (aber sind es noch Metaphern?): »Und manchmal bin ich wie der Baum, / der, reif und rauschend, über einem Grabe / den Traum erfüllt, den der vergangne Knabe / (um den sich seine warmen Wurzeln drängen) / verlor in Traurigkeiten und Gesängen.«[11] Und Maurice Maeter-linck hat, in dem staunenden und raunenden Tone, der

ihm durchgängig eigen ist, präzis dieselbe Traum-
Erkenntnis formuliert: »Gibt es im Mittelpunkt unseres
Wesens einen durchsichtigen Baum, an dem alle unsre
Handlungen und Tugenden nur die nachtreibenden Blätter
und Blüten sind?«[12]

VII

Das ist die Figur des Jugendstilmenschen – oder doch eine
seiner Gestalten. Er entwindet sich allen cartesischen und
kantischen Bestimmungen, will keine ›res cogitans‹ mehr
sein und weder die reine noch die praktische Vernunft
üben. Seine Philosophie ist die des Lebens. Henri Bergson
hat sie ausgearbeitet. Wie sprechend, wie malerisch, wie
dekorativ ist die Ankündigung, die sich gleich in der Einleitung seines berühmten Buches von der »schöpferischen
Entwicklung« findet: er wolle zeigen, »wie unser Verstand
... fähig wird, auf eine Philosophie hinzuführen, die ihn
überwächst«! Und abermals – sehen wir nicht hundert
charakteristische Ornamente vor Augen, wenn wir von
Bergson hören, das Leben, das »gesamte Leben« erscheine
»als eine ungeheure, von einem Zentrum her sich ausbrei-
tende Woge«? Gewiß ist das nicht die ganze Lehre, gewiß
verschwimmt und verschwindet der Mensch hier nicht in
der allgemeinen Feuchtigkeit und im allgemeinen Wachstum, gewiß hält er auch hier eine Sonderstellung, aber
seinem Bewußtsein wird ein Weg gewiesen, der in andere
Richtung führt als die der abendländischen Wissenschaft,
der Weg der »Intuition« nämlich, und von ihr heißt es, sie
gehe »im Sinne des Lebens selber«.[13] Es ist der Weg nicht
der Logik, sondern der Biologik, und das Leben, die Einheit des Lebens, das Einssein mit dem Leben, mit allem
Lebendigen, ist das Schlüssel- und Zauberwort der Epoche. Nicht die Vernunft, nicht der Geist, nicht das Gesetz

noch die Freiheit noch die Pflicht noch die Tugend. Sondern das Leben.

VIII

Das Leben wird bejubelt und es wird geweiht. Die Sterblichkeit des Lebens schien so gut wie vergessen, der Tod schien – auf andere als die christliche Weise – verschlungen in den Sieg, nämlich in den des Lebens, dem er allenfalls als Gewürz zu dienen hatte, eine ewige Jugend, ein immerwährender Frühling schien aufgegangen, die Kunst dem Leben vermählt. »Für Kunst und Leben« war die Illustrierte Wochenschrift Georg Hirths in München bestimmt, die dem Stil in Deutschland den Namen lieh: die »Jugend«. Und »Der Jugend, die ewigen Frühling schafft«, galt das Gedicht, mit dem die erste Nummer, am 4. Januar 1896, eröffnet wurde[14], wenn auch dieser Frühling nur »drinnen tief im Herzen« lokalisiert war, ebendort, wo auch die Sonne Cäsar Flaischlens[15] ihren Sitz hatte. Mit ähnlichem Jauchzen trat auch der »Simplicissimus« – genau ein Vierteljahr später – auf die Szene: »Hier bin ich: Frei und jung und ahnenlos«.[16]
Diese Blätter hatten es auf Popularität abgesehen – und wurden populär –, aber in den Sphären der höheren Kunstübung und Kunstdeutung begegnen wir ganz derselben paradiesischen Verfassung. So in den Bildern des gebürtigen Darmstädters Ludwig von Hofmann, der in Paris studiert hatte; aber das fahl gedämpfte und sehr entfernte Arkadien des Puvis de Chavannes, von dem er dort berührt und bestimmt wurde, hat er seinerseits gleichsam herangeholt und in Bewegung gesetzt derart, daß seine Frühlings- und Jugendwelt durchaus der Einfühlung, Teilnahme und lebendigen Nachahmung sich werbend öffnet. Bei alledem sind ja die Themen und Motive nicht minder

bedeutsam als der Bildaufbau und die kurvige Faktur, wovon die kunsthistorische Analyse mehr zu reden weiß. Von seinen Mädchenreigen hat selbst der große Dichter Hugo von Hofmannsthal so treffend wie schwärmend geschrieben: »... frühlingshaft sind sie aus einer Welt mit den jungen Bäumen, die sich auf Frühlingshügeln gegen reinen Himmel heben, und mit den Konturen der Inseln, die aus leierförmigen südlichen Buchten auftauchen im Duft des Morgens«.[17]

Zu den Motiven von Frühling und Jugend fügen sich sogleich diejenigen der Nacktheit und des Tanzes. Von der Wollust der Dinge, die dort zu sehen sind, sagte Hofmannsthal im selben Zusammenhang, sei »die Üppigkeit weggeschnitten«, und diese wunderliche Metapher bezeichnet präzis eine weithin in Kunst und Dekoration, in erhabenen wie in trivialen Bezirken wirksame Intention: die Unschuld des Lebens her- und darzustellen. Was das Nackte betrifft, so ist freilich die deutsche Antithese zu Beardsleys kalter Sündenherrlichkeit in den Zeichnungen des unermüdlichen Fidus peinlich greifbar. Seine halbentwickelten Jünglings- und Mädchenkörper, die in Reigen gehen oder die Sonne anbeten, lassen in der Federführung eine routinierte Mühewaltung erkennen, die »Üppigkeit wegzuschneiden«, den Reiz hintanzuhalten, eine entfleischte Idealität zu behaupten, die alsbald und für lange Zeit die weiteste und billigste Verbreitung gefunden hat. Übrigens nahm auch die ›künstlerische‹ Aktphotographie im Jugendstil ihren Anfang: die englische Zeitschrift »The Studio« hat in demselben ersten Jahrgang (von 1893), in dem sie Aubrey Beardsley vorstellte, ein wenig später »the Nude in Photography» behandelt, mit Beispielen. Der Weg ging aus der Kunst und der Dekoration über die Photographie – die es mit der Bewahrung des Unschuldsblicks schwerer hatte – bis in die existentielle Ausübung, die unter dem Namen der ›Nacktkultur‹ in sektenhafter

Absonderung die ersten kühnen Schritte tat.[18] »Ich will die nackteste Befreiung«, sang fordernd Richard Dehmel (der Fidus zu seinen Gefährten zählte), und er meinte es denn vollends auch geschlechtlich: »Und alles rauscht tief innerlich. / Zwei nackte Menschen einen sich.«[19] Es war die äußerste Leistung, die er seiner neuen Tugend abverlangt oder zugemutet hat, und die etwas gewaltsame Wahrhaftigkeit, die aus seinen Versen spricht, macht die Entschlußkraft erst recht spürbar, die nötig war, sich aus dem verschwiegenen Dunkel der viktorianischen Betten wie aus der Scheinwelt des Makartschen Kunst-Bordells loszureißen.

Blieb hier die Anmut freilich auf der Strecke, so feierte sie um so höhere Triumphe im Tanz und nicht nur im gemalten. Zumal der Schleiertanz, wie ihn die Amerikanerin Loïe Fuller eingeführt hat – wir kennen ihre enthusiasmierende Wirkung aus unzählbaren graphischen, malerischen, plastischen Darstellungen und Nachbildungen in Bronze und in Porzellan –, diese ›Serpentine‹ mit ihrem Wogen und Wehen und Wirbeln, ihrer Übersetzung, ja ihrer Erlösung der dekorativen Kurvaturen in die leibhaftige bewegte Erscheinung, dieses elementare und so künstliche Phänomen muß als eine Grundfigur des Jugendstils aufgefaßt werden.[20] Ihre ›Schönheit‹ schillert ins Somnambule, in jene andere Version der Lebensheiligung, die in so vielen elfischen Halbwesen, Undinen und Melusinen und Melisanden sich bezeugt, aber auch in den hochaufgereihten, wie traumbefangenen Schutzengeln und Weib-Genien, die Ferdinand Hodler gemalt hat.[21]

Überhaupt scheint die neue Disziplin des freien, von den strengen Fesseln des Balletts gelösten Kunsttanzes – von den kecken frühen Girls bis hin zur weihevollen ›Eurhythmie‹ der Anthroposophen-Gemeinde Rudolf Steiners – die innerste Hoffnung und Bestrebung der Epoche zu realisieren: hier war das Leben in Schönheit erreicht, die dekorative Geste in die Existenz übertragen. Oder sollen wir genauer sagen: hier war das Leben selber dekorativ geworden?

»Und von frauen die schar
Die uns lenkend uns frönt
Sie im wallenden haar
Sie im tanz erst so schön.«

Das ist Stefan George. Sogar er, der Gestrenge, hat der Erscheinung seinen poetischen Tribut entrichtet.[22]

IX

Es ist wahrhaftig, als wäre Heinrich Heines Prophezeiung wahr geworden: »Es wächst heran ein neues Geschlecht / Ganz ohne Schminke und Sünden, / Mit freien Gedanken und freier Lust, / Dem werde ich alles verkünden.«[23] (Obzwar hinsichtlich der Schminke ein Vorbehalt anzubringen ist: Max Beerbohm hat im ›Yellow Book‹ von 1894 eine »Defence of Cosmetics« publiziert, und gerade dieser Beitrag hat ihm die grimmigsten Attacken in Oxford eingetragen, die »liebliche Künstlichkeit«, die er in ihrer Unschuld pries, wurde vom gesitteten Publikum gerade mit der Sünde – und mit der Halbwelt – identifiziert.) Im Jugendstil geht auch die Saat auf, die schon zu Anfang des 19. Jahrhunderts, in Frankreich zuerst, gesät worden war, die Heines, dann Nietzsches Botschaften in die deutsche Literatur eingeführt hatten: die Rechtfertigung des Fleisches, die Weihe des Leibes, die Emanzipation der Sinne, die erotische Freiheit. Wie mit einer Explosion schießt sie hervor, anfangs entweder in mystischem Gewölk wie ein geheimer Kult oder aber mit der Gebärde des eleganten Bürgerschrecks vorgetragen, dann zur Laute gesungen im literarischen Kabarett, wiederum auch zur Weltanschauung und zur neuen Religion gesteigert, schließlich als Reformbewegung in breiter Bahn ausgreifend.

Alle Motive jener Ästhetik des ›Lebens‹ vereinigen sich in dieser Bewegung, die Themen der Kunst werden zu Programmen der Lebensführung und dringen in die allgemeine Gesellschaft vor: Jugend, Frühling, Landschaft, Nacktheit, Tanz. Und die Entwürfe der Künstler in den Bezirken von Dekoration und Architektur, anfangs zumeist (wenn auch nicht durchweg) auf das Kostbare und Kostspielige zielend, daher in der Verwirklichung auf Palais und Villen angewiesen und begrenzt, streben alsbald nach weitester Anwendung, gehen gewissermaßen in die Serie. Der Dandy wird vom Volkserzieher abgelöst, der Jugendstil wird zur ästhetischen Reformbewegung, und es mag der Schulpedanterie überlassen bleiben zu entscheiden, ob wir den Jugendstil als den Beginn des Reformzeitalters oder dieses als den Auslauf des Jugendstils definieren wollen.

Van de Velde hat weitfließende Frauenkleider entworfen, sie waren aus reichen Stoffen hergestellt und mit delikaten Ornamenten bestickt. Paul Schultze-Naumburg eröffnete seinen Feldzug gegen das Korsett im Jahre 1901 (dem Jahre der Mathildenhöhe) mit der Schrift über ›Die Kultur des weiblichen Körpers als Grundlage der Frauenkleidung‹, und es verdient angemerkt zu werden, daß sie von Eugen Diederichs in Leipzig verlegt wurde, dem eine führende Rolle im literarischen Jugendstil zukommt, der auch Ruskin und Maeterlinck in Deutschland bekannt gemacht hat, und daß J. V. Cissarz das Buch mit seinen Lineamenten verziert hat. Es ist ein Pathos der Schönheit, hier der »Körperschönheit«, von dem dieser unermüdliche Prediger erfüllt ist, zu einer »Ästhetik der Zukunft« möchte er beitragen. Er hatte nicht nur einen Bucherfolg. Unter den Illustrationen finden sich neben Aktphotographien vor allem antike Nymphen und Grazien, das »heidenliebliche«

Urbild, wie Heine sagte, tritt jetzt ins praktische Lehrbuch ein, und die exilierten Götter sollen endlich in Fleisch und Blut wiederkehren.

Um dieselbe Zeit begann Hermann Muthesius seine pädagogische Tätigkeit, die zwar vorab auf die Reform des Hausbaus zielte – die Frucht jahrelangen Studiums der englischen Landhaus-Architektur –, gleichwohl aber die gesamte unmittelbare Lebensumwelt mitbedachte. Er ist einer der ersten Kritiker des Ornaments, auch des Jugendstil-Ornaments, wiewohl er ihm rückblickend eine befreiende Bedeutung zuerkennt. Er geht noch weiter und beklagt die »Verkunstung« des Lebens überhaupt, hält aber unter einem neuen Namen doch an der Idee einer synthetischen Durchbildung aller praktischen Lebensdinge fest: das Wort heißt ›Kultur‹. »Bauen wir zunächst eine echte Kultur auf, dann ist der Weg zu einer echten Kunst leicht.«[24]

Das Ornament ist abgeblüht, ›Kunst und Dekoration‹ verblaßt, die Ästhetik der Ästheten weicht einer Ästhetik wenn nicht der Ingenieure, so doch für Ingenieure, die Schönheit des Nützlichen wird entdeckt, und doch bleibt paradoxerweise ein Umriß, ein Schema, ein Aroma von Jugendstil noch erhalten: die Kultur des Körpers und der Kleidung, die Wohnkultur und die Kultur des Hauses, der Häusergruppen mitsamt ihren Gärten, die Reform der Ernährung (das Programm ist bis heute in jenen Ladengeschäften aufbewahrt, die ›Reformhäuser‹ heißen), die Gymnastik, die aus der Tanzbewegung hervorwuchs, die ›Lebensreform‹ insgesamt – alles fügt sich noch und wieder zur umfassenden programmatischen Utopie vom schönen Leben. Nur ist das schöne Leben zu einem einfachen Leben umstilisiert, die Modernität vernünftig geworden.[25] Oder doch etwas vernünftiger.

Hier ist der Moment, ein Wort zur Soziologie oder Sozialgeschichte des Jugendstils einzuflechten. Es ist gesagt worden, diese Stilkunst ziehe einen Zirkel und schaffe einen
Schutzbann, vermeide alle »Klippen der Wirklichkeit«,
fliehe vor der Gegenwart, und dieser geläufige Vorwurf ist
von einigen auch ausdrücklich an die Adresse der Bourgeoisie, ja der Großbourgeoisie gerichtet worden.[26] Kein
Zweifel, daß eine Menge reicher und sehr reicher Leute
teils als Protektoren, teils als Auftraggeber, teils sogar als
Produzierende in der Geschichte des Jugendstils ihren
Platz haben: der Industrielle Güell in Barcelona, für den
Gaudi gebaut hat, Louis C. Tiffany, der New Yorker
Juwelierssohn, der zumal durch seine erlesenen Gläser
berühmt wurde, die Kröller-Müllers in Holland, die Ber-
lage und van de Velde beschäftigten, der Großindustrielle
Solvay und sein Architekt, der Baron Horta in Brüssel,
auch der Graf von Toulouse-Lautrec in Paris, in Deutschland Graf Harry Kessler, der die neue Weimarer Kunst-
epoche ins Werk gesetzt hat, der dortige Großherzog Wilhelm Ernst und der Darmstädter Großherzog Ernst Ludwig, Walter Rathenau von der AEG und der Freiherr
Eberhard von Bodenhausen, der das Nährmittel ›Tropon‹
herstellte – das berühmte Plakat van de Veldes hat das
Erzeugnis dem historischen Gedächtnis überliefert. Und
manche anderen mehr. Insoweit bewegt man sich in der
Tat in den ›ersten Kreisen‹ der europäischen und amerikanischen Gesellschaft, in altem fürstlich-aristokratischem
Milieu und im neuen Reichtum der Industrie, das ist richtig, mindestens für die Anfänge.
Aber zugleich muß festgehalten werden, daß der Jugendstil nicht von Auftraggebern, sondern in einem entschiedenen, scharf umrissenen Sinn von Künstlern und Künst-
lergruppen in die Welt gebracht wurde, die diese Auftrag-

geber erst anzogen, und daß ihre Absichten, bisweilen auch expressis verbis, gerade gegen das ›bürgerliche‹ Wesen oder Unwesen, gegen das Viktorianische, gegen Konvention, Sitte, Moral und Kirchenglauben gerichtet waren. Einige Verleger traten ihnen zur Seite wie Georg Hirth in München oder Alexander Koch in Darmstadt, Kunsthändler wie Bing in Paris, Museumsleute wie Lichtwark in Hamburg, Deneken in Krefeld, Osthaus in Hagen, Schriftsteller wie Julius Maier-Graefe und Karl Scheffler. Die Londoner Protagonisten, Wilde, Beardsley und Beerbohm legten es darauf an, den Bürger zu verblüffen – épater le bourgeois –, und in München tat mans ihnen weidlich nach, am radikalsten auf dem Theater Wedekinds. Schließlich ist zu vermerken, daß das Element der satirischen Karikatur dem graphischen Jugendstil von Beginn an eigentümlich war, es steckt schon in Blättern Beardsleys und hat, in Deutschland, so aggressive Meister wie Thomas Theodor Heine und Bruno Paul, die dem »Simplicissimus« den Explosivstoff mitgeteilt haben: hier wurde wahrhaftig ›Gesellschaftskritik‹ betrieben, wie sie seither bei uns nicht wieder erreicht worden ist, und sie packte Militärherrschaft, Korporations-Dünkel und Kapitalisten-Protz mit einem einzigen, nicht nachlassenden Dauergriff an den Gurgeln. Ihre großartig deformierten Gestalten, ihre Menagerie von Flachköpfen, Bierbäuchen, Rüsselschnauzen, diese Ausstellung der Häßlichkeit und Lächerlichkeit läßt zumeist nur ahnen, wie tief das geheime Gegenbild von freier Schönheit ihnen im Sinn liegt, das allein doch Blick und Griffel aktivierte.

Der Jugendstil ist ein vehementer Ausbruch aus den überlieferten ›bürgerlichen‹ Ordnungen, ein Versuch zur ›Veränderung der Verhältnisse‹ (um einen längst langweiligen marxistischen Ausdruck zu verwenden), der von dem zwar geduldeten, aber sozial exzentrischen Element der Künstler und ihrer Gesellen vorgetragen worden ist. Ihr Trieb zum Gesamtkunstwerk, zum Kunst-Leben, zur Verwandlung des Menschen selbst, hat ganz ebensoviel Utopie in sich, wie er ins falsch Ideologische entgleiten konnte. (Und übrigens ist nicht alles, was utopische Qualität hat, darum allein schon gerettet, es gibt auch falsche, tödliche Utopien.) Zudem ist die ›Stil‹-Bewegung, wie zuvor schon angedeutet, durchaus nicht in der »Villen-Kultur« an ihr Ende gelangt oder steckengeblieben. Schon früh hat zum Beispiel Charles F. Annesley Voysey, nach Pevsners Urteil der bedeutendste englische Architekt der Jahrhundertwende, einfache und preiswerte Häuser gebaut und wurde im ›Studio‹ (von 1897) dafür gerühmt, daß die Kosten geringer seien als die der »elenden Betrügereien der Bauschwindler«.[27] Das kleine Eigenheim nach dem Muster des Cottage leitet sich davon her, wurde von Muthesius und anderen auch nach Deutschland übertragen. Olbrich hat ein Arbeiterhaus für Opel entworfen. Die Landesherren von Hessen-Darmstadt und von Sachsen-Weimar strebten, das ganze einschlägige Gewerbe zur Erneuerung anzuregen, die Mathildenhöhe-Ausstellung von 1901 war auch in diesem Sinn als ein Signal gemeint, und die späteren Landesausstellungen dienten der Verbreitung der Muster. Der ›Werkbund‹, der 1907 von zwölf Künstlern und zwölf interessierten Firmen gegründet wurde, erstrebte »die Veredelung der gewerblichen Arbeit im Zusammenwirken von Kunst, Industrie und Handwerk«, er wirkt noch heute in diesem Sinn. Von der ganzen Ära der allgemeinen Lebensreform und ihrer intendierten Breitenwirkung ist zuvor schon die Rede gewesen, ihre Resultate erfahren die Heutigen auf Schritt und Tritt. Wenn der Jugendstil eine Flucht aus der Wirklichkeit war – aber was war, was ist ›die Wirklichkeit‹? –, so hat sich diese Fluchtbewegung alsbald verkehrt, in die Wirklichkeit hinein.

Das Verhältnis zwischen den schönen Kunst-Inseln der

Reichen und der weit und lang hinwirkenden Tendenz der ästhetischen Lebenserneuerung der Gesellschaft ist in einer Bemerkung von Otto Eckmann recht gut getroffen, die Ahlers-Hestermann überliefert hat: »Wir müssen den Snob benutzen, um allmählich zum Volk zu kommen«.[28] Mag das auch nicht die Strategie jedes einzelnen Stil-Bildners gewesen sein, in jedem Fall war es die Strategie der Epoche.

XI

Die Frage des Niveaus, des Formats, der künstlerischen ›Qualität‹ von Werken, die dem Jugendstil zugerechnet werden, habe ich bisher ausgespart. Wenngleich der Markt seit etwa zwanzig Jahren durch eine totale Neubewertung und eine zuvor ungeahnte Schätzung gekennzeichnet ist, scheint das alte Global-Verdikt doch bei Erzeugnissen der reinen oder hohen Kunst noch nachzugeistern. Die Kenner mögen vielfach nicht gern hören, daß Bilder etwa von Munch oder van Gogh Jugendstil-Züge aufweisen. Bei Klimt oder Stuck ist man nachsichtiger. Die Großen, heißt das, sollen doch herausragen aus der Signatur der Zeit, wenigstens mit halbem Leibe. Niemand scheut sich, Tiepolo einen großen Barockmaler zu nennen, das Epochen-Merkmal verbindet sich hier ohne Schwierigkeit mit dem der Größe. Im Falle des Jugendstils spürt man eine Hemmung, seine Meister, scheint es, können nicht eigentlich groß sein, und wenn sie groß sind, so hält man sie besser aus der Kategorie ›Jugendstil‹ heraus. Die Empfindung läßt sich gewiß erklären; die Einzigartigkeit dieses Stils, daß er nämlich als ein solcher gewollt war (wovon hier eingangs die Rede war), scheint der Unterscheidung der Werke nach ihrem Rang, scheint zumal der Zubilligung von Größe, hoher Schönheit, bedeutender

Kraft im Wege zu sein. Der allgemeine Reiz ist längst entdeckt, tausendfach wahrgenommen oder nachgeschmeckt, das unbefangene Kunsturteil jedoch scheint wie abgeklemmt, sobald die Zuordnung zur Sphäre ›Jugendstil‹ den Geist und das Auge beherrscht. Diese Klammern sollten zu lösen sein. Edvard Munch ist ein großer Jugendstil-Maler, vielleicht der größte und vielleicht gerade deswegen, weil er allein das Verhängnis dieser Verzauberung dargestellt hat, den Fluch im Bann. Beardsley, Valloton und Thomas Theodor Heine sind geniale Jugendstil-Graphiker, Mackintosh, van de Velde, auch Olbrich mächtige und originale Architekten und Universalisten des Jugendstils – und innerhalb des Jugendstils, mag van de Velde in seinem Selbstbewußtsein das auch von sich gewiesen haben. Wir kleben ihnen damit nicht ein Etikett auf, sondern wir weisen auf die Signatur ihrer Formenwelten hin, ohne im geringsten die individuellen Ausprägungen zu verwischen. Richard Riemerschmid hat die schönsten, zartesten Jugendstil-Möbel und Jugendstil-Geräte entworfen; auch dieses Exempel soll statuiert sein, denn von Meisterwerken der ›angewandten‹ Künste müssen wir nicht darum geringer denken, weil uns der Traum des praktischen Gesamtkunstwerks vergangen, die Lebens-Synthese zerfallen ist, die im und mit dem Jugendstil gemeint war. Und so fort. Mäßige und miserable, wüste und geschmacklose Beispiele will ich nicht nennen. Unterscheidung ist geboten, auch im Falle des Jugendstils – und, sozusagen, dem Jugendstil zum Trotz.

Anmerkungen

1 Friedrich Ahlers-Hestermann, *Stilwende, Aufbruch der Jugend um 1900*, Erste Auflage Berlin 1941, S. 6.

2 »Solange die Architekten des 19. Jahrhunderts und ihre Auftraggeber die verschiedenen historischen Stile als Konstanten auffassen konnten, vermochten sie sie auch als je eigentümliche ›Genres‹, als völlig in sich abgeschlossene Stile von je besonderem Charakter zu verwenden.

Als die Kunsthistoriker aber einmal angefangen hatten, die Entstehung dieser verschiedenen historischen Stile als einen Entwicklungsprozeß und die Stile selbst als Ausdruck historischer Verhältnisse darzustellen, mußten die Architekten und ihre Auftraggeber sich fragen, warum denn ihre eigene Generation nicht fähig war, im neunzehnten Jahrhundert einen eigenen Stil zu schaffen. Erst damit wurde das Babel der Stile zum Problem.« Ich entnehme diese scharfsinnige Bemerkung dem hevorragenden Buch von Georg Germann, *Gothic Revival in Europe and Britain: Sources, Influences and Ideas*, London 1972, S. 52, (Die Übersetzung aus dem Englischen ist von mir.)

3 Henry van de Velde, *Geschichte meines Lebens*, München 1962, S. 185.

4 Ahlers-Hestermann, a. a. O., S. 9.

5 Das Merkmal der Flächenkunst hat zuerst Fritz Schmalenbach hervorgekehrt: *Jugendstil, Ein Beitrag zu Theorie und Geschichte der Flächenkunst*, Würzburg 1935.

Die Linie hat schon Richard Hamann in seiner *Deutschen Malerei im 19. Jahrhundert*, Leipzig 1914, als »das eigentlich Stilbildende« bezeichnet; der einschlägige Passus ist jetzt enthalten in dem von Jost Hermand herausgegebenen Band *Jugendstil* der Wissenschaftlichen Buchgesellschaft (Wege der Forschung Band CX), Darmstadt 1971.

Von der Herrschaft des Ornaments habe ich selbst gesprochen, zuerst in meinem Essay *Jugendstil, Begriff und Physiognomik*, der 1934 in der ›Neuen Rundschau‹ zuerst erschienen ist.

6 Julius Meier-Graefe, *Entwicklungsgeschichte der modernen Kunst*, Neuausgabe München 1966, Bd. II, S. 641, 642, 644.

7 Die auf den Japonismus bezüglichen Umstände entnehme ich dem wissenschaftlich wie literarisch gleich bedeutenden Buch von Robert Schmutzler, *Art-Nouveau – Jugendstil*, Stuttgart 1962.

8 Die Wendung vom »amor vacui« hat Schmutzler gefunden, a. a. O., S. 34.

9 Siehe hierzu Germann, *Gothic Revival*, S. 170/1 und 184.

10 Die Anspielung bezieht sich auf die berühmten *Herzensergießungen eines kunstliebenden Klosterbruders* von Wilhelm Heinrich Wackenroder, die 1797 erschienen sind. Auch er war freilich in Wahrheit kein Mönch, sondern Gerichtsreferendar.

11 Rilke, *Das Stundenbuch*, insel taschenbuch, 1972, S. 12.

12 Maurice Maeterlinck, *Der Schatz der Armen*, deutsch von Oppeln-Bronikowski, Buchschmuck von Melchior Lechter, Verlag von Eugen Diederichs, Florenz und Leipzig 1898, originalgetreuer Nachdruck Düsseldorf/Köln 1965, S. 29. Der französische Urtext erschien 1896. Maeterlinck wurde 1911 mit dem Nobelpreis für Literatur ausgezeichnet.

13 Henri Bergson, *Schöpferische Entwicklung*, deutsch von Gertrud Kantorowicz, verlegt bei Eugen Diederichs Jena ⁶1921, S. 7 und S. 270/1. Das französische Original – L'Evolution Créatrice – erschien 1907. – Auch Bergson hat den Nobelpreis erhalten, 1927.

14 Der »Gruß an die Jugend« ist verfaßt von Richard Schmidt-Cabanis. Diese erste Nummer war eine Doppelnummer. Sie enthielt u. a. Zeichnungen der Pariser Mitarbeiter Theophil Steinlen, Henri Jossot und Felix Valloton, eine Randleiste von Otto Eckmann, eine Vignette von Fidus; das Titelblatt stammt von Fritz Erler. Literarische Beiträge stammten u. a. von Otto Erich Hartleben, Ludwig Fulda und dem Redakteur, Fritz von Ostini. Ein Gedicht von Franz Evers beginnt mit dieser Strophe: »Ich sehe, vom Licht bezwungen, / Meere links und Felsen rechts, / Heute den Geist des jungen, / Des kommenden Geschlechts.«

15 Cäsar Flaischlen spielt als Redakteur des ›Pan‹ (von 1895 bis 1900) eine gewisse Rolle in der publizistischen Geschichte des deutschen Jugendstils. Sein populärstes Gedicht »Hab' Sonne im Herzen« findet sich in der Sammlung *Aus den Lehr- und Wanderjahren des Lebens*, die 1899 erschien.

16 Das anonyme Eröffnungsgedicht trägt die Überschrift »Simplicissimus spricht:«. Der erste literarische Beitrag war die Erzählung »Die Fürstin Russalka« von Frank Wedekind, das dazugehörige Titelblatt hatte Angelo Jank gezeichnet. Weitere Autoren waren Wassermann und Holitscher. Das erste Titelbild von Th. Th. Heine begegnet in der sechsten Nummer, es heißt »Frühling« und bezieht sich auf ein Gedicht von Schaukal.

17 Hofmannsthals »Prolog zu Ludwig von Hofmanns Tänzen« erschien im Insel-Almanach auf das Jahr 1906.

18 Die Nackt- oder »Freikörperkultur« begann in Deutschland um die Jahrhundertwende, die ersten Vereine entstanden 1910 in Berlin und

1911 in Stuttgart. Heute gibt es, als Dachverband, eine »Internationale Naturisten-Föderation«.

19 Dehmels *Zwei Menschen, Ein Roman in Romanzen* erschien zuerst im Jahre 1903. Eppelsheimers *Handbuch der Weltliteratur* verzeichnet für das Jahr 1927 die dreiundachtzigste Auflage. Die Zitate entstammen der 36. Romanze des ›Ersten Umkreises‹. (Bd. 5 der Gesamtausgabe von 1908 ff, S. 64/65). – (Daß er Fidus – eigentlich: Hugo Höppener – zu seinen Gefährten zählt, läßt sich aus dem kleinen Aufsatz »Autobiographie« entnehmen, der im achten Band der *Gesammelten Werke* (1909) enthalten ist.

20 Loïe – eigentlich: Marie Louise – Fuller (1862-1928) trat in Europa zuerst 1892 in den Folies-Bergère in Paris auf; eine Neuerung war auch, daß die Bühne bei ihren Tänzen in wechselnden Farben angestrahlt wurde. Später bildete sie eine eigene Truppe, ihre Tourneen führten durch ganz Europa und Amerika.
Mit den »frühen Girls« wird im Text auf eine andere Tanz-Sensation angespielt, die ebenfalls amerikanischen »Five Sisters Barrison«. Von ihnen hatte der Simplicissimus-Autor Anton Lindner unter dem mystifizierenden Namen eines Vicomte Pierre d'Aubecq eine snobistisch-schwärmerische Beschreibung gegeben in dem Büchlein *Die Barrisons, Ein Kunsttraum* (Berlin, 1897). Die Leisten und Vignetten wie auch das Titelblatt stammen von Th. Th. Heine, sie gehören zu seinen schönsten graphischen Aperçus.
Abermals aus Amerika kam Isadora Duncan (1878-1927), die freilich keine Schleiereffekte suchte, vielmehr hellenisch gewandet und barfuß tanzte, neuheidnisch »ganz ohne Schminke und Sünden«. »Tanzkunst mit Körperbildung« war das Ziel der Schule, die sie mit ihrer Schwester Elizabeth 1904 in Berlin gründete. In Darmstadt entstand 1911 ein Zweiginstitut, von Elizabeth geleitet, von Großherzog Ernst Ludwig generös gefördert, mit eigenem Haus und Garten; es ist im Ersten Weltkrieg zugrunde gegangen.

21 Die Bemerkung über Hodler bezieht sich vor allem auf das Bild ›Der Erwählte‹ von 1903 (in Hagen) und die ›Heilige Stunde‹ von 1907 (in Zürich).

22 Die Verse Georges stehen im *Teppich des Lebens*, der 1900 erschien; sie gehören der Sequenz »Nachtgesang« an. In der zweibändigen Ausgabe der *Werke* (München 1958) findet man sie in Bd. I, S. 221.

23 Heinrich Heine, *Deutschland, Ein Wintermärchen*, Caput XXVII. Die Emanzipations-Prophetien und -Utopien Heines, auch ihre Fortwirkung und Weiterbildung, zumal bei Nietzsche, habe ich in dem Buch *Heinrich Heine und die Abschaffung der Sünde* dargestellt (Düsseldorf 1972, Taschenbuch Frankfurt 1976).

24 Hermann Muthesius, *Kultur und Kunst*, zitiert nach der 2. Auflage, Jena 1909, S. 38.

25 Die Formulierung ist van de Veldes Buch *Vom neuen Stil* (1907) entlehnt, jetzt nachzulesen in dem von Hans Curjel edierten Auswahlband *Zum Neuen Stil*, München 1955, S. 158/9.

26 Solche sozialkritischen Deutungen findet man beiläufig bei Nikolaus Pevsner – in *Wegbereiter moderner Formgebung, Von Morris bis Gropius* (Hamburg 1957) – und durchgängig bei Jost Hermand – in dem Forschungsbericht *Jugendstil* (Stuttgart 1965, z. B. S. 31) und in dem noch von Richard Hamann initiierten Werk *Stilkunst um 1900* (Akademie-Verlag, Berlin 1967), auch in seinem Nachwort zu der Anthologie *Lyrik des Jugendstils* (Stuttgart 1964), die in dem zuvor erwähnten, von ihm herausgegebenen Band *Jugendstil* der Wissenschaftlichen Buchgesellschaft wieder abgedruckt ist (dort vor allem S. 411). Der große und gründliche Forscher Pevsner und der enzyklopädische wissenschaftliche Kenner Hermand gehen im übrigen in ihren historischen Urteilen durchaus nicht überein.

Schließlich kann ich nicht verschweigen, daß ich in meinem Essay von 1934 das Jugendstil-Ornament auch als Schutzgürtel gegen die Welt der Industrie gedeutet und mit dem Motiv der Flucht zu erklären versucht habe; Hermand hat sich darauf bezogen. Die andere, die Reform-Seite habe ich damals noch kaum wahrgenommen. (Einige der Angaben über Auftraggeber und Mäzene sind aus dem Werk von Schmutzler übernommen.)

27 »The Studio« XI, Juni 1897, The Revival of English domestic architecture VI: The Work of Mr. C. F. A. Voysey (gezeichnet »G.«). Dort heißt es: »... it is neither Gothic nor Classic architecture ... but housebuilding pure and simple«. Und: »... the construction may be in itself sufficiently beautiful to require no added adornment«. Pevsners Urteil in *Wegbereiter moderner Formgebung*, S. 87.

28 Der Ausspruch steht bei Ahlers-Hestermann, a. a. O., S. 72.

Rede über die Idee
der Schönheit

(1976)

Es ist die Idee der Schönheit – genauer: eines Lebens in Schönheit und auch der Schönheit des Lebens schlechthin –, was den Zauber, was das Ärgernis, was das Rätsel des Jugendstils ausmacht, wenn man ihn als ein Ganzes ins Auge faßt, wie ich es jetzt mit einigen elementaren Bemerkungen versuchen möchte.

»Alles, was zum Leben gehört, soll Schönheit empfangen«, schrieb Peter Behrens in der Schrift, die vor 75 Jahren zur Einweihung der Künstlerkolonie in Darmstadt erschien, »so wird uns die Schönheit wieder zum Inbegriff der höchsten Macht, zu ihrem Dienst entsteht ein neuer Kult.« Ein starkes Wort, eine starke Stimme. Aber das ist nur eine Stimme in einem großen Chor, der in jenen Jahren um die Wende des Jahrhunderts, den Jahren sowohl des fin de siècle als auch des commencement de siècle in ganz Europa vernehmlich war. »Die Schönheit, die einzige Nahrung unserer Seele«, hatte Maurice Maeterlinck in seinem ehedem berühmten ›Schatz der Armen‹ gesagt oder gehaucht, in dieser Bibel des Symbolismus, und dieser »Schatz der Armen«, dieser »trésor des humbles« selber, der den schönen Titel abgab, war kein anderer als eben der »Schatz der Schönheit«, von dem dieser lehrende Dichter sagt, daß ihn auch die Unglücklichsten und Entblößtesten auf dem Grunde ihres Wesens besäßen, und den sie nicht erschöpfen könnten.

»To teach beauty and nothing else«, klang es aus England (aus der Zeitschrift »The Studio«), das sei die Aufgabe der Malerei. Und am Anfang des deutschen Jugendstils – um noch ein letztes und besonders heftiges, staunenswertes Zeugnis anzuführen – hatte August Endell in München, der Erbauer des Foto-Ateliers Elvira, das eines der sensationellen Signale des neuen Stils war, um eben dieselbe Zeit, da er daran arbeitete, eine Schrift ›Um die Schönheit‹ drucken lassen, worin er in der Sprache eines mystischen Erlebnisses schwärmt: »Es ist wie ein Rausch, wie ein

Wahnsinn, der uns da überkommt, die Freude droht uns zu vernichten, die Überfülle an Schönheit uns zu ersticken; wer das nicht durchgemacht hat, wird niemals bildende Kunst begreifen.«

Schönheit ist das Leitmotiv. Ich habe sie eine Idee genannt. Das Wort erweist sich als unzulänglich, nicht nur wenn und weil wir hier von einem Rausch, einem Wahnsinn, dort von einem Schatz in der Tiefe der Seelen hören, sondern auch und vor allem, wenn wir die Werke und Werkchen, die Bilder, Bauten, Geräte, die Stätten und Ensembles betrachten und durchstreifen: Schönheit ist da nicht nur eine Idee, Schönheit des Lebens und Leben in Schönheit ist da eine durchdringende Gesinnung, eine leuchtende Utopie, eine Besessenheit, ist zu einem Kult, zu einer Religion geworden. Wo wir auch hinblicken, weht uns dieser Glaube, diese merkwürdige Weihestimmung an. Zum Beispiel gerade dort oben auf der Mathildenhöhe, dieser durchaus artifiziellen Stadtkrone, diesem Kunstbezirk mit Turm und Halle und Vorhof, Hain und Teich, Gittern und Altären, von dem ein Liebhaber des alten Darmstadt sehr treffend gesagt hat, daß da »Gott und Tempel, Bild und Kult in einem« und zugleich und ununterscheidbar sich darstelle. Oder – um nur ein kräftiges Beispiel zu nennen – in den Bildern des gebürtigen Darmstädters Ludwig von Hofmann, wo uns nun nicht bloß ein Raum und Gehäuse solcher Schönheitsandacht, sondern das veritable schöne Dasein vorgestellt wird, wo in Buchten, an Stränden, auf Inseln und Matten eine stille neuhellenische Seligkeit jugendlicher Leiber, Jünglinge und Mädchen, in wiederhergestellter oder frisch erträumter Unschuld entgegentritt, genau jenes »neue Geschlecht, ganz ohne Schminke und Sünden«, das sich Heinrich Heine einst erhofft hatte. Gewiß nur gemalt war dieser »angeborene Zustand von Gnade« – wie es in einer zeitgenössischen Rühmung hieß –, »in dem man nicht sündigen,

d. h. nicht häßlich werden kann« (die Wendung ist bezeichnend, wir hören das heraus: Die Sünde geht da in der Häßlichkeit auf wie die Unschuld in der Schönheit!) – gewiß nur gemalt, auch jetzt noch, aber doch ebenso gewiß nicht in einem gegenbildlichen, sondern in einem auffordernden Sinne: So können wir sein, so sind wir im Grunde, wir müssen nur frei werden.

Diese Erlösung von den Zwängen und Zwecken des Zeitalters sollten die Künste und die Künstler leisten. Die These August Endells, »das Ziel aller Künste ist Schönheit«, ist in dieser synthetischen Allgemeinheit, in dieser zugespitzten Ausschließlichkeit ein vollkommenes Novum. Unseren Ohren mag sie vertraut, eher abgedroschen klingen, aber damals kam sie wie eine Fanfare. Und sie war auch objektiv eine historische Neuerung, in beiden Hinsichten: einmal in Hinsicht auf die Zusammenfassung, Kooperation, Gleichordnung aller Künste, noch dazu sowohl der reinen als der angewandten, der Kunst und der Dekoration (wie es Alexander Kochs Zeitschrift auf dem Titel verkündete), der Arts and Crafts, der Künste und der Handwerke, wie es die englische Reformbestrebung schon in den achtziger Jahren vorgemacht hatte – aller dieser Künste, also der Baukunst, Bildhauerkunst, Malerei und ebensosehr der Tischlerei und aller Handwerke, die zur Möbelherstellung nötig sind, der Gold- und Silberschmiedekunst, der Glasbläserei, der Porzellanmanufaktur, der Gärtnerei, der Weberei und Stickerei, des Buchdrucks und der Buchbindekunst, ja der Werbeplakatkunst; aber zweitens war es eine Neuerung auch in Hinsicht darauf, daß sie alle miteinander einem einzigen Ziel zugeordnet wurden, eben dem der Schönheit. Was ja durchaus nicht selbstverständlich ist, wenn wir die Sache im historischen Vergleich betrachten, und wenn wir die vielen Zwecke und Ziele der einzelnen Künste und der einzelnen Handwerkszweige bedenken: Ziele der Bequemlichkeit, des Schutzes und der Sicherheit, der Nützlichkeit, des Schmucks, der Repräsentation, der Belehrung, des Spiels und auch der Ehre Gottes, um die historische wie die technische Vielfalt nur in einem flüchtigen Umblick zu kennzeichnen. Die schönen Künste, beaux-arts, fine-arts zwar hatte es seit langem gegeben; nun aber sollten alle jene Handwerke zu Künsten, alle Künste zu schönen Künsten erhoben werden oder, wie der authentische Ausdruck lautete, »veredelt«, und alle Schönheit sollte – auch das ist ein authentischer Ausdruck und ein anderes Schlüsselwort der Zeit – zu »Dekoration« werden. Dekoration außen und innen, Dekoration des gesamten Daseins. Das Leben, das tägliche Leben, wollte man mit Schönheit imprägnieren, den ganzen Körper der Gesellschaft gleichsam mit Schönheit tätowieren.

Und diese gewaltige, beinah alles umfassende Leistung sollten und wollten die Künstler vollbringen. Die Künstler sind die herrschende Klasse des Jugendstils und eine herrschende Klasse seiner Epoche. Das ist mit Händen zu greifen. Gerade hier in Darmstadt, auf dieser Darmstädter Akropolis, deren Jubiläum wir feiern. Wozu war denn das Hauptgebäude von 1901, zu dem eine Via Triumphalis damals hinaufführte, das Ernst-Ludwig-Haus mit seiner breiten klaren Stirn, flankiert von den Riesenfiguren des Ur- und Naturpaares der Zwei Menschen, wozu war es denn bestimmt? Weder für Götter noch für Fürsten, weder für Priester noch für Offiziere oder Beamte und notabene auch nicht für Kapitalisten war es bestimmt; es enthielt nichts anderes als Künstlerateliers. Die Einzelvillen zur Seite hügelan waren überwiegend Künstlerwohnungen. Und der spätere Gipfelbau: ein Ausstellungsgebäude für Künstlerwerke. Die Mathildenhöhe ist insgesamt eine Burg der Künstler, bereitet und gefördert von einem modernen Fürsten, der hellen und anmutigen Gestalt des letzten Großherzogs – und die Russische Kapelle nimmt sich dort aus wie ein Einschluß im anderen Gestein, eine Miniatur des alten Glaubens mitten unter den Monumenten eines neuen Glaubens.

Diese Universalkünstler wie Olbrich und Behrens, wie van de Velde und Eckmann, wie die Mackintosh-Familie in Schottland, Josef Hoffmann und Otto Wagner in Österreich – sie waren nicht die Handlanger ihrer Auftraggeber, sie waren selbst die Wollenden und die Handelnden. Ja, ich wiederhole es, sie wurden zu einer herrschenden Klasse, und auch das war eine staunenswerte historische Neuigkeit. Die Geschichte des Aufstiegs der Künstler ist freilich eine lange Geschichte. Im Altertum zählten sie zu den Banausen, das heißt zu den Handwerkern; heute heißt man gerade diejenigen Leute Banausen, die von Kunst nichts verstehen. Daran läßt es sich ermessen. Ich meine aber, daß um die letzte Jahrhundertwende die Künstlerklasse auf dem Höhepunkt ihrer Macht angelangt ist. Das 19. Jahrhundert hatte schon die ›Malerfürsten‹ gekannt, die großen Arrangeure Lenbach und Makart, und vor allem jenen einen, der das Theater, das Musiktheater zur Kultstätte und zum nationalen Sammelpunkt gemacht hat, Richard Wagner, schon er zugleich ein Weltanschauungslehrer und Volkserzieher. Er wurde ein Vorbild und ein Anreiz für den Ehrgeiz, ja den Machtwillen des Künstlers, er genoß eine gigantomanische Verehrung – in Deutschland nur noch mit derjenigen Bismarcks vergleichbar. Und vieles andere gehört in dieses merkwürdige Kapitel. Sicherlich jener prunkvolle Kunst-Götze aus Marmor, Gold und Elfenbein, Max Klingers Bildwerk des Künstlers Beethoven – wovon Beethoven in seinem Elend sich gewiß nichts hätte träumen lassen –, das 1902 in einem eigenen Raum wie in einer geschmückten Cella in Olbrichs Wiener Sezessionsgebäude auf- und ausgestellt worden ist. Aber auch alle jene Selbststilisierungen der gesetzgebenden Dandies wie vor allem Oscar Wildes, des Dichters der

›Salome‹ und der ›Zuchthausballade‹, der das durch Hoffart große Wort gesprochen hat, das Leben selber sei ein
Zweig der Kunst; und wiederum jene Wandlung vom
Dandy zum Hohepriester, Ordens- und Kultstifter, wie
sie in der Figur des Dichters Stefan George sich darstellt.
Das gehört alles zum Thema, nämlich zum Thema
Jugendstil. Und so denn auch all die Universalisten, deren
Namen ich schon genannt habe, die da schlichte Maler
gewesen waren oder schlichte Baumeister und dann mit
einem Mal ausgreifen in die gesamte Graphik und in das
weite Feld dessen, was man Kunstgewerbe zu nennen sich
noch nicht lange gewöhnt hatte. Sie alle strebten nach dem
Gesamtkunstwerk. Die öffentliche Bauanlage – die
Mathildenhöhe zum Beispiel – als ein Gesamtkunstwerk.
Das Gesamtkunstwerk, das war das Unternehmen, auf
dem ästhetischen Wege jene Synthese wiederzugewinnen,
die sich in der Kathedrale des Mittelalters bekundet. Ich
kann es mir ersparen, das zu beschreiben, aber ich wollte
mir nicht ersparen, den ungeheueren Anspruch fühlbar zu
machen, der da erhoben worden ist, auch den Macht- und
Führungsanspruch. »Wenn wir uns vereinigten«, schrieb
der Bildhauer Hermann Obrist in demselben Jahre 1901,
dessen wir heute gedenken, »es könnte ein Hammer werden, der die Prosa des Lebens ins Wanken brächte«. Das ist
wohl derselbe Hammer, mit dem Nietzsche zu philoso-
phieren unternahm, nun aber in Künstlers Hand.
Ich möchte noch einmal die Sätze von Peter Behrens in
Erinnerung rufen, die in unserem ›Dokument Deutscher
Kunst‹ von 1901 zu lesen waren: »Alles, was zum Leben
gehört, soll Schönheit empfangen. So wird uns die Schönheit wieder zum Inbegriff der höchsten Macht, zu ihrem
Dienst entsteht ein neuer Kult.« Soweit kennen wir sie
schon. Nun aber weiter: »Wir wollen lachend leben in
unserer hellen Zeit, wir haben unsere Träume vergessen,
wir sind erweckt, erwacht ...« Mit solchem Jubelton hat

das Jahrhundert angefangen. Dieses zwanzigste, das sehr bald eine sehr dunkle Zeit wurde, um nur das Mindeste zu sagen. Es ist merkwürdig zu sehen, wie zumal die deutsche Jugendstilkunst und Jugendstilweltanschauung etwa von 1900 an sich überwiegend solcher Lach- und Lebenslust, solch einem prinzipiellen Daseins- und Geschichtsoptimismus hingegeben hat, gerade als ob die Neujahrsglocken, die Neujahrhundertsglocken diesen Entschluß herbeigerufen hätten. Gleich wie mit einem Ruck ließen sie die künstlichen Paradiese des fin de siècle hinter sich und wandten sich der Aufgabe zu, ein natürliches Paradies zu eröffnen. Mit einem Salto mortale – nein: mit einem Salto vitale setzten sie über die Erbschaft der Dekadenz hinweg, ließen all die bezaubernden Verderbtheiten der Wilde und Beardsley und Toulouse-Lautrec ebenso hinter sich wie das mystisch-süchtige Wesen der Maeterlinck und Genossen, wie schließlich, in der Dekoration, auch die üppige Blumenwildnis des Glasmachers Gallé in Nancy und des Pariser Metro-Zauberers Guimard. Darum traten schon Olbrich und der Großherzog Ernst Ludwig als Reformatoren auf und bekam schon in ihrem Munde das Wort ›Jugendstil‹ einen spöttischen Klang.

»Wir wollen lachend leben in unserer hellen Zeit«, der Satz ist wie ein Motto für eine ganze Fülle von Erscheinungen. Für die Prediger der Lebens- und Liebesheiligung wie den Dichter Richard Dehmel, übrigens einen engen Freund von Peter Behrens – er wurde weithin als der größte lebende Lyriker Deutschlands angesehen – mit seinem Romanzen-Roman von den ›Zwei Menschen‹: »Dann sag ich lachend ohne Spott: Wir Götter brauchen keinen Gott!« Für all die zahllosen Frühlingsgesänge, Frühlingsbilder, Frühlingsfarben und Frühlingsgesinnungen, für das Frühlingsbewußtsein schlechthin, wie es in dem Namen der Wiener Sezessionszeitschrift, »Ver Sacrum«, Weihefrühling, zur Parole erhoben worden ist, ganz ähnlich, wie der Titel der großen populären Münchner Zeitschrift, »Die Jugend«, zur Parole wurde, ja sogar der Stilbewegung für Deutschland überhaupt ihren bedeutungsvollen Namen geliefert hat. Ein Motto bildet jenes Behrenssche Jubelwort auch für alle jene munteren Seifensieder der Emanzipation, von dem Dichter Otto Julius Bierbaum mit seinem eifrigen Frohsinn bis zu dem Zeichner Fidus mit seinen ranken Sonnenknaben. Oder auch dem schwedischen Maler Larsson, der aller Welt Einblick gewährt hat in die vergnügte Unordnung seines Haushalts, und dessen einschlägiges Buch, ›Das Haus in der Sonne‹ (von 1898), in Hunderttausenden von Exemplaren verbreitet war. »Ich bin auf einer schönen großen Wiese – wo alles bunt und voller Blumen ist« – der Vers steht auf der ersten Seite dieses Buches. Genug davon! Genug der Namen, genug der Zitate: Es ist Zeit zu einer Konklusion.

Das Jahrhundert, das so eingeleitet wurde, ist nicht so hell geblieben, es ist sogar recht dunkel geworden, ich sagte es schon. Sie müssen mir erlauben, Ihnen diese Erinnerungen, diese Stich-Worte zuzumuten: Es ist das Jahrhundert zweier Weltkriege, das Jahrhundert von Verdun und von Stalingrad, das Jahrhundert von Coventry und von Dresden – und von Darmstadt, müssen wir schmerzlich hinzusetzen –, das Jahrhundert von Auschwitz und das Jahrhundert von Hiroshima. Es liegt nahe, eine melancholische Betrachtung anzustellen darüber, wie doch so großherzige Pläne, so herrliche Hoffnungen so entsetzlich enttäuscht worden seien, und solchen Empfindungen kann sich wohl niemand ganz verschließen, ja es gibt Augenblicke, da sie uns geradezu überwältigen und zu Tränen ergreifen. Und doch ist das nicht alles, was sich hier nahelegt. Es steckt noch eine andere Lektion in dieser Geschichte. Es sind da nicht nur große Hoffnungen enttäuscht, es sind vielmehr auch utopische Gesinnungen bis in den Grund desavouiert, es ist eine Weltanschauung durch die Grausamkeit der Geschichte widerlegt worden. Eben jener Glaube an die Schönheit nämlich, an die Erlösung durch Schönheit. Und jene Philosophie der ewigen Jugend, des ewigen Frühlings, der menschlichen Unschuld, die nur beschworen und durch Kunst befreit zu werden brauche, um strahlend hervorzutreten und obzusiegen. Sie vergißt das Alter, das gleichermaßen ewig wiederkehrt, sie vergißt den ewigen Winter; über all ihrem Lachen bemerkt sie das Weinen nicht, das eigene und das der Anderen, über aller Leibespracht nicht das häßliche Leibeselend, die Gebrechlichkeit, über all ihrem Lebensrausch nicht den Tod. Und sie vergißt die Schuld. Die Menschheit ist schuldiger geworden in diesem Jahrhundert, vielleicht schuldiger als je in der bekannten Geschichte. Der Mensch ist gewiß nicht schöner geworden seither, und die Schönheitsidee hat nicht vermocht, ihn von seinen Untaten abzuhalten. Die ästhetische Utopie wird so nicht wiederkehren. Sie wird eine bedeutende, vielleicht eine liebenswerte Erinnerung bleiben, liebenswert jedenfalls im Vergleich mit anderen Utopien, die seither ausgebrochen sind. Wir haben Ursache, an unserer Göttlichkeit beträchtliche Abstriche zu machen, die Schwärmerei abzutun, einen weniger angenehmen, einen ernsteren und strengeren Begriff vom Wesen des Lebens und vom Wesen des Menschen, seinen Tages- und seinen Nachtseiten zu fassen, daher auch einen bescheideneren von den Möglichkeiten der Kunst und der Künstler.

Zwischen Vergangenheit
und Zukunft

Eine Tagebuch-Notiz

(1947)

Seitdem ich die Photokopie des Warschauer Dokuments –
des Berichts über die Vernichtung des Warschauer Ghettos
– in Händen habe (es sind jetzt gerade zwei Wochen), kann
ich keinen klaren Gedanken mehr fassen. Ich frage mich,
ob ein menschlicher Kopf dergleichen wirklich zu begreifen vermag, nachdem schon Menschen dergleichen zu tun
(und mit Stolz zu berichten) vermochten, und ob man,
wenn man es begriffen haben sollte, mit solcher Kenntnis
weiterleben kann. Ob man also mit einer solchen Vergangenheit noch eine Zukunft haben kann. Wer aber ist dieser
›man‹?
Ist es der Deutsche? Sind es die Deutschen? alle Deutschen? oder nur diejenigen, die an den Untaten teilgenom-
men oder sie geduldet haben? die nicht Widerstand geleistet, nicht geschossen, nicht geschrien haben, oder, wenn
sie schon nicht anzugreifen, einzuschreiten, auszubrechen
die Gelegenheit oder den Mut fanden: sind es nur diejenigen, die nicht verzweifelten, die sich nicht selbst zer-
fleischten, die nicht den Verstand verloren (denn »wer
über gewisse Dinge den Verstand nicht verliert, der hat
keinen zu verlieren«)?
Sollten also umgekehrt alle diejenigen gerechtfertigt sein,
ihr heiteres Leben, ihre Zukunft wiedergewonnen haben,
die sich wider die Untäter verschworen, die Krieg geführt,
die sich von ihrer Gemeinschaft losgesagt und abgeschie-
den, die sich ihren Befehlen und Versuchungen entzogen
haben, oder die verzweifelt sind und den Verstand verloren haben? Sind sie gerettet und reingewaschen? Aber wer
verzweifelt ist, lebt nicht heiter, und wer aus Klarheit der
Erkenntnis den Verstand verlor, mag selig gepriesen werden, aber er ist nicht selig in dieser Welt. Und zudem hat
keine Verschwörung, kein Krieg, kein äußerer noch inne-
rer Widerstand und sicherlich nicht die Verzweiflung ohn-
mächtiger Erkenntnis auch nur einem einzigen der
Gequälten, Erstickten, Erschossenen, Verbrannten oder

sonst ›Erfaßten‹ und ›Erledigten‹ nur einen Hauch des Lebens, nur einen Atemzug und Augenblick des schönen Daseins wiederzugeben vermocht – des schönen Daseins, dessen wir uns alle so gerne frei und leicht erfreuen möchten. Wie sollen wir das nur können?

Dieser Tage habe ich einen Menschen gesprochen, der eben während dieser Wochen der ›Großaktion‹, die in dem Warschauer Dokument beschrieben wird, dort in derselben Stadt Warschau gelebt und gewohnt hat, etwa einen Kilometer von der Ghetto-Grenze entfernt, der das Schießen gehört und den Brandqualm gesehen hat. Auch dieser Mensch lebt noch, geht seinem Beruf nach, sorgt für seine Zukunft und will eine Zukunft haben. Selbstverständlich will er das. Es macht ja auch keinen großen Unterschied, ob einer einen Kilometer oder hundert oder tausend Kilometer von der Stätte entfernt war, an der dies geschah.

Daß es Deutsche waren, die die Untat begingen, und daß wir Deutsche sind, die es wußten oder nun erfahren müssen und die sie wissend oder unwissend zu dulden, ja zu decken gezwungen waren: dies akzentuiert nur die Solidarität der menschlichen Schuld. Wer ist also jener ›man‹, den diese Vergangenheit in den Krallen hat und der gleichwohl weiterleben will – und muß? Wenn nicht der Deutsche schlechthin, so wäre es also der Mensch schlechthin? Die Menschen, die Zeugen waren und die nicht Zeugen waren, die im Lande und die außerhalb des Landes und überm Meer, die Leidenden und die Kämpfenden, die Wissenden und die Nichtwissenden, auch die Einhalt geboten haben und doch niemand retten konnten, die lachten und die weinten, die, die schwiegen, und die, die sich empörten? Alle Menschen? Aber wer könnte sich vermessen, für und wider die ganze Menschheit zu reden und zu zeugen? Der Mensch – das bin ich selbst. Die Menschheit – das ist nichts als eine abstrakte Ausrede, oder aber im anderen Falle sind es alle einzelnen Menschen. Nach

318

der Menschheit habe ich nirgend anders als bei mir selbst zu fahnden. Ich bin der ›man‹. Ich weiß dies nun (wenn ich es noch nicht gewußt habe), was zum Beispiel vor fünf Jahren in Warschau geschehen ist und wie es geschehen ist. Es ist meine eigene Kenntnis und also meine eigene Vergangenheit, und ich muß mich selbst fragen, ob ich mit einer solchen Vergangenheit noch eine Zukunft haben kann. Das ist nicht die Frage nach Schuld und Strafe. Ich habe diese Taten ja nicht begangen, das steht fest. Gewiß, ich hätte es wohl ebensogut sein können, das Los hätte mich treffen können, und wenn es mich getroffen hätte, ich vermag auf keine Weise zu sagen, wie ich mich verhalten haben würde. So aber hat es mich nicht getroffen, und es steht fest, daß ich es nun einmal wirklich nicht gewesen bin. Es handelt sich nicht um Schuld und Strafe. Sondern es handelt sich um die Frage, ob ich mich von dieser Kenntnis und Erkenntnis, von dieser Vergangenheit befreien, ob ich wieder heiter leben kann, ob ich eine Zukunft habe.

Es ist ja nicht dies allein, daß dort und damals wohlgezählte sechsundfünfzigtausendundfünfundsechzig Juden (also doch wohl Menschen und nicht Käfer oder Schnaken) ›vernichtet‹, in demselben engen Pferch, in den man sie zuerst hineingetrieben und eingesperrt hatte, ausgeräuchert und gejagt und aufgespürt und umgebracht worden sind. Es ist nicht das allein, daß die Jäger noch Photographen mit sich führten, die Bilder aufnahmen von den Gequälten, wenn sie aus den letzten Zufluchtsorten herausgeholt und zu Paaren getrieben, zum ›Abtransport‹ kommandiert waren, die ihre Mienen festhielten in ihren letzten Stunden oder gar Minuten, die die Stürzenden und Kriechenden und Sterbenden ›knipsten‹ zum Triumph der Sieger und für die Akten. Es ist nicht das allein, daß man so unterschiedliche Mordarten bereithielt, wie es aus den Wendungen des Berichts hervorgeht – »durch Transport nach T II vernichtet« (die Vermutung spricht für Vergasungswagen) und »kampfmäßig erledigt« –, und daß der Organisator meldet: »Ich werde versuchen, für morgen einen Zug nach T II zu erhalten, anderenfalls die Liquidierung morgen durchgeführt wird«.

Nein, es sind nicht die Taten und Handlungen allein, was es hier zu erfahren und zu erkennen gilt. Sondern, daß der Täter von seinen Taten Bericht erstattet, daß er nicht stumm gewürgt, sondern Sprache gebraucht, seine ungeheuerlichen Handlungen selbst in ungeheuerlichere Worte gefaßt, die freiste Gabe zum blutigsten Hohne verkehrt, den Klang erstickt und bis in den Grund verdorben, die Bedeutungen fürchterlich travestiert hat. Ein Leistungsbericht über einen Massenmord! Mit wachsenden Beutezahlen. Beute an Menschen (oder vielmehr an Juden!). Zahlen über die ›Erfaßten‹ und über die ›Vernichteten‹. Zu erkennen gilt es, wie eine Tat, die keinen Namen hat und die selbst derjenige, der das Zeichen und den Befehl dazu gab, nur mit einer schönfärbenden Umschreibung zu bezeichnen vermochte (»mit äußerster, unnachsichtiger Härte vorgehen!«), hier im Bericht als Kriegshandlung und Soldatenhandwerk aufgezäumt und ausgeschmückt, mit dem hohen Namen eines »Kampfes« benannt worden ist, welcher denn auch die Tugenden des Kampfes, nämlich »Schneid, Mut und Einsatzfreudigkeit«, ja Freudigkeit!, und »beispielhaftes Draufgängertum« gefordert und hervorgebracht habe, und welchen die beteiligten Formationen, alias »Kampfgruppen«, in »treuer Waffenbrüderschaft« bestanden hätten. Zu erkennen gilt es, wie der Verfasser, derselbe, der – nicht mit Wollust und auch nicht mit bloßer Kälte, sondern mit einem verderbten Übermut ohnegleichen zu schildern nicht ansteht, wie seine eignen Opfer aus den Fenstern springen und mit gebrochenen Gliedern weiterzukriechen versuchten – in einem Tone schildert, als ob noch dies frecher Widerstand wäre –, daß dieser selbe sich in seiner Schändlichkeit versuchende und spiegelnde Verfasser, dieser elende Kommentator und Chronist seiner Liquidations-Strategie, daß er eine Helden-Ehrungs- und Gedächtnistafel mit feierlicher Gebärde an den Anfang seines Werkes rückt. (Und man darf überzeugt sein, daß, diese Liste von sechzehn Toten und soundsoviel Verletzten dort hinzuschreiben, ihm als ein allenfalls geschmackvoller, keineswegs als ein teuflischer Einfall vorgekommen ist.) Travestie des Krieges, Travestie des Heldentodes. Und indem die Menschentreibjagd und der Massenmord für Kriegshandwerk ausgegeben wird, verwandeln sich dem Berichterstatter denn auch seine Opfer in »Gegner«. Er nennt wahrhaftig, mit der Sprache der Heeresberichte und der Kriegsschulen, denjenigen einen Gegner, dem er zugleich jedwede Regung und Bewegung als ein unbegreiflich freches Vergehen ankreidet, nicht allein den bewaffneten (wie armselig bewaffneten!) Widerstand, sondern ganz ebenso auch die Flucht – »Juden, die sich zu entziehen versuchten«! –, dem er kein Handeln und kein Leiden, keinen Atemzug und keinen Augenblick zugesteht, ja dessen Tod er noch im Übermut des Jägers als »Verenden« bezeichnet. Was für ein ›Gegner‹, dem nur dieser einzige freie Wille zugebilligt wird: daß er sich nämlich der »freiwilligen Umsiedlung« – auch dies war der Tod – unterwerfe!

Ach, es ist vergeblich, dieses Dokument zu analysieren: die Begriffe sind noch nicht geprägt, die es zu begreifen erlaubten; die Worte bleiben mir im Halse stecken. Aber es gilt zu erkennen, soweit wir's irgend vermögen, und es genügt nicht, das alles mit irgendeiner bequemen Etikette zu versehen und dann wegzuschieben. Es gilt zu erkennen.

Einiges scheint sich nun doch zu klären und zu ordnen, gerade indem solche Pflicht der Erkenntnis gefühlt wird. Ich will versuchen aufzuzählen, was sich fassen läßt. Fest steht –

Erstens: daß ich mich gewiß von solcher Last der Vergangenheit befreien möchte, weil ich leben will;

Zweitens: daß das Leugnen und Wegblicken von dem Unerträglichen mich nur tiefer verstrickt, daß ich mich nicht durch die Flucht frei machen kann, wie wohltätig die Fähigkeit des Vergessens sonst auch dem Menschen sein mag;

Drittens: daß gerade nur die Anspannung der schärfsten Erkenntnis mir eine Aussicht und einen Weg in die Zukunft verspricht;

Viertens: daß solche Erkenntnis vielleicht als eine Art von Buße oder als ein Teil der Buße angenommen wird – und eben als die Art und der Teil, den der Mensch aus menschlicher Kraft und Gabe zu leisten vermag;

Fünftens: daß Entrüstung und bloße Empörung wider die Untat, mag sie auch ein großes Pathos aufbieten, diese menschliche Pflicht verfehlt, weil sie nicht aus der Solidarität der Schuld hervorgeht;

Sechstens: daß ich aber dem Untäter gegenüber auch wiederum keine Barmherzigkeit walten lassen kann, weder in Gedanken noch in Handlungen (wenn dies je gefordert würde), da es pure Selbstüberhebung und menschliche Selbstüberschätzung wäre, hier Barmherzigkeit üben zu wollen, da es vielmehr menschlich ist, ihn unbarmherzig bloßzustellen, freilich auf die Gefahr hin, mich selbst bloßzustellen, indem ich es auch selbst gewesen sein könnte;

Siebentens: daß ein Sühne-Ausgleich, eine moralische Kompensation von Mitschuld durch Leiden – etwa der nationalsozialistischen Kriegsverbrechen durch den Verlust deutscher Städte, durch Flüchtlingselend und Nachkriegshunger –, daß eine solche Rechnung niemals aufgeht, weil sie eine nationale Buchführung, ein Volks-Subjekt voraussetzt, das es nicht gibt, und weil sie das einzige Subjekt wegläßt, das hier zählt, nämlich den Einzelnen, mich selbst, der ich zum Beispiel diese Kenntnis des Warschauer Dokuments und die Last dieser Vergangenheit nicht loswerden kann, wiewohl ich mich von ihr befreien möchte; ferner und noch deutlicher: daß, wer damit beginnt, derart Schuld gegen Sühne und Sühne gegen Schuld aufzurechnen, alsbald alle Aussicht auf freie Zukunft und heitres Leben vollends verwirkt, denn ihm wird der Gott des Alten Testaments begegnen, der zwar rechnet, aber in anderen Maßen, da er straft und heimsucht noch die Kinder und Kindeskinder bis ins siebente Glied;

Achtens: daß ich am Ende nur auf die Gnade hoffen kann, daß sie mir meine Zukunft und Freiheit wiederschenke.

Alles vergißt sich, man wird des Krächzens und Seufzens müde. Jemand hat neulich – anläßlich gewisser Frankfurter Erinnerungen – in wohlwollendem, aber bedauerndem und ein wenig sorgenvoll tadelndem Sinn und Ton gesagt, ich käme nun einmal von diesen Dingen nicht los. Was mich anlangt, ich käme schon ganz gut los davon und vor allem käme ich sehr gerne, herzlich gerne davon los, aber es läßt mich nicht los. Das Vergangene ergreift den irgendwann doch einmal am Rockzipfel, der sich von ihm wegwenden, ihm entfliehen wollte, der zum Beispiel aufhören wollte, ein Deutscher zu sein, indem er sich kurzerhand zum Europäer beförderte, oder der auf andre Weise (wie man sagt) ›einen Schlußstrich‹ zog und sich irgendeiner ganz neu beginnenden Epoche verschrieb. Er wird heimgesucht werden, ganz unversehens. Solche ›historischen Reminiszenzen‹ haben das Unleidliche an sich, daß sie nicht irgendwo in einem staubigen Kasten liegen, sondern ganz genau und ausschließlich in unserem eigenen Sinn und Gedächtnis und nirgend sonst. Es nutzt gar nichts, wenn ich mich schüttle, wie man sich nach dem Bade schüttelt und steht trocken in der Sonne. Freilich, so lange man von der Geschichte im allgemeinen redet, so lange mag das stimmen. Da geschieht alle Tage etwas

Neues, und das Vorige scheint abgeschüttelt, vergessen, unaktuell. Die Vernichtung des Warschauer Ghettos ist ganz gewiß unaktuell. Auch die Nürnberger Prozesse werden bald unaktuell geworden sein; schon steht es in der Direktive vom 15. Juli, die General Clay aus Washington erhalten hat, daß die Kriegsverbrecherprozesse beschleunigt und bald beendigt werden sollen. Und wenn die Besatzungsmacht – so mag jener Jemand argumentieren – sich bereits anschickt, die rechtliche Erforschung der Vergangenheit abzuschließen, also einen ›Schlußstrich‹ zu ziehen, warum sollten wir selbst denn immer noch daran hängen bleiben, womöglich unsere ›Position‹ schwächen! Schweigen wir doch nun endlich! (Haben wir denn schon geredet?) Die ganze Welt ist in Veränderung begriffen, sie ist in zwei Stücke gegangen, und eine neue Ordnung ist im Entstehen, worin auch wir unseren Platz finden können. Die Antifaschisten im Osten haben schon längst andere Sorgen als faschistischen Greueln nachzuforschen. Und im Westen bildet sich eine europäische Wirtschaftsunion, die auf die Dauer auch die westdeutschen Länder oder Zonen nicht wird ausschließen können. Wir haben eine ganz neue Lage. Stören wir die Entwicklung nicht durch Erinnerungen, die niemand mehr hören mag! Halten wir uns bereit für das neue europäische (west-europäische) Gefüge! Hier ist ja unsere Zukunft, was suchen und fragen wir noch! Laßt das Vergangene vergangen sein, laßt die Toten ihre Toten begraben! Seht in die Zukunft!

So etwa mag der Jemand wenn nicht reden, so doch denken. Ich will jetzt nicht davon sprechen, daß er vergißt, womit diese zukunftsreiche neue Lage erkauft wird, daß jede Strecke solchen Fortschrittes mit einem Stück vom Frieden erkauft wird, nämlich von dem einen, ganzen, unteilbaren Frieden, vom Weltfrieden, der doch eine Weile lang durchaus möglich und nahe zu sein schien. (Und daß die Teilung der Welt auch zugleich und sofort die Teilung

Deutschlands bedeutet.) Der Jemand hat sich losgemacht von den bösen Erinnerungen: so wird er aber auch von den guten schweigen müssen; er hat sich losgerissen von der Vergangenheit überhaupt: so treibt er dahin im Strom (der Aktualität), und ich fürchte, er wird keinen Halt mehr finden, jedenfalls nicht durch sich selbst. Er hat sich losmachen können, aber er wird sich nicht wieder festmachen können. Und so ist es nicht seine eigene Zukunft, in die er hineintreibt, sondern irgendeine. Denn es gibt keine eigene Zukunft ohne eine eigene Vergangenheit. Und ich kann nicht von der Last meines Gedächtnisses befreit werden – durch meine eigne Erkenntnis und durch hilfreiche Gnade –, wenn ich überhaupt kein Gedächtnis habe oder wenn ich es auszulöschen und zu vertuschen strebe. Keine guten Erinnerungen ohne die bösen. Keine Hoffnung ohne Erinnerung, auch keine guten Hoffnungen ohne böse Erinnerungen. Keine Freiheit ohne die Buße der Erkenntnis. Keine Zukunft ohne Vergangenheit. Darum ist die schlimmste Vergangenheit besser als keine. Vergessen wir nichts, damit wir nicht selber vergessen werden!

Nachweise

›Der Kaiser-Junge‹ erschien zuerst 1951 in der Zeitschrift ›Merian‹, und zwar in einem Heft, das der Stadt Wiesbaden gewidmet war. Die jetzige Fassung ist um einen Abschnitt gekürzt.

»Germans to the front« wurde in der Zeitschrift ›Die Gegenwart‹, Jg. 1950, veröffentlicht. Der Ausspruch war damals im Zusammenhang mit den ersten amerikanischen Forderungen nach deutscher Wiederbewaffnung von neuem zitiert worden, nicht freilich in einem stolzen, sondern in einem bitteren Ton.

›Am Leitfaden‹ ist in der Tagebuch-Rubrik der Zeitschrift ›Die Wandlung‹ (April 1947) zuerst erschienen, welche der Verfasser damals zusammen mit Karl Jaspers, Werner Krauss und Alfred Weber in Heidelberg herausgab; der Verleger war Lambert-Schneider.

›Vexierbilder des Menschen‹ wurde für ein Heft der schweizerischen Zeitschrift ›Du‹ geschrieben, das die hundert Jahre von 1850 bis 1950 im kulturhistorischen Rückblick behandelte; die Redaktion lag in den Händen von Arnold Kübler und Albert Bettex.

Der Essay ›Die Ruinen von Athen‹ beruht auf einem Vortrag, der 1939 in der Deutsch-Griechischen Gesellschaft zu Hamburg gehalten wurde; deren Präsident, der Graecist Professor Bruno Snell, hatte auf Grund der Lektüre des Buches ›Panorama oder Ansichten vom 19. Jahrhundert‹ (jetzt Band V dieser ›Schriften‹) den Autor zu dieser Studie angeregt.

Die Rede über ›Geschichte als Erfahrung und Geschichte als Erkenntnis‹ wurde am 3. Juni 1977 im Stadttheater zu Koblenz gehalten; das Bundesarchiv war an diesem Tag fünfundzwanzig Jahre alt geworden.

›Gerechtigkeit für das neunzehnte Jahrhundert‹ ist in der vorliegenden Gestalt für das suhrkamp taschenbuch gleichen Titels verfaßt worden; es trägt die Nummer 244 und erschien 1975.

Der Essay ›Über die Idee einer deutschen Revolution‹ erschien in der Beilage der ›Frankfurter Allgemeinen Zeitung‹ vom 27. Februar 1971, wurde später aber auch in das zuvor angeführte Taschenbuch aufgenommen.

Dasselbe gilt von den beiden folgenden Beiträgen. ›Leopold Sonnemann‹ war bei der 75-Jahr-Feier des Städelschen Museums-Vereins am 30. Juni 1974 in Frankfurt vorgetragen worden. ›Hohe See und Schiffbruch‹ geht auf den Essay gleichen Titels zurück, der zuerst im Augustheft 1935 der ›Neuen Rundschau‹ (unter der Redaktion von Peter Suhrkamp) erschienen war, doch enthielt die damalige, ursprüngliche Fassung eine Passage über die Schiffbruchs-Metaphorik in den Werken einiger zeitgenössischer Philosophen, die später getilgt wurde.

›Die Zeit der Gründer‹ wurde am 16. Mai 1981 im Opernhaus zu Frankfurt aus Anlaß der Hundertjahr-Feier der dort ansässigen ›Metallgesellschaft‹ vorgetragen. Die Anmerkungen sind für die jetzige Veröffentlichung beigefügt worden.

Der Essay ›Panorama des Jugendstils‹ leitete den ersten Band des (fünfbändigen) Katalogs der großen Darmstädter Jugendstil-Ausstellung von 1976 ein. Bei der Eröffnung wurde die ›Rede über die Idee der Schönheit‹ gehalten, es war am 22. Oktober. Beide Beiträge sind (mit anderen zum gleichen Generalthema) auch in dem insel taschenbuch des Verfassers ›Über Jugendstil‹ enthalten, das als Nr. 274 zuerst 1977 erschienen ist.

›Zwischen Vergangenheit und Zukunft‹ entstammt der Tagebuch-Rubrik der schon erwähnten Zeitschrift ›Die Wandlung‹ (August 1947); im dokumentarischen Teil desselben Heftes ist der dienstliche Bericht des SS-Brigadeführers Stroop über die Vernichtung des Warschauer Ghettos (im April und Mai 1943) zum ersten Mal im originalen Wortlaut veröffentlicht worden.